马克思主义理论研究和建设工程重点教材配套用书

《中国近现代史纲要》辅导用书（2025年版）

本书编写组

高等教育出版社·北京

图书在版编目（CIP）数据

《中国近现代史纲要》辅导用书：2025年版 / 《〈中国近现代史纲要〉辅导用书（2025年版）》编写组编. -- 2版. -- 北京：高等教育出版社，2025.8. -- ISBN 978-7-04-065155-3

Ⅰ．K25

中国国家版本馆CIP数据核字第2025RK8137号

《Zhongguo Jinxiandaishi Gangyao》Fudao Yongshu

策划编辑	刘成荫	高上尚	李想	责任编辑	刘成荫 高上尚 李想	封面设计	王凌波	王洋
责任绘图	杨伟露			版式设计	王洋	责任校对	张薇	
责任印制	赵佳							

出版发行	高等教育出版社		网　　址	http://www.hep.edu.cn
社　　址	北京市西城区德外大街4号			http://www.hep.com.cn
邮政编码	100120		网上订购	http://www.hepmall.com.cn
印　　刷	天津市银博印刷集团有限公司			http://www.hepmall.com
开　　本	787mm×1092mm 1/16			http://www.hepmall.cn
印　　张	20.75		版　　次	2020年11月第1版
				2025年8月第2版
字　　数	360千字		印　　次	2025年8月第1次印刷
购书热线	010-58581118		定　　价	54.00元
咨询电话	400-810-0598			

本书如有缺页、倒页、脱页等质量问题，请到所购图书销售部门联系调换
版权所有　侵权必究
物　料　号　65155-00

• 马克思主义理论研究和建设工程重点教材配套用书 •

《〈中国近现代史纲要〉辅导用书（2025年版）》编写组

首席专家 欧阳淞

主要成员（以姓氏笔画为序）

丁俊萍　王宪明　王雪超　仝　华　刘洪森
李朝阳　李　蕉　张树军　张洪松　金民卿
周祖文　周家彬　赵淑梅　高晓林　龚　云
曾庆桃

目录

第一章 进入近代后中华民族的磨难与抗争 001
- 经典论述 002
- 教学指南 005
- 重难点解析 006
  - 一、近代中国封建社会是如何由盛转衰的？ 006
  - 二、为什么说鸦片战争是中国近代史的起点？ 013
  - 三、如何认识资本-帝国主义对中国的侵略？ 020
- 资源拓展 027

第二章 不同社会力量对国家出路的早期探索 031
- 经典论述 032
- 教学指南 034
- 重难点解析 035
  - 一、如何认识太平天国运动的兴起与终结？ 035
  - 二、怎样看待洋务运动？ 041
  - 三、如何理解资产阶级维新派改良运动的夭折？ 048
- 资源拓展 053

目录

第三章　辛亥革命与君主专制制度的终结 ... 057
- 经典论述 ... 058
- 教学指南 ... 060
- 重难点解析 ... 062
  - 一、为什么说辛亥革命的爆发是历史的必然？ ... 062
  - 二、辛亥革命如何引起近代中国的历史性巨大变化？ ... 067
  - 三、为什么资产阶级共和国方案在中国行不通？ ... 073
- 资源拓展 ... 081

第四章　中国共产党成立和中国革命新局面 ... 085
- 经典论述 ... 086
- 教学指南 ... 089
- 重难点解析 ... 090
  - 一、如何认识第一次世界大战的性质及其对中国的影响？ ... 090
  - 二、中国先进分子为什么选择马克思主义？ ... 094
  - 三、如何认识中国共产党的成立是"开天辟地的大事变"以及伟大建党精神？ ... 098
  - 四、如何认识中国反帝反封建的大革命？ ... 109
- 资源拓展 ... 113

第五章　中国革命的新道路 ... 115
- 经典论述 ... 116
- 教学指南 ... 118
- 重难点解析 ... 120
  - 一、大革命失败后中国共产党为什么要领导人民继续革命？ ... 120
  - 二、中国共产党是怎样艰辛探索中国革命新道路的？ ... 124
  - 三、如何认识中国革命的伟大转折和伟大的长征精神？ ... 131
- 资源拓展 ... 139

第六章　中华民族的抗日战争 143

经典论述 144
教学指南 147
重难点解析 149
一、全民族抗战是怎样开始的？ 149
二、如何看待抗战中的国民党及正面战场？ 152
三、如何理解中国共产党是全民族抗战的中流砥柱？ 155
四、如何理解中国人民抗日战争在世界反法西斯战争中的地位和作用？ 164
资源拓展 167

第七章　为建立新中国而奋斗 171

经典论述 172
教学指南 174
重难点解析 175
一、抗日战争胜利后的中国向何处去？ 175
二、南京国民党政权是如何从发动内战到走向覆灭的？ 182
三、"第三条道路"幻想是如何破灭的？ 190
四、中国革命胜利的原因和基本经验有哪些？ 194
资源拓展 198

第八章　中华人民共和国的成立与中国社会主义建设道路的探索 201

经典论述 202
教学指南 205
重难点解析 207
一、为什么说新中国的成立开辟了中国历史的新纪元？ 207
二、新中国为什么走上社会主义道路？ 213

三、如何认识探索适合中国国情的社会主义建设道路和全面建设社会主义的良好开端？ ………………………………………… 220

　　四、如何认识中国社会主义建设道路的艰辛探索和曲折发展？ …… 226

　资源拓展 ……………………………………………………………… 239

第九章　改革开放与中国特色社会主义的开创和发展 …………… 243

　经典论述 ……………………………………………………………… 244

　教学指南 ……………………………………………………………… 247

　重难点解析 …………………………………………………………… 249

　　一、如何理解党的十一届三中全会实现了新中国成立以来党的历史上具有深远意义的伟大转折？ ………………………………… 249

　　二、如何理解中国特色社会主义事业的开创、坚持、捍卫和发展？ …… 253

　　三、如何认识改革开放和社会主义现代化建设取得巨大进展及其主要原因？ ……………………………………………………… 260

　　四、如何正确看待改革开放前后两个历史时期的关系？ …………… 265

　资源拓展 ……………………………………………………………… 269

第十章　中国特色社会主义进入新时代 …………………………… 273

　经典论述 ……………………………………………………………… 274

　教学指南 ……………………………………………………………… 276

　重难点解析 …………………………………………………………… 278

　　一、如何理解中国特色社会主义新时代是我国发展新的历史方位？ ……………………………………………………………… 278

　　二、如何理解"两个确立"的形成及其决定性意义？ ……………… 283

　　三、如何认识第一个百年奋斗目标的实现？ ………………………… 289

　　四、如何理解推动构建人类命运共同体？ …………………………… 297

　　五、如何认识中国共产党的百年奋斗重大成就和历史经验？ ……… 302

六、如何理解中国式现代化是中国共产党领导的社会主义现代化？.............309

资源拓展.............316

后记.............319

第一章 进入近代后中华民族的磨难与抗争

第一章　进入近代后中华民族的磨难与抗争

经典论述

我们的民族是伟大的民族。在五千多年的文明发展历程中，中华民族为人类文明进步作出了不可磨灭的贡献。近代以后，我们的民族历经磨难，中华民族到了最危险的时候。自那时以来，为了实现中华民族伟大复兴，无数仁人志士奋起抗争，但一次又一次地失败了。中国共产党成立后，团结带领人民前仆后继、顽强奋斗，把贫穷落后的旧中国变成日益走向繁荣富强的新中国，中华民族伟大复兴展现出前所未有的光明前景。

——习近平在中共十八届中央政治局常委同中外记者见面时的讲话（2012年11月15日）

实现中华民族伟大复兴，就是中华民族近代以来最伟大的梦想。这个梦想，凝聚了几代中国人的夙愿，体现了中华民族和中国人民的整体利益，是每一个中华儿女的共同期盼。

——习近平在参观《复兴之路》展览时的讲话（2012年11月29日）

中华民族具有五千多年连绵不断的文明历史，创造了博大精深的中华文化，为人类文明进步作出了不可磨灭的贡献。

——习近平在第十二届全国人民代表大会第一次会议上的讲话（2013年3月17日）

中国历史上曾经是世界上的经济强国，后来在世界工业革命如火如荼、人类社会发生深刻变革的时期，中国的封建统治者却没有睁开眼睛看世界，夜郎自大，丧失了与世界同进步的历史机遇，变成落伍者，落到了被动挨打的境地。尤其是鸦片战争之后，中华民族更是陷入积贫积弱、任人宰割的悲惨状况。

——习近平在中共十八届中央政治局第七次集体学习时的讲话（2013年6月25日）

我国发展历史上长期处于世界领先地位，我国思想文化、社会制度、经济发展、科学技术以及其他许多方面对周边发挥了重要辐射和引领作用。近代以来，我国逐渐由领先变为落后，一个重要原因就是我们错失了多次科技和产业革命带来的巨大发展机遇。

——习近平在省部级主要领导干部学习贯彻党的十八届五中全会精神专题研讨班上的讲话（2016年1月18日）

在每一个历史时期，中华民族都留下了无数不朽作品。从诗经、楚辞、汉赋，到唐诗、宋词、元曲、明清小说等，共同铸就了灿烂的中国文艺历史星河。中华民族文艺创造力是如此强大、创造的成就是如此辉煌，中华民族素有文化自信的气度，我们应该为此感到无比自豪，也应该为此感到无比自信。

——习近平在中国文学艺术界联合会第十次全国代表大会、中国作家协会第九次全国代表大会开幕式上的讲话（2016年11月30日）

中国在人类发展史上曾经长期处于领先地位，自古以来逐步形成了一整套包括朝廷制度、郡县制度、土地制度、税赋制度、科举制度、监察制度、军事制度等各方面制度在内的国家制度和国家治理体系，为周边国家和民族所学习和模仿。进入近代以后，封建统治腐朽无能，帝国主义列强入侵，导致中国逐步成为半殖民地半封建社会，统治中国几千年的君主专制制度陷入全面危机。

——习近平在中共十九届四中全会第二次全体会议上的讲话（2019年10月31日）

中华文明生生不息5000多年，中国人民以非凡的创造力为人类文明进步作出了不可磨灭的贡献。但是，1840年以后，由于列强的侵略和封建统治的腐朽，中国饱经沧桑磨难，中国人民遭受深重苦难。

——习近平在纪念中国人民抗日战争暨世界反法西斯战争胜利75周年座谈会上的讲话（2020年9月3日）

中国共产党一经诞生，就把为中国人民谋幸福、为中华民族谋复兴确立为自己的初心使命。一百年来，中国共产党团结带领中国人民进行的一切奋斗、一切牺牲、一切创造，归结起来就是一个主题：实现中华民族伟大复兴。

——习近平在庆祝中国共产党成立100周年大会上的讲话（2021年7月1日）

中华民族是世界上伟大的民族，有着5000多年源远流长的文明历史，为人类文明进步作出了不可磨灭的贡献。1840年鸦片战争以后，中国逐步成为半殖民地半封建社会，国家蒙辱、人民蒙难、文明蒙尘，中华民族遭受了前所未有的劫难。从那时起，实现中华民族伟大复兴，就成为中国人民和中华民族最伟大的梦想。

——习近平在庆祝中国共产党成立100周年大会上的讲话（2021年7月1日）

近代中国社会主要矛盾是帝国主义和中华民族的矛盾、封建主义和人民大众的矛盾。实现中华民族伟大复兴，必须进行反帝反封建斗争。

——《中共中央关于党的百年奋斗重大成就和历史经验的决议》（2021年11月11日）

教学指南

◎ 思维导图

进入近代后中华民族的磨难与抗争
- 鸦片战争前后的中国与世界
  - 中国封建社会的衰落
  - 世界资本主义的发展与殖民扩张
  - 鸦片战争的爆发
- 西方列强对中国的侵略
  - 军事侵略
  - 政治控制
  - 经济掠夺
  - 文化渗透
- 反抗外国武装侵略的斗争
  - 抵御外来侵略的斗争历程
  - 义和团运动与列强瓜分中国图谋的破产
- 反侵略战争的失败与民族意识的觉醒
  - 反侵略战争的失败及其原因
  - 民族意识的觉醒

第一章　进入近代后中华民族的磨难与抗争

教学目的

认识鸦片战争前中国封建社会由兴盛走向衰落、近代世界资本主义的发展和对外殖民扩张以及鸦片战争爆发的必然性；了解西方列强对中国侵略的主要方式，认识资本－帝国主义侵略给中国社会造成的深重灾难，理解资本－帝国主义侵略是近代中国贫穷落后的总根源；了解中国人民反抗侵略的斗争历程及其失败原因、近代中国人民民族意识的觉醒，认识中华民族伟大复兴的重要意义。

教学思路

1. 从近代以来人类历史发展的宏观视角，阐释近代世界资本主义的兴起、西方列强对外殖民扩张、非西方的农业民族先后沦为西方的殖民地及鸦片战争爆发的必然性。

2. 以丰富的史料和翔实的数据，深刻剖析资本－帝国主义侵略给近代中国造成的严重危害，批驳"侵略有理""侵略有功"等错误观点，引导学生正确认识资本－帝国主义侵略的本质。

3. 运用大历史观，从中国历史发展的过程中，从古代中国的辉煌与近代中国的衰落的反差中，深刻理解腐败的半殖民地半封建制度是近代中国反侵略战争屡遭失败的根本原因，救亡图存、实现中华民族伟大复兴成为近代中国无数仁人志士奋斗的目标。

一、近代中国封建社会是如何由盛转衰的？

中国在人类发展史上曾经长期处于领先地位。进入近代以后，封建统治腐朽无能，西方列强入侵，导致中国逐步成为半殖民地半封建社会，中华民族面临着亡国灭种的危险，救亡图存、振兴中华成为全体中国人民的共同梦想。

（一）灿烂的中国古代文明

我们伟大的祖国——中国，位于亚洲的东部，土地广阔，人口众多。中华民族具有悠久的文明历史，创造了博大精深的中华文化，为人类文明进步作出了不可磨灭的贡献。

约在5000年以前，在黄河流域和长江流域等地区已经出现早期文明社会的要素。4000多年前，是传说中的黄帝、炎帝、尧、舜、禹时代。公元前21世纪开始形成王朝国家。早期的王朝是夏、商、周。公元前221年，秦始皇建立了统一的多民族国家。以后历经汉、三国、晋、南北朝、隋、唐、五代、宋辽西夏金、元、明、清等朝代。2000多年来，国家的统一和各民族间经济文化的紧密联系和相互交流是中国历史的主流。中华大地上的各民族对统一的多民族国家的形成、发展都作出了贡献。

中国是世界上少有的历史文化从未间断、一直延续至今的国家。中华文明尽管也历尽沧桑，却始终绵延发展、传承不绝，表现出顽强的生命力。这体现了中华民族的凝聚力和以爱国主义为核心的民族精神。

中国古代物质文明和精神文明丰富多彩、灿烂辉煌。古代中国的经济发展和科学技术长期处于世界领先地位。古代中国的哲学思想博大精深，典籍文献浩如烟海。古代中国的文学艺术高峰迭起，美不胜收。这些是古代中国人民智慧的结晶，也是中国各民族各地区文明交融、汇合的产物，又是中外文化交流、互鉴、融合的结果。

"后母戊"青铜方鼎

中国文字博物馆内的甲骨文模型

敦煌莫高窟壁画飞天图（摹本）

在几千年的历史中，中国产生了许多杰出的政治家、军事家、思想家、教育家、科学家、文学家和艺术家，还产生了很多民族英雄和革命领袖。中华民族是一个有着优良传统的民族，中华优秀传统文化是中华儿女共同的精神基因，也是中华民族发展壮大的强大精神力量。

习近平指出，"中华文明源远流长，蕴育了中华民族的宝贵精神品格，培育了中国人民的崇高价值追求。自强不息、厚德载物的思想，支撑着中华民族生生不息、薪火相传"[1]，"只有立足波澜壮阔的中华五千多年文明史，才能真正理解中国道路的历史必然、文化内涵与独特优势"[2]。

（二）近代中国封建社会的衰落

鸦片战争前的嘉庆、道光年间，封建制度弊端丛生，清朝统治衰相尽显，潜伏着许多危机。具体表现在：

第一，经济衰颓。中国经济由18世纪的繁荣向19世纪初期以后的萧条转变。龚自珍较早发现了经济衰颓的现象。他在嘉庆末年就已指出："大抵富户变贫户，贫户变饿者，四民之首，奔走下贱，各省大局，岌岌乎皆不可以支月日，奚暇问年岁？"[3]道光年间，

---

[1] 《习近平谈治国理政》第一卷，外文出版社2018年版，第158页。
[2] 习近平：《在文化传承发展座谈会上的讲话》，人民出版社2023年版，第5页。
[3] （清）龚自珍：《龚自珍全集》，王佩诤校，上海古籍出版社1999年版，第106页。

这种情况更为明显，主要表现为银贵钱贱、物价下跌、交易停滞、商民皆困。这种萧条是在清朝国势已衰、农业生产不景气、财政拮据的情况下发生的，因此十分严重。[①] 时人曾感叹："上丰之岁，富农之田，近来每亩不过二石有零，则一石还租，一石去工本，所余无几，实不足以支持一切日用。况自癸未大水以后，即两石亦稀见哉！"[②] "地气薄而农民困，农民困而收成益寡，故近今十年，无岁不称暗荒也。"[③] 可以说，在世界资本主义大发展和列强疯狂殖民扩张的时候，中国经济却陷入了衰颓的境地。

第二，吏治腐败。清代官员的贪污腐化问题日趋严重，其实在乾隆四十年（1775年）前后就已经显现。清代史学家章学诚说，"自乾隆四十五年以来，迄于嘉庆三年而往，和珅用事，几三十年，上下相蒙，惟事婪赃渎货。始如蚕食，渐至鲸吞。……贪墨大吏，胸臆习为宽侈，视万金呈纳，不过同于壶箪馈问。属吏迎合，非倍往日之搜罗剔括，不能博其一欢。官场如此，日甚一日"[④]。嘉庆、道光朝之后，官员贪污纳贿，成为普遍现象。各级文武官员，乃至幕僚、书吏、差役，侵占公帑，搜括民财，无所不用其极。嘉庆皇帝曾感叹，负责官吏选拔的吏部官员"大不法，小不廉，吏治不清，民生何赖？甚至大缺一万，中缺八千，形诸白简，此非彰明较著者乎？"[⑤] 这显现出封建制度的腐朽没落。

第三，社会矛盾尖锐。衰落的经济和腐败的吏治等，致使社会矛盾更加激化。嘉庆一朝，南北民变此起彼伏，其中尤以白莲教起义等声势最为浩大。道光年间，又出现湖南瑶民起义等。一次次民变，给清王朝的统治以沉重打击。而清政府在处置民变时，一味采用剿除与高压政策代替招抚，也进一步激化了民众与统治阶级之间的矛盾。

近代中国封建社会在经济上的典型特征是封建地主土地所有制经济占主导地位。占人口少数的地主拥有绝大部分的土地，占人口大多数的农民却仅有少量土地。如乾隆年

---

① 参见吴承明：《中国的现代化：市场与社会》，生活·读书·新知三联书店2001年版，第240页。
② 《续修四库全书》编纂委员会编：《续修四库全书》九七六《子部·农家类》，上海古籍出版社1996年版，第218页。
③ 《续修四库全书》编纂委员会编：《续修四库全书》九七六《子部·农家类》，上海古籍出版社1996年版，第214—215页。
④ 《章学诚遗书》，文物出版社1985年版，第328页。
⑤ 《清实录》第二十八册《仁宗睿皇帝实录》（一），中华书局1986年版，第811页。

间，直隶"怀柔郝氏，膏腴万顷"①。全国各地拥有数千亩、数万亩良田的地主不在少数。在封建土地制度下，地主迫使农民与其结成租佃关系，农民租种地主的土地需缴纳高额地租。大地主还常常利用政治特权和暴力手段兼并土地。乾隆时期，湖南巡抚杨锡绂写道："近日田之归于富户者，大约十之五六，旧时有田之人，今俱为佃耕之户，每岁所入，难敷一年口食。"②封建地主土地所有制严重束缚了社会生产力的发展，而土地的高度集中和地主对农民剥削的加重又激化了社会矛盾。

近代中国封建社会在政治上的基本特征是封建君主专制制度。这一制度虽然维护了封建统治和多民族国家的统一，但到了封建社会后期，其抑制社会生机活力的消极作用便更加凸显。整个社会的经济、政治、文化等都在这一制度的严密控制之下。例如，明中期资本主义萌芽已经在丝织、瓷器、冶炼等行业中产生，但由于受封建君主专制制度的压抑，最终未能发展起来。

近代中国封建社会在思想文化上的典型特征是封建文化专制主义。其维护的是"君君、臣臣、父父、子子"的封建秩序，形成了包括封建旧礼教、旧道德、旧思想、旧文化在内的思想文化体系，扼杀了整个社会的思想活力。

（三）资本-帝国主义的入侵

16世纪至19世纪初，西方资本主义已经产生、发展，西方殖民主义势力也随之向外扩张。从16世纪开始，西班牙、葡萄牙、荷兰、英国、法国等西方列强进行了一轮又一轮的海外殖民扩张与强盗式掠夺。马克思指出："美洲金银产地的发现，土著居民的被剿灭、被奴役和被埋葬于矿井，对东印度开始进行的征服和掠夺，非洲变成商业性地猎获黑人的场所——这一切标志着资本主义生产时代的曙光。这些田园诗式的过程是原始积累的主要因素。"③

18世纪中叶至19世纪中叶，工业革命由英国逐步扩展到欧美各国，大机器生产取代工场手工业，资本主义经济得到飞速发展。资本主义的扩张本性决定了西方资产阶级必然

---

① （清）昭梿：《啸亭杂录 续录》，冬青校点，上海古籍出版社2012年版，第308页。
② 《清经世文编》中册，中华书局1992年版，第958页。
③ 《马克思恩格斯选集》第二卷，人民出版社2012年版，第296页。

要通过殖民掠夺打开世界市场。早在 1840 年鸦片战争爆发以前，英国殖民者的铁蹄就侵略和践踏了印度、缅甸、阿富汗等亚洲国家。而在当时，地大物博的中国这一尚未被打开的庞大市场成为殖民者觊觎已久的目标。英国正是在这样的历史背景下发动鸦片战争的。可以说，资本主义殖民扩张的本性是这场战争爆发的根本原因。

由于中国自给自足的小农经济，广大农民依靠自己生产的农产品和大部分手工业品就能够满足生活需要，对外来商品的需求不大。加之清政府限制对外贸易的政策，英国很难在中国打开自己的商品市场，其资本扩张的野心难以满足。1781 年至 1790 年，在中国销往英国的商品中，仅茶叶一项就达 9600 万元。而 1781 年至 1793 年，英国输入中国的全部工业品总值却只有 1600 万元。①为了扭转这种局面，英国殖民者以走私鸦片作为突破口试图打开中国市场。据不完全统计，19 世纪 20 年代以前，平均每年销 4000 多箱；20 年代以后，销量直线上升，到鸦片战争前夕，已有 35000 余箱。②罪恶的鸦片贸易不仅彻底扭转了英国对华贸易逆差，还使中国大量白银流往英国。

吸食鸦片严重损害了中国人的身心健康。鸦片贸易以来，吸食成瘾者与日俱增，"今则蔓延中国，横被海内，槁人形骸，蛊人心志，丧人身家，实生民以来未有之大患，其祸烈于洪水猛兽"③。

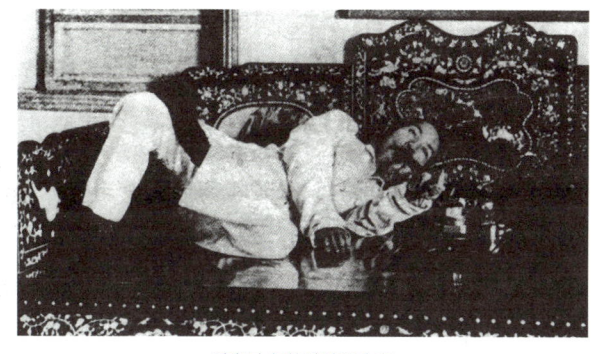

清朝末年的鸦片吸食者

规模巨大的长期鸦片贸易造成国内白银大量外流，给中国带来了巨大危害。1838 年，黄爵滋在《请严塞漏卮以培国本折》中写道，"盖自鸦片流入中国，道光三年以前，每岁漏银数百万两。……自道光三年至十一年，岁漏银一千七八百万两；十一年至十四年，岁漏银二千余万两；十四年至今，渐漏至三千万两之多。福建、浙江、山东、天津各海口，合之亦数千万两。以中土有用之财，填海外无穷之壑"④。白银外流造成

---

① 参见李侃等：《中国近代史（1840—1919）》，中华书局 1994 年版，第 8 页。
② 参见严中平等编：《中国近代经济史统计资料选辑》，中国社会科学出版社 2012 年版，第 17 页。
③ 中华书局编辑部编：《魏源集》上，中华书局 2018 年版，第 167 页。
④ （清）夏燮：《中西纪事》，高鸿志点校，岳麓书社 1988 年版，第 66 页。

了银贵钱贱，并加重了百姓负担。普通百姓在生活中主要使用铜钱而非白银，按照清初的复本位制，1000文铜钱依法可兑换1两白银。但随着银价的上涨，到了1838年，大约1600文铜钱才能兑换1两白银。而由于土地税多用铜钱缴纳，但要用银两计算和上交政府，这意味着农民要比以前交更多的税赋，广大农民负担越来越重。鸦片贸易进一步加剧了清朝的统治危机。吸食鸦片者大多是政府官员、衙门胥吏和士兵，他们往往在吸食和走私鸦片中收受贿赂，使吏治更加腐败，军心更为涣散，战斗力大为减弱。例如，1826年两广总督李鸿宾设立巡船后，每月受贿36000两白银，允许鸦片走私入口。1837年水师副将韩肇庆和洋船约定，每走私万箱鸦片要送数百箱给水师，他甚至还用水师船代运走私。[1] 马克思曾尖锐指出："帝国当局、海关人员和所有的官吏都被英国人弄得道德堕落。侵蚀到天朝官僚体系之心脏、摧毁了宗法制度之堡垒的腐败作风，就是同鸦片烟箱一起从停泊在黄埔的英国趸船上被偷偷带进这个帝国的。"[2]

面对鸦片贸易给国家造成的种种危机，1838年10月，道光皇帝下令各省严禁鸦片，随后委任林则徐为钦差大臣赴广东主持禁烟。

1839年3月10日，林则徐抵达广州，开始实施一系列严厉的禁烟措施，发誓"若鸦片一日未绝，本大臣一日不回，誓与此事相终始，断无中止之理"[3]。之后，英美烟贩被迫缴出的鸦片就有19179箱，又2119袋，共计237万余斤。[4] 6月3日，林则徐实施了虎门销烟，维护了中华民族的尊严和利益。

林则徐禁烟的消息传到伦敦，英国政府官员要求对华宣战之声甚嚣尘上。1840年6月，英国发动侵略中国

鸦片战争博物馆内的林则徐像

---

[1] 参见中华书局编辑部编：《魏源集》上，中华书局2018年版，第168页。
[2] 《马克思恩格斯选集》第一卷，人民出版社2012年版，第805页。
[3] 林则徐全集编辑委员会编：《林则徐全集》第五册（文录），海峡文艺出版社2002年版，第117页。
[4] 参见《鸦片战争档案史料》第一册，天津古籍出版社1992年版，第611页。

的鸦片战争。

英国发动鸦片战争蓄谋已久，其本质还是为了维护其殖民扩张的利益。英国东印度公司广东商馆职员林德赛曾化名胡夏米，受公司派遣冒充船主，于1832年同德国传教士郭士立等乘"阿美士德"号船，从澳门出发，以经商、传教为名，测量中国厦门、福州、宁波、上海等地港湾水道，从事刺探政治、经济、军事情报的间谍活动。1835年，林德赛又私信英国外交大臣帕麦斯顿，怂恿英国政府使用武力打开中国门户。鸦片战争中，英军正是参照他提供的情报，选择了进攻和登陆的地点。在华鸦片贩子、伦敦东印度和中国协会、曼彻斯特商会和利物浦印度协会等，也都曾经上书英国政府，要求动用武力打开中国市场。

二、为什么说鸦片战争是中国近代史的起点？

鸦片战争是中国近代史的起点。这场侵略战争给中国人民带来了深重的灾难，并使中国社会的性质开始改变。正如毛泽东所指出的："自从一八四〇年的鸦片战争以后，中国一步一步地变成了一个半殖民地半封建的社会。"[①]

（一）近代中国社会性质的变化

鸦片战争后，中国逐渐成为半殖民地半封建社会，这是近代中国社会的基本国情，也是认识近代中国一切社会问题和革命问题的基本依据。

"半殖民地"概念最早由列宁在1915年发表的《社会主义与战争》中提出，他把中国列为三个"半殖民地"国家之一（另外两个为土耳其和波斯）。[②] 之后在《帝国主义是资本主义的最高阶段》中，列宁更明确地把中国列为"半殖民地"国家，并称中国"正在变成殖民地"。他指出，"半殖民地"国家的基本特征，就是政治上完全独立的国家实际上已经被金融资本所支配。[③] "半封建"概念最早见于恩格斯发表的《德国的革命和反革命》，

---

① 《毛泽东选集》第二卷，人民出版社1991年版，第626页。
② 参见《列宁选集》第二卷，人民出版社2012年版，第513页。
③ 参见《列宁选集》第二卷，人民出版社2012年版，第643—645页。

用来指称1848年德国革命前的社会状况。①后来，列宁在1912年发表的《中国的民主主义和民粹主义》中明确将中国列为"落后的、农业的、半封建国家"②。

马克思主义经典作家对"半殖民地"和"半封建"早有提及，但将"半殖民地"和"半封建"两个概念合成为"半殖民地半封建社会"的概念，并用来具体分析近代中国社会的特殊国情，则是中国共产党人的创造。1926年，蔡和森在《中国共产党史的发展（提纲）》一文中用"半封建半殖民地的国家"来描述近代中国的社会性质。③大革命失败后，中国共产党对这一概念有了更深入的理解。1929年，中共中央在《中央通告第二十八号——农民运动的策略》中首次明确使用"半殖民地半封建"的完整概念，即"六次大会根据中国半殖民地半封建社会经济关系和数年来农民宝贵经验"④，指出了农民运动路线的主要精神。

毛泽东在《中国革命和中国共产党》《新民主主义论》等著作中正式使用"半殖民地半封建"的概念科学分析中国的社会性质、主要矛盾和历史任务等问题，成为中国共产党分析近代中国社会性质、确定革命任务、制定革命纲领的依据。

那么，为什么说近代中国是一个半殖民地半封建社会？如何理解这一社会的性质和特点？

鸦片战争后，中国社会发生了两个根本变化：一是独立的中国逐步变成半殖民地的中国，二是封建的中国逐步变成半封建的中国。

"半殖民地"是相对于独立国家和完全的殖民地而言的。为什么说独立的中国逐步变成了半殖民地的中国？鸦片战争以来，资本-帝国主义通过发动侵略战争，强迫中国签订了一系列不平等条约，破坏了中国的领土主权、领海主权、关税主权、司法主权等，并一步一步地控制了中国的政治、经济、外交和军事。资本-帝国主义企图把中国变为各自独占的殖民地，但由于中国长期以来是一个统一的大国，中国人民对帝国主义侵略又进行了长时间的、顽强有力的抵抗，使得它们中的任何一个国家都不能独占中国，再加上列强之间矛盾重重，因而中国没有像印度等国那样成为完全的殖民地，它们只能通过其代理人对中国进行间接统治，中国在形式上还保持着自己的国家和政府，故被称为

---

① 参见《马克思恩格斯选集》第一卷，人民出版社2012年版，第574页。
② 《列宁选集》第二卷，人民出版社2012年版，第293页。
③ 参见《蔡和森文集》下，人民出版社2013年版，第795页。
④ 《建党以来重要文献选编（一九二一——一九四九）》第六册，中央文献出版社2011年版，第21页。

"半殖民地国家"。

"半封建"是相对于完全的封建社会而言的。资本–帝国主义用武力打开中国的门户，中国的封建社会开始解体，中国被卷入资本主义世界体系之中，已经不是完全的封建社会。但需要注意的是，当时的实际情况是"中国政治经济发展不平衡——微弱的资本主义经济和严重的半封建经济同时存在"[①]。在帝国主义和封建主义的双重压迫下，中国民族资本主义一直是"夹缝中求生存"。据统计，1894年，外国资本占中国产业资本总额的60.7%，官僚资本占31.2%，民族资本仅占8.1%。[②] 1913年，外国资本占80.3%，官僚资本占9.7%，民族资本只占10%。[③] 也就是说，外国资本控制了中国的经济命脉，民族资本势力微弱，发展很缓慢。同时，中国自然经济的基础虽然遭到破坏，但是封建剥削制度的根基即封建地主土地所有制依然在广大地区内保持着，仍然是中国社会经济结构的主要方面，严重阻碍中国的发展进步。

（二）近代中国社会的主要矛盾

随着中国逐步成为半殖民地半封建社会，中国社会的阶级关系和社会矛盾也发生了深刻变化。

中国社会原有阶级发生新变化。一是地主阶级虽然仍占有大量土地，继续剥削农民，但其构成已发生改变。随着清王朝的崩溃，贵族官僚地主大大衰落，拥有私兵的新型官僚地主迅速发展起来。二是农民阶级构成发生变化。随着土地兼并的加剧，不少自耕农失去土地，向贫雇农转化，还有些破产农民流入城市，成为产业工人的后备军。

中国社会还产生了新的阶级。一是工人阶级。它比中国资产阶级产生更早。19世纪四五十年代，中国工人阶级就在外国资本在华企业中产生了，后进一步壮大于洋务企业、民族资本企业。工人阶级力量发展迅速，1894年约10万人，到1919年已有200多万人。

[①] 《毛泽东选集》第一卷，人民出版社1991年版，第188页。
[②] 参见复旦大学历史系、《历史研究》编辑部、《复旦学报》编辑部联合编辑：《近代中国资产阶级研究》，复旦大学出版社1984年版，第129页。
[③] 参见复旦大学历史系、《历史研究》编辑部、《复旦学报》编辑部联合编辑：《近代中国资产阶级研究》，复旦大学出版社1984年版，第139页。

中国的工人阶级是新生产力的代表，具有便于集中组织和领导、革命性最强、与农民有天然联系等优点。二是资产阶级。中国资产阶级主要由官僚买办资产阶级和民族资产阶级两部分组成。官僚买办资产阶级具有极大的封建性、买办性，是阻碍中国进步的力量。民族资产阶级一般由地主、商人、买办、官僚和手工作坊主转化而来，受到帝国主义和封建主义的压迫，发展缓慢，力量软弱。三是以小商人、手工业者、自由职业者、知识分子和青年学生为代表的小资产阶级。

由于中国社会性质的变化，中国社会主要矛盾由原来的农民阶级和地主阶级的矛盾，变为帝国主义和中华民族的矛盾、封建主义和人民大众的矛盾这两对主要矛盾。

近代中国社会矛盾错综复杂。其中有：帝国主义和中华民族的矛盾，农民阶级和地主阶级的矛盾，资产阶级和地主阶级的矛盾，无产阶级和资产阶级的矛盾，封建统治阶级内部各集团派系的矛盾，各帝国主义国家在中国争夺的矛盾，等等。在这些社会矛盾中，占支配地位的主要矛盾是帝国主义和中华民族的矛盾、封建主义和人民大众的矛盾。这两对主要矛盾及其斗争贯穿整个中国半殖民地半封建社会始终，对中国近代社会的发展变化起决定作用。其中，由于资本－帝国主义的侵略是近代中国社会贫穷落后的最主要根源，帝国主义和中华民族的矛盾是最主要的矛盾。

一般来说，当资本－帝国主义向中国发动侵略战争时，中国内部各阶级，除一些叛国分子外，能够暂时地团结起来进行民族战争去反对外国侵略。这时，民族矛盾尤为尖锐，阶级矛盾暂时降到次要和服从的地位。而当资本－帝国主义与中国的反动统治阶级结成同盟，用战争以外的形式共同压迫中国人民，尤其是封建主义统治特别残酷的时候，中国人民往往采取国内战争的形式去反对资本－帝国主义和封建主义的同盟，而斗争的矛头主要直接地指向中国的封建政权，这时阶级矛盾就上升为主要矛盾，民族矛盾退居次要地位。

（三）中国近代的两大历史任务

帝国主义和中华民族的矛盾、封建主义和人民大众的矛盾是阻碍近代中国社会发展进步的两大主要矛盾。因此，彻底推翻帝国主义和封建主义在中国的统治，争取民族独立和人民解放、实现国家富强和人民幸福，就成为中国人民的普遍诉求，成为近代以来中华民族面临的两大历史任务。

争取民族独立、人民解放和实现国家富强、人民幸福这两个任务，是互相区别又紧密联系的。由于腐朽的社会制度束缚着生产力的发展,阻碍着经济技术的进步,必须首先改变这种社会制度,争得民族独立、人民解放,才能为实现国家富强和人民幸福创造前提、开辟道路。

近代以来,有人主张先解决发展问题,认为国家实力强大了,其他问题自然可以得到解决,故一些爱国人士提出过"实业救国""教育救国""科学救国"等主张。但在严酷的事实面前,人们认识到:在民族不独立、国家不统一、人民无权利的半殖民地半封建社会,这些主张不能从根本上给中国指明正确方向。

中国曾经有过辉煌灿烂的古代文明,但在近代落伍了。资本－帝国主义通过军事侵略、政治控制、经济掠夺、文化渗透等方式使中国逐步成为半殖民地半封建社会。近代以来,中国人民的历史任务是求得民族独立、人民解放,实现国家富强、人民幸福,即实现中华民族的伟大复兴,这也成为贯穿中国近现代历史的主题和主线。

(四)民族意识的觉醒和中华民族伟大复兴任务的提出

中国近代史,是一部充满磨难、落后挨打的悲惨屈辱史,更是一部中华民族抵抗外来侵略、实现民族独立的伟大斗争史。随着亡国灭种危机的不断加剧,中国人的民族意识逐渐觉醒,一批批先进分子开始用不同方式诠释民族精神,寻求救国救民之路。

其一,鸦片战争后民族意识的萌发。鸦片战争前,由于清朝闭关政策的影响及历史条件的限制,中国人固守传统"夷夏之辨"和"天朝上国"的观念,对世界大势缺乏了解,弄不清近代欧美资本主义国家与以往的"蛮夷之邦"的区别。鸦片战争用武力打开中国的大门,深深地刺激了中国人民,迫使国人不得不重新认识世界,并在世界发展进程中思考民族命运。

林则徐奉旨禁烟初至广州,即物色人员采访"夷情",编译了叙述世界30多个国家地理、历史等概况的《四洲志》,迈出近代中国人"开眼看世界"的第一步。魏源在《海国图志》中提出"师夷长技以制夷",认为西方国家有中国所没有的"长技",值得中国学习,中国只有把这些长技学到手,才能有效抵制西方国家的侵略。他明确指出:"夷之长技三:一战舰,二火器,三养兵、练兵之法。"[①]

---

① 中华书局编辑部编:《魏源集》下,中华书局2018年版,第843页。

继林则徐、魏源之后，冯桂芬提出中国"四不如夷"的观点："人无弃材不如夷，地无遗利不如夷，君民不隔不如夷，名实必符不如夷。"①他进一步看到西方国家在人才使用、经济发展、社会制度等方面的长处，发展了"师夷制夷"思想。而以奕䜣、曾国藩、李鸿章、左宗棠、张之洞等人为代表的洋务派开展的洋务运动，则提出了"自强""求富"的主张。

其二，甲午战争后中国人民的民族意识开始普遍觉醒。鸦片战争后，中国还只是少数人有朦胧的民族意识。甲午战争后，在中华民族面临生死存亡的危急关头，中国人才开始有了普遍的民族意识的觉醒。

吴玉章说："我还记得甲午战败的消息传到我家乡的时候，我和我的二哥（吴永锟）曾经痛哭不止。"②"这真是空前未有的亡国条约！它使全中国都为之震动。从前我国还只是被西方大国打败过，现在竟被东方的小国打败了，而且失败得那样惨，条约又订得那样苛，这是多么大的耻辱啊！"③我们可以从这段话中深切感受到甲午战败对当时国民心理造成的巨大震动。

梁启超说："吾国四千余年大梦之唤醒，实自甲午战败割台湾偿二百兆以后始也。"④甲午战争何以促成中国人民的民族意识开始普遍觉醒？主要原因在于：甲午战败和《马关条约》的签订给中国造成了深重的民族灾难；中国的惨败彻底打破了中国传统的夷夏观念，传统的"天朝上国"的优越感已经荡然无存。

其三，中华民族伟大复兴任务的提出。第一个明确提出中华民族复兴主张的是孙中山。甲午战争之际，孙中山上书李鸿章，提出了"人尽其才，地尽其利，物尽其用，货畅其流"的"改良祖国"的四大主张。⑤然而，孙中山并未被李鸿章接见，从此走上革命道路。1894年11月，孙中山在美国檀香山组建了中国第一个资产阶级革命团体兴中会。在草拟的兴中会章程中，他大声疾呼："方今强邻环列，虎视鹰瞵，久垂涎于中华五金之富、物产之饶。蚕食鲸吞，已效尤于接踵；瓜分豆剖，实堪虑于目前。有心人不禁大声疾呼，亟

---

① 《校邠庐抗议》，上海书店出版社2002年版，第49页。
② 《吴玉章回忆录》，中国青年出版社1978年版，第2页。
③ 《吴玉章回忆录》，中国青年出版社1978年版，第2页。
④ 《饮冰室合集》专集（第一册），中华书局2015年版，第1页。
⑤ 参见《孙中山选集》上，人民出版社2011年版，第2页。

拯斯民于水火,切扶大厦之将倾。"①也正是在这一章程中,他第一次喊出了近代中国的最强音——"振兴中华"。

接踵而来的瓜分狂潮,使中华民族的各阶级、各阶层普遍产生了亡国灭种的危机感。1895年,严复写成《救亡决论》,响亮地喊出了"救亡"的口号。甲午战争后,严复翻译了《天演论》。他用"物竞天择""适者生存"的社会进化论思想,为这种危机意识和民族意识提供了理论根据。他在书中指出,世界上一切民族都在为生存而竞争,"强者后亡,弱者先绝"②"进者存而传焉,不进者病而亡焉"③"负者日退,而胜者日昌"④,中华民族也不能例外。中国如果不能改革自强,就会"弱者先绝"。

康有为在保国会的演说中把这种民族意识表达得淋漓尽致。他说:"吾中国四万万人,无贵无贱,当今日在覆屋之下、漏舟之中、薪火之上,如笼中之鸟、釜底之鱼、牢中之囚,为奴隶,为牛马,为犬羊,听人驱使,听人割宰,此四千年中二十朝未有之奇变。"⑤

许多有识之士也提出了"振兴中华""振兴中国"等口号和主张。郑观应认为:"欲振兴中华之国体,当从实事求是始。欲实事求是,当从借法自强始。欲借法自强,当从贵戚重臣遨游列国、精习艺学治道始。如是,中国其庶几乎?"⑥殷之辂在《振兴中国论》一文中提出,"夫人一身必脉络贯通,气血充周,情志畅达,而后神精克振,百体俱康。为国亦然。故铁路者所以通国之脉络也,银钱者所以充国之气血者也,邮政者所以达国之情政〔志〕也。三者备而后富强有本,百废俱兴"⑦。他认为,只要学习西方,办好这三件大事,中国就可以富强。唐才常认为,应当以湖南省等地方为"起点",以"振兴中国"⑧。就连清政府新制定的律令中,也出现了"振兴中国人民之利益"⑨之类的提法。

---

① 《孙中山全集》第三卷,人民出版社2015年版,第3页。
② [英]赫胥黎:《天演论》,(清)严复译,商务印书馆1981年版,第1页。
③ [英]赫胥黎:《天演论》,(清)严复译,商务印书馆1981年版,第37页。
④ [英]赫胥黎:《天演论》,(清)严复译,商务印书馆1981年版,第37页。
⑤ 《康有为全集》第四集,姜义华、张荣华编校,中国人民大学出版社2007年版,第57页。
⑥ 《增订盛世危言新编》卷十《强兵三》,清光绪二十三年(1897)成都刻本。
⑦ 《皇朝经世文三编》卷二十一《治体九》,清光绪二十七年(1901)上海书局石印本。
⑧ 《觉颠冥斋内言》卷四,清光绪二十四年(1898)长沙刻本。
⑨ 上海商务印书馆编译所编纂:《大清新法令(1901—1911)点校本》第二卷,荆月新、林乾点校,商务印书馆2011年版,第512页。

很显然，在亡国灭种的危机面前，无论是清朝统治阶级上层，还是包括新兴的资产阶级在内的社会中下层，都已经意识到，不改变现状，就会面临被瓜分、灭亡的命运。而随着太平天国运动、洋务运动、维新运动和义和团运动的相继失败，中国先进分子发现，通过传统的农民起义和修修补补的改良来救亡图存，实在是入"天国"无门，求"富强"无路，搞"维新"不成，剩下的唯一一条道路就是革命救国。时论指出："呜呼！我中国今日不可不革命。我中国今日欲脱满人之羁缚，不可不革命。我中国欲独立，不可不革命。我中国欲与世界列强并雄，不可不革命。我中国欲长存于二十世纪新世界上，不可不革命。我中国欲为地球上名国，地球上主人翁，不可不革命。"[①]

三、如何认识资本-帝国主义对中国的侵略？

鸦片战争后，资本-帝国主义以军事侵略、政治控制、经济掠夺和文化渗透等方式，不断加紧对中国的侵略。资本-帝国主义对中国的侵略，其动因和主要形式是什么？对近代中国产生何种影响？

（一）资本-帝国主义侵略中国的动因

1640年英国资产阶级革命的爆发，标志着世界历史开始进入资本主义时代。

扩张是资本主义的本性。资本主义以价格低廉的商品为武器，摧毁国内的手工业生产，逐步使资本主义机器大工业在全社会居于统治地位。资本主义的发展必然夺取新的市场，使自己的商品倾销到殖民地，同时掠夺殖民地的资源。正如列宁所讲的："资本主义如果不经常扩大其统治范围，如果不开发新的地方并把非资本主义的古老国家卷入世界经济的漩涡，它就不能存在与发展。"[②]西方资本主义的殖民扩张，逐步蔓延到世界各个角落。在1840年鸦片战争之前，中国是当时世界上少数完全没有被殖民者践踏的国家。

此时的中国仍然处于封建社会，封建统治者奉行重农抑商政策，阻碍了资本主义的

---

① 《辛亥革命前十年间时论选集》第一卷（下册），生活·读书·新知三联书店1960年版，第651页。
② 《列宁选集》第一卷，人民出版社2012年版，第232页。

发展。由于海盗猖獗等问题，明朝数度实行海禁政策，限制对外贸易等。清前期统治者故步自封，认为中国地大物博，无须与外国进行过多的经贸往来。而在西方殖民国家看来，中国简直就是一个黄金白银的聚集地，它们对中国的茶叶、瓷器、丝绸等有一定需求，更有把自己的商品大量倾销到中国的企图，而清政府对贸易往来的限制，使它们对清政府有诸多不满。与此同时，清朝统治日益腐败，思想落伍，军事力量落后，这些又进一步刺激了西方殖民国家的侵略野心。

实际上，西方国家对中国的觊觎之心和冒犯之举早已开始，并持续不断。1553年，葡萄牙人借口"舟触风涛"，要晾晒"水渍贡物"，用欺诈和贿赂手段，租占了澳门。[①] 西班牙（1575年）、荷兰（1601年）、英国（1637年）、法国（1698年）、美国（1784年）的船只，先后闯入中国东南沿海。1624年，荷兰殖民者侵占中国台湾南部；1626年，西班牙殖民者侵占中国台湾北部。1637年，英国东印度公司武装船队首次来华，炮击虎门炮台，击沉水师船只，还焚烧官署，劫掠商船。

第一个打开中国大门的西方侵略者是英国。1840年，英国以鸦片贸易受阻为借口，悍然发动了鸦片战争。从此，资本-帝国主义开始竞相侵略中国，中国逐步成为半殖民地半封建社会。马克思早就一针见血地指出，鸦片战争的起因就是"英国用大炮强迫中国输入名叫鸦片的麻醉剂"[②]。可见，鸦片战争以及此后的列强入侵中国，是资本-帝国主义殖民扩张的必然产物。

（二）资本-帝国主义侵略中国的主要形式

一是军事侵略。资本-帝国主义对中国的侵略，首先是军事侵略，主要方式有：进行武力威胁，发动侵略战争，武装干涉中国内政，直接出兵镇压中国革命。这种军事侵略呈现出逐步升级的特点，从骚扰、蚕食中国沿海和边疆到割占中国大片领土，直至企图瓜分中国。

资本-帝国主义的军事侵略给中国带来深重的灾难。

发动侵略战争，大量屠杀中国人民。从1840年鸦片战争爆发至清王朝覆灭，资本-

---

① 参见《澳门纪略》上卷《官守篇》，清嘉庆五年（1800）江宁藩署重刊本。
② 《马克思恩格斯选集》第一卷，人民出版社2012年版，第779页。

帝国主义发动的侵略战争主要有：鸦片战争、第二次鸦片战争、中法战争、中日甲午战争、八国联军侵华战争、英国入侵西藏、日俄战争等。上述侵略战争，制造了一个个骇人听闻的惨案，使中国人民饱尝列强侵略带来的苦难。例如，1894年11月日军在甲午战争中制造的震惊中外、惨绝人寰的旅顺大屠杀惨案，在4天内连续屠杀无辜民众2万余人。1900年7月，沙皇俄国入侵中国东北，先后制造了海兰泡惨案和江东六十四屯惨案。沙俄军警把中国人居住的村庄烧光，数千居民被枪杀或被驱入黑龙江活活淹死。同年8月，八国联军侵占北京后，仅在庄王府一处，就烧死和杀死义和团团民与平民1700多人。

勒索巨额战争赔款。资本-帝国主义在军事侵略之后，动辄勒索巨额赔款。仅八国联军侵华战争时签订的《辛丑条约》，规定中国应支付的赔款额就高达4.5亿两白银，分39年还清，本息合计近10亿两白银之巨，其总额相当于清中央政府12年财政收入的总和。这样惊人的巨额赔款造成了清政府财政的严重枯竭。如果说19世纪四五十年代清政府还能东拼西凑勉强应付，那么19世纪60年代后，清政府财政收入已越来越难以应付巨额赔款，除了加紧向人民搜刮，就是举借外债，而这些外债又需要用关税、盐税乃至统税①作担保，清政府财政进一步落入西方列强之手，这使清政府陷入了不能自拔的恶性循环，没有力量来发展社会经济。

破坏中国的领土主权完整。每次侵华战争后，资本-帝国主义都迫使清政府签订不平等条约，侵占中国大量领土，划分势力范围，破坏中国的领土主权完整。另外，西方列强还运用武力或欺诈手段，霸占中国通商口岸内的土地，设立完全由外国直接控制和统治的租界。1845年，英国租得上海外滩附近837亩土地，设立上海英租界。至1911年，英、法、美、德、日、俄、意、比、奥等国，先后在上海、天津、汉口、广州、福州、重庆等16个城市设立了30多个租界。租界里的一切都由外国殖民者管理，中国的法律在这里不发生效力，俨然是"国中之国"。

资本-帝国主义通过侵华战争还获得了在中国领土驻兵的特权。1901年《辛丑条约》规定，外国军队有权在北京使馆区和北京至大沽、山海关一线包括天津、唐山等12处"留兵驻守"。日俄战争后，日本从俄国手中攫得租自中国的旅顺口和大连湾、长春至旅顺

---

① 统税，也称"统捐"，是清政府为了充裕国库特地新增的一种新型货物税，实质上仍属于厘金的一种。

口的铁路及其他有关权益,在旅顺设置"关东总督府",并派兵驻守上述地区及"南满铁路"沿线。这支军队后来被称作"关东军",成为日本侵华的突击队。

西方列强在侵华战争中还公开劫掠中国的财富,肆意破坏文物和古迹。这些自称"西方文明传播者"的侵略者在中国的所作所为,充分地暴露了帝国主义、殖民主义势力践踏人类文明的野蛮本性。

圆明园遗址

二是政治控制。为了侵略中国,扩大在华利益,资本-帝国主义企图在政治上控制中国,其主要方式有:通过派驻公使、攫取领事裁判权、把持中国海关,控制中国的内政外交;通过勾结清政府、派遣军官组织并指挥"洋枪队"或者直接动用陆海军,镇压中国人民的反帝反封建斗争;通过收买、培植代理人,控制中国政府,把中国当权者变成自己间接统治中国的工具。

东交民巷是老北京城最长的一条胡同,在近代这里曾是著名的使馆区。第二次鸦片战争后,先后有英国、法国、美国、俄国、日本、德国、比利时等国在东交民巷设立使馆,并将东交民巷更名为使馆街。《天津条约》的一项重要内容,就是允许外国公使常驻北京。公使们驻京以后,公开宣称现在是西方各国强把它们的意图加在中国身上的时候了。[①] 他们不仅干预中国外交,还时常粗暴地干预中国的内部事务,告诉清政府什么事一定要做,什么事一定不许做,几乎成为"太上政府"。"对于那些对待外人不称职的中国官吏,随时随地随事排斥之。"[②] 由此,

北京外国使馆区东交民巷街(左为日本正金银行,右为六国饭店)

---

① 参见〔美〕马士:《中华帝国对外关系史》第一卷,张汇文等译,上海书店出版社2000年版,第696页。
② 卿汝楫:《美国侵华史》第二卷,生活·读书·新知三联书店1956年版,第524页。

东交民巷也成为旧中国"跪倒在地上办外交"①的历史记忆。1949年1月31日,北平和平解放。毛泽东命令人民解放军入城仪式必须经过东交民巷,以此洗刷西方列强留给中国人民的历史耻辱。

把持中国海关,是外国侵略者控制中国政治的重要手段之一。近代中国海关的职权范围,除了征收进出口关税外,还管理港口,主办邮政,甚至涉及与外国人交涉的各种事务。早在1854年,英、法、美三国便利用上海小刀会起义的机会,窃取了上海海关管理权。第二次鸦片战争后,它们又把在上海海关所实行的办法推广到其他通商口岸,在中国建立起一套半殖民地的海关制度。1859年,海关总税务司署在上海设立,1865年迁往北京,名义上隶属于总理衙门,但海关的行政、用人等大权均为英籍总税务司所掌握,初为李泰国,后为赫德。其中,赫德更是掌握中国海关大权40余年。晚清的海关及各口税务司高级职员一律由洋人充任。

资本-帝国主义认为,要实现它们在一系列不平等条约中所取得的各种特权,就必须对清政府加以扶持。当时英国驻广州领事罗伯逊曾经露骨地说:"事实上中国的前途是很黑暗的,除非外边给他强有力的援助,这座房子就会倒坍下来,而我们最好的利益也就此埋入废墟。"②因此,西方列强还勾结清政府镇压中国人民的反帝反封建斗争。为了镇压太平天国农民起义,它们向清政府供应军火、船只,甚至直接动用陆海军对太平军作战。法国代表葛罗曾主动向奕䜣提出,愿"助中国剿贼,所有该国停泊各口之船只、兵丁,悉听调遣"③。

为控制中国的政治,把中国政府变成自己间接统治中国的工具,西方列强在中国政府中收买、培植自己的代理人。在鸦片战争时期,外国侵略者通过中国内部的妥协投降派贵族大臣来对清政府施加压力和影响。第二次鸦片战争期间,英法联军采取又打又拉的手法,在强迫清政府签订《天津条约》《北京条约》的同时,表示愿意帮助清政府镇压太平天国农民起义,终于使清政府基本屈服。到清末民初,西方列强又支持北洋军阀首领袁世凯、段祺瑞等人,并扶植各派系军阀作为自己的代理人,支持他们割据一方并进行混战。

---

① 中华人民共和国外交部、中共中央文献研究室编:《周恩来外交文选》,中央文献出版社1990年版,第5页。
② 转引自严中平:《一八六一年北京政变前后中英反革命的勾结(续)》,《历史教学》1952年第5期。
③ (清)夏燮:《中西纪事》,高鸿志点校,岳麓书社1988年版,第248页。

三是经济掠夺。资本-帝国主义对中国进行经济侵略的方式,主要是利用其与清政府签订的不平等条约所赋予的特权,进一步扩大对中国的商品倾销和资本输出,进行掠夺和榨取,逐步把中国卷入资本主义世界市场。

鸦片贸易。鸦片战争后,鸦片以"洋药"名义获准纳税进口,取得了"合法商品"的地位。从此,鸦片祸及整个中国。英国"1856年输入中国的鸦片,总值约3500万美元,同年英印政府靠鸦片垄断获取了2500万美元的收入,正好是它财政总收入的六分之一"①。一直到1885年,鸦片都是中国最大的一项进口货物。1885年以后,虽然进口机织纱布增加,取代了鸦片的地位,但鸦片的绝对进口量并未稍减。据统计,1840年到1894年,中国共进口鸦片380万担,价值17.4亿多海关两。② 这还不包括走私的鸦片。再加上鸦片输入的另一后果——国内普遍种植鸦片,其对中国经济社会的危害,就远不止是流失白银那么简单了。

控制中国的通商口岸。这里说的通商口岸,不是主权国家自主设立的,而是列强通过不平等条约强迫清政府设立并开放的,其目的是掠夺原料、向中国倾销商品以及输出资本。通商口岸具有分布广、"三沿"地区多的特点。分布广是指通商口岸在中国境内到处都有;"三沿"地区多是指通商口岸大多集中在我国的沿海、沿江和沿边地区,这些地区交通比较便利、经济比较发达或资源比较丰富。通商口岸成为资本-帝国主义对华经济侵略的基地。在这些通商口岸,列强可以享受以下特权:(1)贸易、居留和租地建屋权。列强可以在通商口岸自由居住、自由贸易,并不受中国法律制约。(2)领事权。名义上是"专理商贾事宜"③,实际上给予领事不受中国法律制约的司法特权。(3)免税权。外商输入通商口岸之洋货,改运另一通商口岸之洋货,以及在通商口岸购买土货出口,均只纳一次进口正税或出口正税,其他各税一概免缴。(4)设厂权。1895年《马关条约》规定,允许日本在通商口岸自由设厂,而其他列强依据"一体均沾"的原则,都取得了设厂权。

剥夺中国的关税自主权。1842年《南京条约》以及此后签订的《五口通商章程:海

---

① 《马克思恩格斯选集》第一卷,人民出版社2012年版,第807页。
② 参见魏金玉:《外国资本帝国主义的入侵与中国资本主义的发展(续)》,《教学与研究》1988年第3期。
③ 王铁崖编:《中外旧约章汇编》第一册,生活·读书·新知三联书店1957年版,第31页。

关税则》《望厦条约》《黄埔条约》《天津条约》等规定，外国商品的征税率应由中国和列强协商确定，其中《天津条约》规定了洋货只需在海关交纳2.5%的子口税，就可以在中国内地通行无阻。这些所谓"协定关税"的规定完全剥夺了中国海关保护民族经济的权力，成为西方列强侵略中国、控制中国经济命脉的重要手段。

此外，资本－帝国主义还通过设立洋行，控制中国的进出口贸易。通过设立银行，控制中国的财政金融。通过修筑铁路，控制中国的现代交通运输业。当时中国境内的铁路绝大部分由外国资本经营。1911年，全国9618.1公里铁路中，由外国控制的达8952.5公里，占93.1%，而中国自主修筑的铁路只有665.6公里，仅占6.9%。[①]

通过以上手段，资本－帝国主义操纵中国的经济命脉，使中国经济丧失独立性，成为西方资本主义国家的经济附庸。

虽然自19世纪70年代起，中国民族资本主义工业开始萌芽，到19世纪末20世纪初有了初步发展，但始终受到资本－帝国主义的控制和阻碍。在列强对华商品倾销和经济掠夺下，中国广大地区特别是农村经济濒临破产。正是资本－帝国主义和封建主义的联合统治，导致了近代中国经济的落后和人民的贫困。

四是文化渗透。资本－帝国主义在对中国实行军事侵略、政治控制、经济掠夺的同时，还对中国进行文化渗透，其目的是宣扬殖民主义奴化思想，麻痹中国人民的精神，摧毁中国人民的民族自尊心和自信心。

披着宗教外衣，进行侵略活动。资本－帝国主义的文化渗透活动，有许多是披着宗教外衣、在传教的名义下进行的。一部分西方传教士参与了对中国的侵略活动，例如，德国传教士郭士立以传教为掩护，在中国长期进行间谍侦察活动，还直接参与了《南京条约》的起草和谈判。《望厦条约》和《天津条约》的起草和签订，也都有美国传教士裨治文、伯驾的参与。19世纪60年代后，大批外国传教士来到中国，并进入内地、边疆和少数民族地区。这些传教士从事的不法活动，激起了中国人民的义愤和反抗。19世纪60至90年代，各地群众反对外国教会侵略的斗争此起彼伏、连绵不断，并不是偶然的。

兴办教育，进行文化侵略。例如，1907年美国总统西奥多·罗斯福宣布将退还部分庚子赔款，用于资助中国政府选派留学生赴美留学，史称"庚款兴学"。从1909年选派第一批庚款留美学生至1929年，整整持续20年之久，很多留学生成为美国思想的忠实信

[①] 参见严中平等编：《中国近代经济史统计资料选辑》，中国社会科学出版社2012年版，第127页。

徒，甚至站在美国立场上为美国侵华行径作辩护。毛泽东在《"友谊"，还是侵略？》一文中指出"庚款兴学"的实质是帝国主义的精神侵略。①

为侵略中国制造舆论。外国教会中的某些势力还以宣传宗教和西学的名义，为资本－帝国主义的侵略制造舆论。它们在中国所办的某些报纸、杂志，所翻译、出版的某些书刊，基本上反映了当时外国侵略者对中国的态度和要求。当时基督教在中国设立的最大的出版机构是广学会。英国传教士李提摩太主持广学会的指导思想是"争取中国士大夫中有势力的集团，启开皇帝和政治家们的思想"②，企图影响中国的政治方向。广学会发行的刊物《万国公报》，在介绍西方史地、政治、文化的同时，也宣扬殖民主义奴化思想。如该刊主编、美国传教士林乐知发表的《印度隶英十二益说》，竟然鼓吹英国统治印度有12条好处，主张把英国的殖民统治制度搬到中国来。

通过对资本－帝国主义对华侵略主要方式及其给中国社会发展带来的严重阻碍和危害的分析，不难得出这样的结论：资本－帝国主义的侵略是近代中国贫困和落后的总根源。

一、"学习思考"解答思路

1. 为什么说鸦片战争是中国近代史的起点？

（1）中国社会性质发生变化。鸦片战争后，独立的中国逐步变成半殖民地的中国，封建的中国逐步变成半封建的中国。

（2）中国社会的阶级关系发生深刻变化。不仅旧的阶级中的地主阶级和农民阶级在发生分化、变化，还产生了新的阶级。中国社会的主要矛盾发生重大变化。社会主要矛盾

---

① 参见《毛泽东选集》第四卷，人民出版社1991年版，第1506页。
② 《广学会50周年纪念特刊》，第12—13页。

由原来的农民阶级和地主阶级的矛盾，变为帝国主义和中华民族的矛盾、封建主义和人民大众的矛盾，其中帝国主义和中华民族的矛盾又是最主要的矛盾。

（3）中华民族所面临的历史任务发生重要变化。中华民族要实现复兴，必须完成两大历史任务：推翻帝国主义、封建主义联合统治的半殖民地半封建的社会制度，实现民族独立、人民解放；改变中国经济技术落后的面貌，实现国家富强、人民幸福。

2. 资本–帝国主义的入侵给中国带来了什么？

资本–帝国主义通过军事侵略、政治控制、经济掠夺、文化渗透给中国人民带来了深重的灾难。列强操纵中国的内政外交，宣扬殖民主义奴化思想，麻痹中国人民的精神，妄图摧毁中国人的民族自尊心和自信心，使中国成为西方资本主义国家的附庸。

3. 反对外国侵略的斗争具有什么意义？

（1）中国人民前仆后继、英勇顽强的斗争，使我们的国家和民族历经劫难、屡遭侵略而不亡。

（2）中国人民以其不畏强暴、敢与敌人血战到底的英雄气概，打击和教训了外国侵略者，粉碎了他们瓜分中国的图谋。

（3）反对外国侵略的斗争教育了中国人民，促进了民族意识的觉醒。

4. 旧民主主义革命时期反侵略战争失败的根本原因和教训是什么？

（1）反侵略战争失败的原因在于社会制度的腐败与经济技术的落后，但社会制度的腐败是根本原因。

（2）反侵略战争失败的教训：一是必须从根本上铲除腐败的半殖民地半封建的社会制度；二是必须大力发展经济和科学技术，提高综合国力。

二、延伸阅读

1. 马克思：《中国革命和欧洲革命》，《马克思恩格斯选集》第一卷，人民出版社 2012 年版。

2. 列宁：《帝国主义是资本主义的最高阶段》，《列宁全集》第二十七卷，人民出版社 2017 年版。

3. 毛泽东：《中国革命和中国共产党》，《毛泽东选集》第二卷，人民出版社 1991

年版。

4. 习近平：《实现中华民族伟大复兴是中华民族近代以来最伟大的梦想》，《习近平著作选读》第一卷，人民出版社 2023 年版。

三、音视频资料

1.《青铜王朝》第 3—4 集，中央电视台出品，2012 年播出。

2.《河西走廊》第 1—10 集，中共甘肃省委宣传部、中央电视台科教频道联合出品，2015 年播出。

3.《中国通史》第 96 集《鸦片战争》，电影频道节目中心出品、中国社会科学院监制，2016 年播出。

4.《古物天工》第 1 集《超级宫殿》，中央广播电视总台出品，2021 年播出。

第二章 不同社会力量对国家出路的早期探索

第二章 不同社会力量对国家出路的早期探索

经典论述

实现中华民族伟大复兴始终是近代以来中国人民最伟大的梦想。无数志士仁人前仆后继、不懈探索，寻找救国救民道路，却在很长时间内都抱憾而终。太平天国运动、戊戌变法、义和团运动、辛亥革命接连而起，但农民起义、君主立宪、资产阶级共和制等种种救国方案都相继失败了。战乱频仍，民生凋敝，丧权辱国，成了旧中国长期无法消除的病疴。

中华民族是一个有志气的民族。为了探求救亡图存的正确道路，中国的先进分子带领中国人民始终坚持在苦难和挫折中求索、在风雨飘摇中前进，敢于挽狂澜于既倒、扶大厦之将倾，表现出了百折不挠的英雄气概。

——习近平在纪念毛泽东同志诞辰 120 周年座谈会上的讲话（2013 年 12 月 26 日）

从一八四〇年鸦片战争到一九四九年新中国成立的一百多年间，中国社会战火频频、兵燹不断，内部战乱和外敌入侵循环发生，给中国人民带来了不堪回首的苦难。

——习近平在德国科尔伯基金会的演讲（2014 年 3 月 28 日）

中国近代史，是一部充满灾难的悲惨屈辱史，是一部中华民族抵抗外来侵略、实现民族独立的伟大斗争史。

——习近平在蒙古国国家大呼拉尔的演讲（2014 年 8 月 22 日）

鸦片战争后，我国自给自足的自然经济逐渐解体，工业革命机遇没有抓住，尽管民族工业也有一些发展、外国资本也有一些进入，如上海的"十里洋场"、天津的工业、武汉的军工生产也曾名震一时，但总体上国家是贫穷落后、战乱不已的，在时代前进潮流中掉队了。

——习近平在省部级主要领导干部学习贯彻党的十八届五中全会精神专题研讨班上的讲话（2016 年 1 月 18 日）

一八四〇年鸦片战争以后，由于西方列强入侵和封建统治腐败，中国逐步成为半殖民地半封建社会，国家蒙辱、人民蒙难、文明蒙尘，中华民族遭受了前所未有的劫难。为了拯救民族危亡，中国人民奋起反抗，仁人志士奔走呐喊，进行了可歌可泣的斗争。太平天国运动、洋务运动、戊戌变法、义和团运动接连而起，各种救国方案轮番出台，但都以失败告终。

——《中共中央关于党的百年奋斗重大成就和历史经验的决议》（2021年11月11日）

第二章 不同社会力量对国家出路的早期探索

教学指南

◎ 思维导图

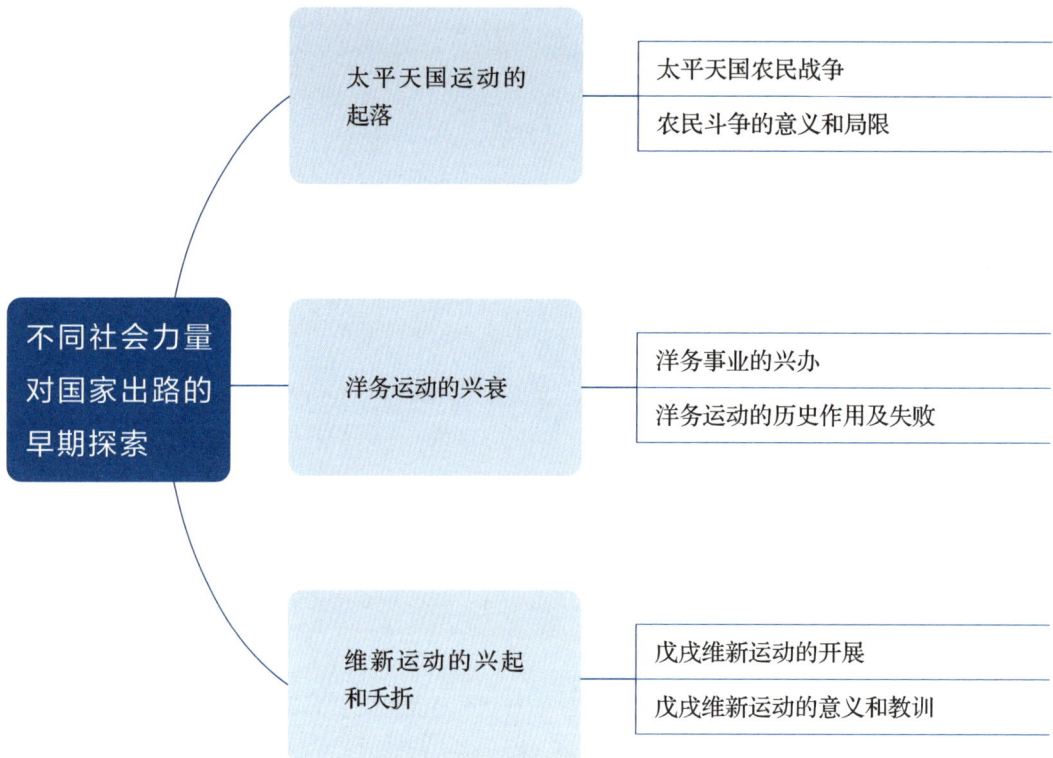

教学目的

了解太平天国运动、洋务运动和维新运动的兴起、意义、失败原因及教训；认识近代中国农民阶级、地主阶级洋务派、资产阶级维新派对国家出路的早期探索及其历史作用；认识由于各自的阶级局限性和历史局限性，这些阶级和派别不可能找到救亡图存的正确道路。

教学思路

1. 按照历史线索，重点讲清太平天国运动、洋务运动和维新运动发生的背景及其历史作用。

2. 对否定太平天国运动、抬高洋务运动作用、美化改良等错误观点进行批驳，引导学生正确认识这一时期的历史事件和历史人物。

3. 通过对典型案例和错误观点的辨析，帮助学生运用辩证唯物主义和历史唯物主义的立场、观点、方法，客观认识太平天国运动、洋务运动和维新运动，树立科学历史观。

一、如何认识太平天国运动的兴起与终结？

鸦片战争失败后，西方列强的入侵和清王朝腐朽的统治，进一步加剧了民族危机和社会危机，人民的反抗斗争愈演愈烈。在全国各地农民起义风起云涌的形势下，太平天国农民运动爆发。

（一）太平天国运动是旧式农民战争的最高峰

面对国家和民族的危机，首先站出来的是农民阶级。鸦片战争后，西方列强的入侵和商品倾销，破坏了自然经济，封建统治阶级又不断将危机转嫁到农民身上，激化了农民阶级与地主阶级的矛盾，最终导致了太平天国农民运动的爆发。

太平天国运动历时 14 年，转战 18 个省，先后攻占 600 多个城镇，建立了与清朝对峙的政权，以宏大的规模展开与清朝的武装斗争。

沉重打击清朝封建统治。1851 年 1 月，洪秀全率拜上帝教教众 2 万多人在广西桂平县的金田村发动起义，建号太平天国。同年 9 月，攻下永安，停留半年休整补充，封王建制。1852 年 4 月，太平军突围北上，围攻桂林，激战全州，随即出广西入湖南，先后攻克道州、郴州、益阳、岳州，随后，水陆并进，攻下湖北重镇武昌。1853 年 2 月，洪秀全、杨秀清统率大军，连克江西九江、安徽安庆、安徽芜湖等地。仅仅两年多时间，太平天国革命风暴席卷了半个中国。这样快的发展速度，这样宏大的革命规模，在中国农民战争史上是十分罕见的。

1853 年 3 月，太平天国定都南京，并将南京改名天京，革命形势继续向前发展。同年 5 月，太平军开始了北伐和西征的战斗。尽管北伐因孤军深入而失利，但他们奋战两年，横扫六省，连克数十城，把熊熊起义烈火引进清朝京畿地带。西征军在湖北、江西、安徽等地英勇作战，几次将太平军的劲敌——曾国藩的湘军打得几乎全军覆没。经过近三年的激战，太平军夺取了安庆、九江、武昌三大军事据点，控制长江中游，确保西征战略目标胜利达成。在西线稳定之后，1856 年 2 月起，太平军又进行了为时四个月的天京

洪秀全像

外围的破围战，先破江北大营，又破江南大营，解除了三年来清兵压城的威胁。到同年 8 月，太平军已经控制了上自武汉、下至镇江的长江沿岸各战略要地，以及安徽、江西的大片土地和湖北、江苏的部分地区，达到太平天国的全盛时期。在太平天国农民起义推动下，各地各族人民的起义蓬勃发展，其中著名的有江南的天地会、小刀会起义，北方的捻军起义，西南地区的苗民、彝民和回民起义，形成以太平天国起义为中心的近代中国农民

革命运动的高潮。

在太平军取得重大胜利的同时，太平天国内部潜在的矛盾和弱点也日益明显地暴露出来。1856年9月，发生了太平天国内部自相残杀的"天京事变"。从此，太平天国运动由盛转衰。1864年6月，洪秀全病故。7月，天京被湘军攻破，太平天国运动失败。

否定封建地主土地所有制。千百年来农民对土地有强烈渴望。中国历史上的农民起义总是围绕土地问题提出革命的主张和口号，因而获得了广大农民的拥护。秦末陈胜、吴广起义以"伐无道、诛暴秦"来号召农民，南宋钟相、杨幺起义提出"等贵贱、均贫富"的口号，明末李自成起义以"均田免粮"相号召。限于历史条件，他们仅提出了平均、平分土地的一般性口号，未能提出完整的关于平分土地和建立理想社会的革命纲领。

太平天国定都天京后，颁布了以解决土地问题为中心，同时包括政治、经济、军事、文化教育诸方面内容的《天朝田亩制度》。这是中国农民战争史上最完整的一部革命纲领，是太平天国建设新社会的蓝图。它的诞生标志着太平天国运动把旧式农民战争推向最高峰。

《天朝田亩制度》的基本精神是废除封建地主土地所有制，平均分配土地。它根据"凡天下田，天下人同耕"的原则，按人口和年龄平均分配土地。土地根据好坏，分为九等，互相搭配；凡16岁以上的男女都分得一份田，凡16岁以下的人分得半份田；"凡分田照人口，不论男妇。算其家口多寡，人多则分多，人寡则分寡"；并提出"凡天下田，丰荒相通"的调剂有无的原则，即"此处不足则迁彼处，彼处不足则迁此处"。①《天朝田亩制度》集中表达了亿万农民世世代代梦寐以求的获得土地的强烈愿望。

《天朝田亩制度》的颁布，满足了农民追求平等、平均的愿望，极大地激发了广大农民的革命热情，凡太平军所到之处，农民踊跃参加，起义队伍不断壮大。

承担新的革命任务。太平天国运动是在鸦片战争后发生的，具有与以往农民战争不同的时代特点，不仅肩负着反封建的革命任务，还肩负着反侵略这一

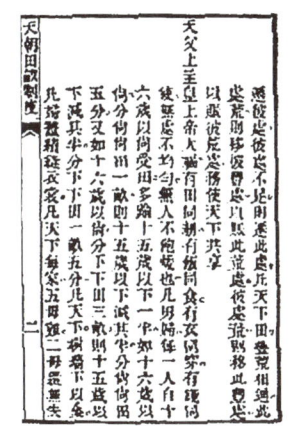

《天朝田亩制度》书影

---

① 参见《太平天国印书》上，江苏人民出版社1979年版，第409—410页。

新的革命任务。

外国侵略者一直密切关注太平天国的动向，随时准备出兵帮助清政府绞杀太平天国。1856年，英法借口"亚罗号事件"和"马神甫事件"发动第二次鸦片战争。英法联军一面北上和清政府作战，一面又在南方帮助清政府镇压太平军，当时的侵略者也称这一情况是一种"奇观"。他们派遣一批军官如华尔、戈登、勒伯勒东等人，组织"常胜军""常捷军""常安军"等，参加镇压太平军。

面对武器精良的外国侵略者，太平军表现出中国人民勇于反抗外来侵略的革命精神，屡次将其击败。1862年2月，英法联军集中于上海，会同美国人华尔的"常胜军"及清军，先后攻占太平军的若干阵地。4月，李秀成率太平军从苏州增援，夺回嘉定、青浦等地，将"常胜军"围困于松江城内，并击败从上海来援的侵略军。李秀成称，"那时洋鬼并不敢与我见仗，战其即败"[①]。法国侵华海军司令卜罗德、"常胜军"统领华尔、"常捷军"统领勒伯勒东和继任者塔提夫等都死于太平军铁拳之下。

太平天国还提出学习西方、发展资本主义的纲领。洪仁玕于1859年提出具有鲜明资本主义色彩的《资政新篇》。主要内容分四部分：用人察失，禁止朋党；革除腐朽生活方式，移风易俗；实行新的社会经济政策，仿效西方资本主义；采取新的刑法制度。文中指出各国富强或落后的原因，主张仿效西方资本主义制度，其基本精神是保护资本主义私有制，奖励发展资本主义生产。限于当时的历史条件，《资政新篇》未能付诸实施。

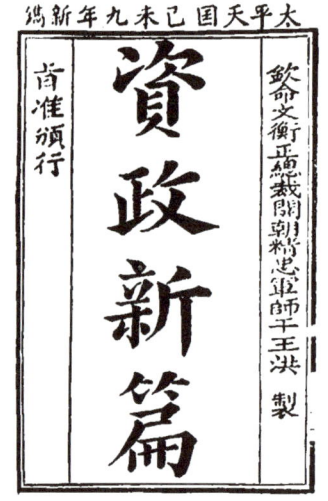

《资政新篇》书影

（二）太平天国运动失败的原因

太平天国的纲领和政策带有空想性。《天朝田亩制度》虽然在太平天国前期对动员广大农民参加革命起了巨大的积极作用，但后来对于农民的吸引力越来越小。究其原因，在于它既带有在现实社会中无法完全实现的空想色彩，也未能超出农民小生产者的狭隘眼

[①] 太平天国历史博物馆编：《太平天国文书汇编》，中华书局1979年版，第524页。

界。它设计了一个绝对平均主义的方案：一是生产资料的绝对平均，二是生活资料的绝对平均。生产资料的绝对平均，就是平均分配土地；生活资料的绝对平均，主要表现为圣库制度。在《天朝田亩制度》颁布后不久，因太平军粮食紧缺，洪秀全批准了杨秀清、韦昌辉、石达开"照旧交粮纳税"的奏折，实际上承认了封建地主土地私有制。圣库制度在起义初期起过积极作用，但到建立天朝以后，也"究不能行，遂下科派之令"①。实践证明，靠绝对平均主义的办法来达到大同理想社会的方案，不仅是一种脱离实际的空想，还会阻碍社会的向前发展。

太平天国政权逐渐封建化，确立了森严的封建等级制和世袭制。太平天国起义初期，起义领袖们以兄弟相称，物质待遇大体相同，等级界限并不悬殊。连清朝官员也不得不承认："夫首逆数人起自草莽结盟，寝食必俱，情同骨肉。且有事聚商于一室，得计便行。机警迅速，故能成燎原之势。"②从永安建制之后，太平天国一步一步建立起带有封建色彩的农民政权。定都天京后，太平天国内部等级贵贱愈加森严。太平天国颁布《太平礼制》，实行一套"贵贱宜分上下，制度必判尊卑"的礼制。更为荒唐的是太平天国对将士吃肉和妻子数目也作出规定：

"伪官虽贵为王侯，并无常俸，惟食肉有制，伪天王日给肉十斤，以次递减，至总制半斤，以下无与焉。"③

"今据天旨，朕诏西王可有十一妻，南王可有六妻。至于以下各级官员，毋须争论。天国居民，海外番众，皆以多妻为荣。朕向守天旨。今允东王西王各十一妻，自南王至豫王等各六妻，高级官员三妻，中级官员二妻，低级官员以及其余人等各一妻。自高而低，依级递减，上多下少，切莫妒忌。天父造出亚当，婚配夏娃。当初仅有一夫一妻，这是正确的。如今天父又曰，妻子数目应是多个。……拜上帝者皆一家，今后均须依照朕谕，妻数应依官阶大小而多少不等。"④

---

① 中国史学会主编：《中国近代史资料丛刊·太平天国》第三册，上海人民出版社1957年版，第275页。
② 中国史学会主编：《中国近代史资料丛刊·太平天国》第三册，上海人民出版社1957年版，第172页。
③ 中国史学会主编：《中国近代史资料丛刊·太平天国》第三册，上海人民出版社1957年版，第277页。
④ 《洪秀全集》，广东人民出版社1985年版，第206页。

太平天国建立了一个"朕即国家"的洪氏"家天下"。洪秀全沿袭历代君王的做法,称自己受命于天,把自己神化为救世主,还神化自己的儿子同样受命于天,理所应当君临天下。

此外,太平天国初期对儒家文化采取了一概否定的态度,把儒家经书不分精华与糟粕,一概斥之为"妖书"。后虽成立"删书衙",删去与拜上帝教不相容的内容,却保留了儒学中的纲常伦理原则和等级制度等内容。这一方面很难得到民众的拥护,另一方面又遭到敌对势力的攻击。

太平天国领导集团日益追求奢侈腐朽的生活方式。定都天京后,洪秀全、杨秀清等人便带头在天京城内大兴土木,建造起一座座金碧辉煌的宫殿,衣食住行方面的奢华程度,与清王朝的达官贵人和帝王将相不相上下。在他们的影响下,太平天国诸王及将领都大兴土木,这种风气一直伴随着太平天国的始终。随着太平军的日益壮大,太平天国首领

洪秀全的天王府(铜版画)

们的权力欲日渐膨胀,把相当多的精力用于争权夺利,导致内讧、分裂和大量无形的内耗。"天京事变"使这种内斗达到了顶峰,严重削弱了太平军的向心力和战斗力,加速了太平天国的覆亡。

中外反动势力强大。太平天国运动面临的敌人异常强大,不仅有封建地主阶级,还有农民战争在中国历史上第一次遇到的外国侵略者。尽管清政府与外国侵略者之间曾拔刀相向,但在共同镇压太平天国这点上,他们的利益是一致的。中外反动势力勾结起来逐渐形成一支强大的反革命力量,使太平军遇到了前所未有的强大敌人。

金田起义后,清政府立即调兵遣将对太平军实行武装镇压。太平军进行了英勇的战斗,把清军打得丢盔弃甲、溃不成军。1861年后,清政府采取"借师助剿"政策,同时重用汉族地主武装。湘军、淮军的兴起和外国侵略者的武装干涉,使力量对比逐渐发生了不利于太平天国的变化。

1854年湘军组建参战后,开始成为太平天国的劲敌。1860年曾国藩被任命为两江总督、钦差大臣督办江南军务,1861年又被授权节制江西、安徽、江苏、浙江四省军务。

至 1864 年，湘军人数发展至 30 多万人，仅直属曾国藩的湘军就有 12 万人。湘军组织严密，武器装备不断改进。仿照湘军建立起来的李鸿章的淮军，差不多全是用洋枪洋炮装备起来的。他们极力主张勾结外国侵略者共同绞杀太平天国。

定都天京后，外国侵略者曾试图诱劝太平天国与清政府"平分"中国土地，遭到洪秀全的严词拒绝，他并不承认清政府与西方列强签订的不平等条约。第二次鸦片战争结束后，外国侵略者撕下"中立"的画皮，同清政府联合绞杀太平天国。1862 年以后，外国侵略者与淮军在江浙地区东战场向太平军发动了多次疯狂的进攻，配合湘军组织了对太平军东西两面的夹击，这使太平军在军事上处于两面作战的极端不利的境地。

太平天国运动的失败表明，农民阶级虽然有伟大的革命潜力，但它不能独立完成反帝反封建斗争的任务。

二、怎样看待洋务运动？

19 世纪 60 年代，为挽救清政府的统治危机，地主阶级洋务派提出了"自强""求富"的口号，洋务运动由此展开。

（一）洋务派兴办洋务的原因和指导思想

洋务运动是 19 世纪 60 年代初第二次鸦片战争结束后，清政府在镇压太平天国起义与捻军起义的过程中兴起的。洋务派的主要代表人物有奕䜣、曾国藩、李鸿章、左宗棠和张之洞等人。他们创办近代工业企业、建立新式海陆军、创办新式学堂、派遣留学生，以求达到"自强""求富"的目的。

洋务运动的兴起，主要有以下三方面的原因。

首先，挽救清政府的统治危机，是洋务派推动洋务运动的根本原因。太平天国运动的磅礴之势、捻军的蓬勃兴起、各地会党的风起云涌，加剧了清政府的统治危机；而镇压农民起义和两次鸦片战争的经历，让洋务派官僚见识到了西方坚船利炮的威力。同时，他们通过"借师助剿"的经历，认为相对于西方列强，农民起义才是最严重的问题。恭亲王奕䜣说："臣等就今日之势论之：发捻交乘，心腹之害也；俄国壤地相接，有蚕食上国之志，肘腋之患也；英国志在通商，暴虐无人理，不为限制，则无以自立，肢体之患也。故灭发捻为先，治俄次之，治英又次之。"[1]因此，洋务派决定"借法自强"，即"治国之道，在乎自强，而审时度势，则自强以练兵为要，练兵又以制器为先"[2]。李鸿章也表达了相同的观点，认为"宜趁南省军威大振、洋人乐于见长之时，将外洋各种机器实力讲求，期得尽窥其中之秘，有事可以御侮，无事可以示威"[3]，"中国欲自强，则莫如学习外国利器，欲学习外国利器，则莫如觅制器之器，师其法而不必尽用其人"[4]。学习西方的坚船利炮以维持封建统治，是洋务派推进洋务运动的共识。

其次，对第二次鸦片战争带来的严重外侮的忧虑，也是洋务派推动洋务运动的重要因素。鸦片战争后清政府签订了《南京条约》，朝野上下原以为此乃"万年和约"，没想到西方列强为了获得更多的权益，发动了第二次鸦片战争，清政府被迫签订屈辱的《天津条约》《北京条约》。此外，沙俄趁火打劫，割占了黑龙江以北、乌苏里江以东的大片中国领土。严重的外侮激起朝野上下的强烈震动。李鸿章认为，"历代备边多在西北，其强弱之势、客主之形皆适相埒，且犹有中外界限。今则东南海疆万余里，各国通商传教来往自如，麇集京师及各省腹地，阳托和好之名，阴怀吞噬之计，一国生事，诸国构煽，实为数千年来未有之变局"[5]，西方国家"轮船电报之速，瞬息千里；军器机事之精，工力百倍。……又为数千年来未有之强敌"[6]。在这种情况下，如果中国"犹欲以成法制之，譬如医者疗疾不问何症，概投之以古方，诚未见其效也"[7]，"且外夷猖獗至此，不亟亟焉求富强，中国将何以自立耶"[8]。冯桂芬说，"有天地开辟以来未有之奇愤，凡有心知血气，莫不冲冠发上指者"[9]，如再不自强，"我中华且将为天下万国所鱼肉，何以堪之？"[10] "师夷长技以制夷"是

---

[1] 中国史学会主编：《中国近代史资料丛刊·洋务运动》第一册，上海人民出版社1961年版，第6页。
[2] 《筹办夷务始末（同治朝）》第三册，李书源整理，中华书局2008年版，第1081页。
[3] 《李鸿章全集》第二册，安徽教育出版社2007年版，第200页。
[4] 《筹办夷务始末（同治朝）》第三册，李书源整理，中华书局2008年版，第1089页。
[5] 《李鸿章全集》第六册，安徽教育出版社2007年版，第159页。
[6] 《李鸿章全集》第六册，安徽教育出版社2007年版，第160页。
[7] 《李鸿章全集》第六册，安徽教育出版社2007年版，第160页。
[8] 《李鸿章全集》第二十九册，安徽教育出版社2007年版，第413页。
[9] 中国史学会主编：《中国近代史资料丛刊·戊戌变法》第一册，上海人民出版社1957年版，第29页。
[10] 中国史学会主编：《中国近代史资料丛刊·戊戌变法》第一册，上海人民出版社1957年版，第33页。

鸦片战争以后林则徐、魏源等先进分子的思想，洋务派将其变成了实际的社会运动。

最后，随着外国资本主义的侵略，中国的自然经济逐步解体，小农业与家庭手工业破产，自给自足的经济体制瓦解，形成了劳动力市场、商品市场，一部分地主、买办、商人积聚了大量资本，资本主义产生的条件形成。正如毛泽东所指出的："帝国主义列强侵略中国，在一方面促使中国封建社会解体，促使中国发生了资本主义因素，把一个封建社会变成了一个半封建的社会；但是在另一方面，它们又残酷地统治了中国，把一个独立的中国变成了一个半殖民地和殖民地的中国。"① 洋务运动正是在这样的背景下兴起的。

洋务运动的指导思想基本可以概括为"中学为体，西学为用"，简称"中体西用"，即以中国封建纲常伦理所维护的统治秩序为主体，以西方的近代工业和技术为辅助，并以前者来支配后者，其目的是利用西方的"长技"来维护和巩固中国的封建制度。"中体西用"的理念最早是由冯桂芬在1861年写的《校邠庐抗议》中提出的，他写道，"以中国之伦常名教为原本，辅以诸国富强之术"②。在洋务思潮的演进中，洋务派人士都表达了这种思想。郑观应在《盛世危言》中比较规范地表达了这个思想，他说："中学其本也，西学其末也。主以中学，辅以西学。"③ 1895年4月，南溪赘叟在《万国公报》上发表《救时策》一文，首次使用了"中学为体，西学为用"的概念表达。1896年，礼部尚书孙家鼐在《议复开办京师大学堂折》中再次提出，"自应以中学为主，西学为辅；中学为体，西学为用"④。1898年，张之洞发表《劝学篇》，主张"中学为内学，西学为外学，中学治身心，西学应世事"⑤，对"中体西用"进行了系统的阐释。

面对鸦片战争后的民族危机，顽固派仍然坚持"天不变，道亦不变"的立场，反对向西方学习。洋务派则认为，当今的世界正处于"古今之大变局"，如薛福成认为"方今中外之势，古今之变局也"⑥，李鸿章也认为近代中国所处的是"三千余年一大变局"⑦。因此，面对大变局，洋务派主张通过学习西方的近代工业技术、军事技术来应对，认为中国

---

① 《毛泽东选集》第二卷，人民出版社1991年版，第630页。
② 中国史学会主编：《中国近代史资料丛刊·戊戌变法》第一册，上海人民出版社1957年版，第28页。
③ 夏东元编：《郑观应集》上册，上海人民出版社1982年版，第276页。
④ 中国史学会主编：《中国近代史资料丛刊·戊戌变法》第二册，上海人民出版社1957年版，第426页。
⑤ 《劝学篇》，上海书店出版社2002年版，第71页。
⑥ 丁凤麟、王欣之编：《薛福成选集》，上海人民出版社1987年版，第22页。
⑦ 《李鸿章全集》第五册，安徽教育出版社2007年版，第107页。

应该"转祸而为福,变弱而为强。不患彼西人之日来,而但患我中国之自域。无他,在一变而已矣"①。但是,洋务派受其阶级属性的限制,作为封建统治阶级的组成部分,不可能去否定封建制度,在与西方接触的过程中却又深刻认识到西方国家的强大、中国的贫穷和落后。于是,"中体西用"自然成为其应对统治危机的指导思想。

(二)洋务事业的兴办

洋务运动历时30余年,大体划分为两个阶段。从19世纪60年代初到70年代,以创办军事工业的"自强"活动为主。1861年1月,奕䜣和桂良、文祥向咸丰帝上《通筹夷务全局折》。8月,曾国藩上《复陈购买外洋船炮折》,提出"购买外洋船炮,则为今日救时之第一要务"②。1862年李鸿章到上海后,开始训练洋枪队,以为"中国但有开花大炮、轮船两样,西人即可敛手"③。奕䜣提出"自强"口号,称"我能自强,可以彼此相安"④。从19世纪70年代到90年代,除继续创办军事工业外,主要兴办民用企业,重心转为"求富"。1895年,甲午战争战败,北洋舰队覆灭,洋务运动失败。

创办近代企业。洋务派创办的第一个军工企业是曾国藩在1861年创设的安庆内军械所,主要制造子弹、火药、枪炮。在洋务派创办的军工企业中,规模较大的有5个,即江南机器制造总局、金陵机器局、福州船政局、天津机器局、湖北枪炮厂。其中最有影响的是江南机器制造总局和湖北枪炮厂。江南机器制造总局在其存在的40多年间,为中国军事装备的发展作出了一定的贡献。在这里诞生了中国第一台

江南机器制造总局炮厂

---

① 《弢园文录外编》,上海书店出版社2002年版,第168页。
② 董丛林编:《中国近代思想家文库·曾国藩卷》,中国人民大学出版社2014年版,第188页。
③ 《李鸿章全集》第二十九册,安徽教育出版社2007年版,第220页。
④ 《筹办夷务始末(同治朝)》第三册,李书源整理,中华书局2008年版,第1082页。

车床、第一艘蒸汽推进的军舰"惠吉"号、第一艘铁甲军舰"金瓯"号、第一门钢炮,炼出了中国第一炉钢。到19世纪90年代,江南机器制造总局已发展成为中国乃至东亚技术最先进、设备最齐全的机器工厂。湖北枪炮厂的设备是当时全国兵器制造工厂中最先进的,该厂生产的汉阳造7.92 mm八八式步枪,即"汉阳造",后来在抗日战争中仍是中国步兵的基本武器。

19世纪70年代以后的20多年中,洋务派在办军工厂的过程中,遇到了资金、原材料、交通运输等方面的问题,感到在"自强"的同时,还要"求富",因此倡导创办近代民用企业,主要涉及航运、煤矿、金属矿、电讯、铁路、纺织、冶炼等,构成了民用企业的主体。影响较大的有上海轮船招商局、上海机器织布局、开平煤矿、天津电报总局、汉阳铁厂等。其中,轮船招商局1872年由李鸿章招商筹办,是清末最早设立的大型轮船航运企业,总局设在上海,分局设在烟台、牛庄、汉口、天津、福州、广州、香港和日本的横滨、神户以及菲律宾的吕宋等地。

除了航运业务外,洋务派1875年发起组建的保险招商局,是中国人自办保险业的开始。招商局请上海英国工部局技术协助,架设从总局至虹口码头的电缆;投资近代中国最早的大型煤矿开采企业——开平矿务局;在上海开始试办近代中国第一家保税仓栈;投资创设近代中国第一家银行——中国通商银行。

建立新式海陆军。洋务派从事的建立新式海陆军活动,最有代表性的是编练海军。洋务派受两次鸦片战争的影响,较早认识到海军的重要性,把建设新式海军作为"自强"的一个主要目标。19世纪60年代初,奕䜣等人委托主持中国海关的英国人李泰国从国外购买军舰。李泰国用100多万两银子在英国订购8艘船舰,但要求清政府必须任命英国阿思本为中国海军总司令,中国官员不得过问,企图控制中国海军。对此,总理衙门和曾国藩、李鸿章等人一致反对。清政府辞退李泰国,将船舰变卖。此事之后,洋务派加紧建设福州船政局。1874年,日本派兵侵犯中国台湾,中国以赔款妥协。深为震惊的清政府着手筹办海防、建设海军,并于1885年10月设立总理海军事务衙门(海军衙门)。从19世纪70年代至90年代,清政府分别建成福建水师、广东水师、南洋水师和北洋水师,其中1888年正式成军的北洋水师是清政府的海军主力。

创办新式学堂,派遣留学生。19世纪60至90年代,洋务派先后创办新式学堂30多所。60年代初,洋务派在北京、上海、广州等地首先开设一批翻译学堂,如京师同文馆,又在开办福州船政局时设立船政学堂;70至80年代,又创办了一批电报学堂、水师学堂和军医学堂。1885年，李鸿章在天津创办的天津武备学堂，成为中国最早的新式陆军学校。这些新式学堂主要培养翻译、电报、铁路、矿务、西医等专门人才，以及新式海陆军人才。

此外，清政府还先后派出数批留学生，官费赴美、英、法、德等国留学。其中最具影响力的是派遣幼童留学美国。第一批留美幼童于1872年8月11日由上海出发，跨越太平洋，在美国旧金山登陆。他们乘坐刚刚贯通北美大陆的蒸汽火车，到达美国东北部的新英格兰地区，开始了他们的留学生涯。从1872年到1875年，清政府先后派出4批共120名幼童，他们出国时的平均年龄只有12岁。到1880年，先后有50多人进入美国的大学学习，其中22名进入耶鲁大学，8名进入麻省理工学院，3名进入哥伦比亚大学，1名进入哈佛大学。这批留学生大部分成为近代中国政治、经济、外交、教育、工矿、铁路等行业的领军人物。他们中产生了清华大学、天津大学的校长，近代中国早期的一批外交官，中华民国的第一任总理，更多的是像詹天佑一样为国家科学技术和工程建设作出巨大贡献的杰出专业技术人才。回国后的这批中国最早的留学生历经晚清社会的跌宕起伏，目睹了近代中国的荣辱兴衰。

中国首批赴美留学幼童

在近代企业中，还活跃着中国最早的一批科学家。他们运用所学的科学技术知识，为中国早期工业化作出了贡献。如著名数学家李善兰、华蘅芳长期在同文馆、天文算学馆和江南机器制造总局翻译馆从事教学和研究工作，培养了一大批专业技术人才。徐寿、徐建寅父子则为中国早期的轮船制造及军品生产作出了巨大贡献。1862年3月，徐寿进入安庆内军械所，目睹外国轮船在中国的内河横冲直撞，十分愤慨，决心为中国制造蒸汽机。徐寿次子徐建寅在为汉阳兵工厂试验无烟火药时牺牲了宝贵的生命。

（三）洋务派不能实现"自强""求富"目标的原因

洋务派推进的洋务运动，建立了最初的中国近代工业企业，编练了新式军队，创办了传播科学技术的新式学校，派遣了留学生，并且拥有了亚洲第一的北洋舰队。但是，北洋水师却在甲午战争中全军覆没，民用企业也百弊丛生，没有达到洋务派标榜的"自强""求富"目标。究其原因在于：

首先，洋务运动具有封建性。洋务运动是在"中体西用"的指导思想下进行的，企图用西方近代生产技术维护和巩固封建统治。洋务派认为，中国的封建制度优于西方资本主义制度，只是坚船利炮、声光电化等物质层面落后，必须以西方之"器"维护中国之"道"，以封建制度为"体"，西方近代工业文明为"用"。只是试图在器物层面做一些局部的改进，而不是通过改变思想观念、社会制度来谋求强国富民，注定是无法成功的。

同时，洋务企业本身也具有很强的封建性，正是这种封建性导致了洋务运动的失败。一是洋务派创办的企业在管理上基本是封建衙门式的，机构臃肿，人浮于事。曾任江南机器制造总局总办的赵滨彦痛陈该局的腐败现象，"在局员司，只可随波逐流，不能矫同立异。间有办事认真，不避嫌怨，即群起而讪笑之，甚至匿名揭帖，指摘交加。……稍不随意，百般排挤，妨贤害能，可胜浩叹"[①]。二是军事工业完全由清政府控制，且派有士兵、工头弹压工人，民用企业也完全没有自主权。在民用企业中，采用"官督商办"的形式，也带来很多不利于企业发展的弊病。政府派遣的各种总办、帮办、坐办和提调等管理人员把持一切，对企业各种大小事宜，诸如厂、矿建设的地点，企业资金的筹集，机器的购买，技术人员的聘请，企业每季经营的情况都要过问，商人没有多少发言权，一切唯总办之言是听。三是企业内部营私舞弊、贪污受贿、挥霍浪费等官场恶习充斥其间。张之洞对汉阳铁厂的腐败行为极为不满："兹据签出各条，滥用司事，多立名目，浮支薪资，局丁、巡丁、县差屯复开支，离奇已极。……各房点灯洋油月用十箱，窿工食盐月一千斤，日食三十三斤有余，尤骇听闻。……乃浮滥至此，实出意料之外。"[②]凡此种种，洋务事业难以正常发展。

其次，洋务运动具有对外依赖性。洋务派企图依赖西方列强的支持来达到"自强""求富"的目的，这一幻想不仅得不到西方列强的支持，反而进一步使其沦为西方列强的附庸。洋务运动的"自强""求富"目标同西方列强侵略中国的目的相违背。西方列强的目的，是将中国变成其原料掠夺地、商品倾销地、资本输出国，即使容许中国发展一

[①] 转引自樊百川：《清季的洋务新政》第二卷，上海书店出版社2003年版，第1552页。
[②] 湖北省档案馆编：《汉冶萍公司档案史料选编》上册，中国社会科学出版社1992年版，第77页。

些近代企业，也只是为了更有利于它们的原料掠夺、商品倾销和资本输出，使中国成为其附庸。这就决定了洋务运动不可能真正得到西方列强的支持。洋务派创办近代工业时，中国还没有机器制造工业，只能从西方国家购进机器设备，这就造成了对西方列强的严重依赖。西方列强借此对洋务派官僚进行敲诈勒索，或者抬高机器的价格从中牟利，或者将落后甚至淘汰的技术、设备等转移到中国，迟滞中国的早期工业化进程。洋务派依靠西方列强，无异于与虎谋皮、与狼共舞。故时人又议论曰："夫名曰自强，而仍倚西人以为强，此亦必不可恃矣。"①

最后，洋务运动中派系林立。洋务派不仅自始至终受到顽固派的极力阻挠，而且内部也分为若干派系，互相争斗，洋务运动也在某种程度上为派系斗争所左右。大的派系，有所谓湘、淮系之分，小的则更多，逐渐形成了以奕䜣、曾国藩、李鸿章、张之洞为首领的几个洋务派集团。其中，曾国藩、李鸿章等在镇压太平天国运动中发迹，各自发展出掌握政治、军事大权的封建官僚集团。因此，他们希望在其统治区内经营起庞大的洋务企业，作为自己的资本。即使迁调他省，他们仍要遥控原来的洋务企业。譬如，李鸿章调任直隶总督后，有关江南机器制造总局上奏的事，仍须由他和两江总督会奏。

正因为如此，洋务运动不可能避免最终失败的命运，更不可能为中国摆脱贫弱找到出路。

三、如何理解资产阶级维新派改良运动的夭折？

19世纪末，在内忧外患的冲击和中西文化的碰撞中，资产阶级提出了变法维新的改良方案。

（一）戊戌维新运动的开展

戊戌维新运动的背景。在1894年至1895年甲午战争中，作为泱泱大国的中国被日本击败，民族危机空前严重。1895年4月，清政府被迫签订中日《马关条约》，将台湾岛

---

① 中国史学会主编：《中国近代史资料丛刊·洋务运动》第一册，上海人民出版社1961年版，第360页。

及其附属各岛屿、澎湖列岛和辽东半岛割让给日本，赔偿日本军费2亿两白银。消息传到北京，群情激愤。康有为、梁启超发动在京参加会试的18省1300多名举人联名上书，要求清政府拒签条约，史称"公车上书"①。但都察院以《马关条约》已签为由，拒绝接收。这次上书虽然未能送达光绪皇帝手中，但广为流传，意义重大，揭开了戊戌维新运动的序幕。

康有为　　　　　　梁启超

从1895年夏到1898年春，维新派著书立说、办学会、设学堂、办报纸，介绍外国变法经验，以各种方式宣传变法主张，制造维新舆论，培养变法骨干，组织革新力量。如《时务报》在国内外开设100多个分销处，发行量1万余份。梁启超在该报发表《变法通议》，疾呼"法者天下之公器也，变者天下之公理也"②，强烈要求进行维新变法。在他们的影响下，维新变法的思想风行一时。

1897年11月，山东发生曹州教案，两名德国传教士被杀，德国乘机出兵强占胶州湾，帝国主义掀起了瓜分中国的狂潮。康有为赶赴北京，连续三次向光绪皇帝上书（即上清帝第五、第六、第七书）。在上清帝第五书中，他请求光绪皇帝下定决心，实行变法，

---

① 汉朝各地"孝廉"进京城应皇帝"策问"，都是公家用车船接送，后世因此用"公车"二字指称举人进京应试。
② 《饮冰室合集》文集（第一册），中华书局2015年版，第8页。

否则"皇上与诸臣,虽欲苟安旦夕、歌舞湖山而不可得矣,且恐皇上与诸臣,求为长安布衣而不可得矣"[1]。在上清帝第六书《应诏统筹全局折》中,康有为列数世界历史上埃及、波兰、土耳其和印度等国因为守旧不变法而遭瓜分或灭亡的事例,指出中国也面临同样的危险,"能变则全,不变则亡,全变则强,小变仍亡"[2]。上书依然未能直接送达光绪皇帝,却在北京一些官员和士大夫中辗转传抄,引起强烈反响。天津、上海的报纸亦将其公开发表。光绪皇帝看到后,意欲召见康有为,但囿于非四品以上的官员不得召见之祖制,遂令对康有为的条陈要随到随送,不得阻拦扣压,同时令总理各国事务衙门呈送康有为所著《日本变政考》《俄彼得变政记》等书。

光绪皇帝为什么会倾向于变法?一方面是因为他不愿做亡国之君,另一方面是想通过变法从慈禧太后手中取得实权。1889年,光绪皇帝得以表面"亲政",然而国家大权实际仍掌控在慈禧太后手中,光绪皇帝办事还需秉承"懿旨"。《马关条约》签订后,光绪皇帝认识到,非变法不足以救中国,不变法不足以固人心。康有为在德国强占胶州湾后给光绪皇帝上书痛陈变法的重要,更令其深受震动。为此,一向畏慈禧太后如虎的光绪皇帝毅然于戊戌年春明确表示:"太后若仍不给我事权,我愿退让此位,不甘作亡国之君。"[3] 对于光绪皇帝的态度,慈禧太后最初的反应是"甚怒",但最终还是允诺让出部分事权。这为光绪皇帝开始筹划变法提供了条件。

昙花一现的"百日维新"。1898年5月,康有为上书翁同龢,请他劝说光绪皇帝尽早变法。光绪皇帝将康有为代徐致靖拟《请明定国是疏》送至颐和园,请慈禧太后亲自过目。在获得慈禧太后允诺后,光绪皇帝于1898年6月11日颁布"明定国是"谕旨,正式宣布变法。

从1898年6月11日开始变法至9月21日慈禧太后发动政变的103天中,光绪皇帝发布了一系列除旧布新变法诏令,史称"戊戌变法",又称"百日维新"。其内容涉及政治、经济、军事、文教各个层面,主要包括:政治上,广开言路,提倡官民上书,裁撤冗官闲衙,澄清吏治,取消国家对旗人的供养等;经济上,保护和奖励农工商业,中央设立农工商总局和铁路矿务总局,奖励科学著作和发明创造,改革财政,全国设立邮局等;军

---

[1] 《康有为全集》第四集,姜义华、张荣华编校,中国人民大学出版社2007年版,第3页。
[2] 《康有为全集》第四集,姜义华、张荣华编校,中国人民大学出版社2007年版,第17页。
[3] 中国史学会主编:《中国近代史资料丛刊·戊戌变法》第一册,上海人民出版社1957年版,第331页。

事上，裁汰绿营，淘汰冗兵，采用新法练兵，筹建海军等；文教上，废除八股，设立学堂，提倡西学，允许自由设立报馆和学会，派人出国留学和游历等。

随着一系列维新变法措施不断出台，维新派和顽固派之间的矛盾与斗争日趋激烈并公开化。1898年9月15日，光绪皇帝召见杨锐，并授以密诏，诉说慈禧太后与顽固派反对变法及自己无权之苦，希望他能设法打破保守派和反对派的阻力。维新派商议后想出两个办法：一是拉拢、利用袁世凯，举兵夺权，"围园废后"；二是请求帝国主义出面干涉。在这些密谋被慈禧太后获悉后，事态急转直下。最终，慈禧太后发动了政变，将光绪皇帝软禁于中南海瀛台，史称"戊戌政变"。

慈禧太后下令大肆搜捕维新派。康有为因得光绪皇帝密诏，于政变前一日离京赴沪，后经香港逃亡日本。梁启超也提前得到消息离京，由天津逃亡日本。谭嗣同本来有机会逃走，但他说："各国变法，无不从流血而成，今中国未闻有因变法而流血者，此国之所以不昌也，有之请自嗣同始。"①他把自己所作的诗文和书稿事先交给梁启超，决心为变法而死。

1898年9月28日，谭嗣同、刘光第、林旭、杨锐、杨深秀、康广仁六人在北京菜市口被杀害，时人称之为"戊戌六君子"。戊戌维新运动至此宣告失败。

（二）戊戌维新运动失败的原因

维新运动是一场资产阶级性质的改良运动，其颁布的政令和措施并未触及封建制度的根本，所要推行的是一种十分温和的、不彻底的改革方案。维新之梦为何不能实现？究其原因，主要还在于封建统治阶级顽固势力的强大和资产阶级维新派自身的局限性。

封建统治阶级顽固势力的强大，是导致维新运动失败的重要原因。变法期间颁布的各项政令遭到封建顽固派的抵制和反对，尽管这些政令和措施并未触及封建制度的根本，但仍引起封建顽固派的强烈不满。在光绪皇帝宣布变法后不久，慈禧太后就迫使光绪皇帝一天内连下三道诏书：免去支持变法的户部尚书翁同龢的一切职务，驱逐回籍；任命其亲信荣禄署直隶总督，不久即实授，统率甘军、武毅军和新建陆军三军；规定凡新授二品以上大臣须在皇太后前谢恩。慈禧太后的本意就是想要自己掌控变法局面。

---

① 中国史学会主编：《中国近代史资料丛刊·戊戌变法》第四册，上海人民出版社1957年版，第53页。

对康有为的奏折和光绪皇帝的一系列关于变法和新政的诏谕，除了某些官员如湖南巡抚陈宝箴能认真执行、湖北巡抚曾钰也比较热心之外，其他各省督抚则或观望敷衍，或置之不理，或予以抵制。如两江总督刘坤一和两广总督谭钟麟，对变法期间"谕令筹办之事，并无一字覆奏"①，经电旨催问，刘坤一声称"部文未到"②，谭钟麟则"置若罔闻"③。因此，光绪皇帝关于变法的诏谕大部分成了一纸空文。在"百日维新"的关键时刻，慈禧太后的态度发生了根本转变，开始采取行动扼杀维新变法。戊戌维新运动的失败成为定局。

资产阶级维新派自身的局限性，是导致戊戌维新运动失败的内在原因。中国民族资本主义产生于19世纪六七十年代，至19世纪末，虽已经过30年的发展，但资本主义经济仍只是零星散落在以通商口岸为中心的城市中，资产阶级的力量仍相对弱小。据统计，1858年至1900年中国民用工矿企业数量和资本额只有约300家和0.6亿元，总体上来说是非常弱小的。④同时，在半殖民地半封建社会成长起来的民族资产阶级，与封建势力和帝国主义有天然的联系，这也决定了其必然具有妥协性和软弱性。主要表现在以下三个方面。

第一，不敢彻底与封建主义决裂。维新派变法的理论依据主要是康有为的《新学伪经考》和《孔子改制考》，希冀借用孔子的权威，打着"托古改制"的旗号，减小变法的阻力。他们幻想通过皇帝的权力和统治阶级内部的"进步势力"，通过自上而下的变法改良，用渐进的方法，以最小的代价，实现社会变革。"百日维新"期间颁布了诸多有利于促进资本主义工商业发展的政令，但这些内容没有涉及对封建政权和封建土地制度的变革，也没有提出颁布资产阶级宪法、建立资产阶级民权和民意机关的条款，这一方面反映了维新派发展资本主义的要求，另一方面也反映了这种要求的严重不足。维新派把变法的希望寄托在没有实权的光绪皇帝身上，甚至连一贯坚持的开国会、设议院、实行君主立宪等主张都不敢正式提出，这显示出民族资产阶级的妥协性和软弱性。

第二，对帝国主义抱有不切实际的幻想。资产阶级维新派虽然大声疾呼救亡图存，

---

① 中国史学会主编：《中国近代史资料丛刊·戊戌变法》第二册，上海人民出版社1957年版，第60页。
② 中国史学会主编：《中国近代史资料丛刊·戊戌变法》第二册，上海人民出版社1957年版，第60页。
③ 中国史学会主编：《中国近代史资料丛刊·戊戌变法》第二册，上海人民出版社1957年版，第60页。
④ 参见杜恂诚：《民族资本主义与旧中国政府（1840—1937）》，上海人民出版社2014年版，第26—27页。

却又幻想西方列强能帮助自己变法维新。在"戊戌政变"发生之前，英、日等帝国主义为了和沙俄争夺在华的霸权，曾虚伪地表示愿意帮助中国变法。维新派轻信了他们的诺言，称赞英国是"救人之国"，并奏请光绪皇帝联合英、日对抗顽固势力。变法期间，资产阶级维新派甚至提议聘请英国传教士李提摩太、日本前首相伊藤博文等担任光绪皇帝的顾问，帮助管理中国内政，这种不切实际的天真幻想自然落空。

第三，脱离和惧怕人民群众。资产阶级维新派是以"为民请命"的姿态自居的，但他们蔑视人民群众。康有为甚至公开表示："民智未开，蚩蚩自愚，不通古今中外之故，而遽使之议政，适增其阻挠而已。"① 他们甚至还惧怕人民革命的力量。康有为反复提醒光绪皇帝不要忘记人民反抗的危险，在上书中明白提出，"即无强敌之逼，揭竿斩木，已可忧危"②。他还在为光绪皇帝编撰的《法国革命史》一书的序言中力陈革命的可怕，呼吁统治者主动地实行他所主张的变法维新以避免革命。这表明，资产阶级维新派实际上把自己置于人民群众的对立面，这样一场维新变法运动注定会以失败而告终。

一、"学习思考"解答思路

1. 如何认识太平天国农民战争的意义和失败的原因、教训？

（1）太平天国农民战争的意义：沉重打击了清王朝的封建专制统治秩序，强烈撼动了清政府的统治根基；是中国旧式农民战争的最高峰；有力地打击了外国侵略势力；是19世纪中叶时间最久、规模最大、影响最深的一次亚洲民族解放运动，有力冲击了西方殖民主义者在亚洲的统治。

（2）太平天国农民战争失败的原因：一是农民阶级自身的局限性，二是没有从根本

---

① 《康有为全集》第四集，姜义华、张荣华编校，中国人民大学出版社2007年版，第170页。
② 《康有为全集》第四集，姜义华、张荣华编校，中国人民大学出版社2007年版，第4页。

上提出完整的正确的政治纲领和社会改革方案,三是在战略战术上存在重大失误,四是中外反动势力的联合绞杀。

(3)太平天国农民战争的教训:在半殖民地半封建的中国,农民阶级具有伟大的革命精神,但由于阶级和时代的局限性,不能独立担负起领导反帝反封建斗争取得胜利的重任,单纯的农民战争不可能完成争取民族独立和人民解放的历史任务。

2. 如何认识洋务运动的性质和失败的原因、教训?

(1)洋务运动的性质:清朝封建统治阶级中的地主阶级洋务派为了维护清朝的封建统治而进行的一场自救运动。

(2)洋务运动失败的原因:一是洋务运动具有封建性,二是洋务运动对列强具有依赖性,三是洋务企业的管理具有腐朽性。

(3)洋务运动的教训:在不触动封建专制统治、没有摆脱资本-帝国主义的侵略与控制的前提下,不可能达成"自强""求富"的目标。

3. 如何认识戊戌维新运动的意义和失败的原因、教训?

(1)戊戌维新运动的意义:是一次爱国救亡运动,是一场资产阶级性质的政治改良运动,更是一场思想启蒙运动。

(2)戊戌维新运动失败的原因:主要是由于维新派自身的局限性和以慈禧太后为首的强大的守旧势力的反对。维新派的局限性表现在:不敢否定封建主义,对帝国主义抱有幻想,惧怕人民群众。

(3)戊戌维新运动的教训:在半殖民地半封建的中国,企图通过封建统治者走自上而下的改良道路,是根本行不通的。

二、延伸阅读

1. 恩格斯:《〈德国农民战争〉序言》,《马克思恩格斯选集》第三卷,人民出版社2012年版。

2. 毛泽东:《中国社会各阶级的分析》,《毛泽东选集》第一卷,人民出版社1991年版。

三、音视频资料

1.《复兴之路》第1集《千年局变》，中央电视台出品，2007年播出。

2.《血色黄昏——李鸿章的洋务生涯》第1—9集，中央电视台出品，2012年播出。

3.《中国通史》第97集《太平天国》、第98集《甲午海战》、第99集《维新与革命》，电影频道节目中心出品、中国社会科学院监制，2016年播出。

第三章 辛亥革命与君主专制制度的终结

 **经典论述**

孙中山先生是伟大的民族英雄、伟大的爱国主义者、中国民主革命的伟大先驱，一生以革命为己任，立志救国救民，为中华民族作出了彪炳史册的贡献。

——习近平在纪念孙中山先生诞辰150周年大会上的讲话（2016年11月11日）

孙中山先生的伟大，不仅在于他领导了辛亥革命，而且在于他为了实现革命理想，与时俱进完善自己的革命理念和斗争方略，毫不妥协同逆时代潮流而动的各种势力进行斗争。他坚决反对军阀分裂割据，坚定维护民主共和制度和国家完整统一。

——习近平在纪念孙中山先生诞辰150周年大会上的讲话（2016年11月11日）

我们对孙中山先生最好的纪念，就是学习和继承他的宝贵精神，团结一切可以团结的力量，调动一切可以调动的因素，为他梦寐以求的振兴中华而继续奋斗。

——习近平在纪念孙中山先生诞辰150周年大会上的讲话（2016年11月11日）

以孙中山先生为代表的革命党人发动了震惊世界的辛亥革命，推翻了清朝政府，结束了在中国延续几千年的君主专制制度，近代以来中国发生的深刻社会变革由此拉开了序幕。这是中国人民和中国先进分子为实现民族独立、人民解放进行的一次伟大而艰辛探索。

——习近平在纪念辛亥革命110周年大会上的讲话（2021年10月9日）

辛亥革命的发生，有着深刻的社会历史背景，是近代以来中国社会矛盾激化和中国人民顽强斗争的必然结果。

——习近平在纪念辛亥革命110周年大会上的讲话（2021年10月9日）

辛亥革命极大促进了中华民族的思想解放，传播了民主共和的理念，打开了中国进步潮流的闸门，撼动了反动统治秩序的根基，在中华大地上建立起亚洲第一个共和制国家，以巨大的震撼力和深刻的影响力推动了中国社会变革，为实现中华民族伟大复兴探索了道路。

——习近平在纪念辛亥革命110周年大会上的讲话（2021年10月9日）

由于历史进程和社会条件的制约，由于没有找到解决中国前途命运问题的正确道路和领导力量，辛亥革命没有改变旧中国半殖民地半封建的社会性质和中国人民的悲惨境遇，没有完成实现民族独立、人民解放的历史任务。

——习近平在纪念辛亥革命110周年大会上的讲话（2021年10月9日）

抚今追昔，孙中山先生振兴中华的深切夙愿，辛亥革命先驱对中华民族发展的美好憧憬，近代以来中国人民梦寐以求并为之奋斗的伟大梦想已经或正在成为现实，中华民族迎来了从站起来、富起来到强起来的伟大飞跃，中华民族伟大复兴进入了不可逆转的历史进程！

——习近平在纪念辛亥革命110周年大会上的讲话（2021年10月9日）

孙中山先生和辛亥革命先驱为中华民族建立的历史功绩彪炳千秋！在辛亥革命中英勇奋斗和壮烈牺牲的志士们名垂青史！辛亥革命永远是中华民族伟大复兴征程上一座巍然屹立的里程碑！

——习近平在纪念辛亥革命110周年大会上的讲话（2021年10月9日）

孙中山先生领导的辛亥革命推翻了统治中国几千年的君主专制制度，但未能改变中国半殖民地半封建的社会性质和中国人民的悲惨命运。中国迫切需要新的思想引领救亡运动，迫切需要新的组织凝聚革命力量。

——《中共中央关于党的百年奋斗重大成就和历史经验的决议》（2021年11月11日）

第三章 辛亥革命与君主专制制度的终结

 **教学指南**

◎ 思维导图

辛亥革命与君主专制制度的终结
- 举起近代民族民主革命的旗帜
  - 辛亥革命爆发的历史条件
  - 资产阶级革命派的活动
  - 三民主义的提出
  - 关于革命与改良的辩论
- 辛亥革命与中华民国的建立
  - 辛亥革命的爆发与清王朝覆灭
  - 中华民国的建立
- 北洋军阀统治与旧民主主义革命的失败
  - 封建军阀专制统治的形成
  - 旧民主主义革命的失败

教学目的

认识辛亥革命极大促进了中华民族的思想解放,传播了民主共和的理念,打开了中国进步潮流的闸门,撼动了反动统治秩序的根基,以巨大的震撼力和深刻的影响力推动了中国社会变革,为实现中华民族伟大复兴探索了道路;了解由于历史进程和社会条件的制约,由于没有找到解决中国前途命运问题的正确道路和领导力量,辛亥革命没有改变旧中国半殖民地半封建的社会性质和中国人民的悲惨境遇,没有完成实现民族独立、人民解放的历史任务;了解辛亥革命和北洋军阀统治时期中国社会的国情,认识历史发展是多种因素相互作用的结果;掌握运用唯物史观、时空观念、史料实证等对辛亥革命进行客观分析和评价的方法,提升历史思维能力和批判性思维能力。

教学思路

1. 通过剖析民族危机进一步加深、社会危机加深、统治危机加深以及资产阶级革命力量壮大等历史背景,揭示辛亥革命的爆发是历史的必然。

2. 通过阐述辛亥革命爆发的过程和重要意义,揭示辛亥革命如何引起近代中国的历史性巨大变化。

3. 通过分析辛亥革命的失败原因和经验教训,揭示在半殖民地半封建的中国,资产阶级共和国方案行不通,深刻认识实现中华民族伟大复兴,必须找到正确的革命道路、必须有坚强的领导力量、必须依靠中国人民自己的英勇奋斗。

4. 通过参观辛亥革命相关纪念场馆,开展实践教学,在此基础上撰写心得体会、进行课堂交流,以巩固和拓展对本章教学内容的学习。

第三章　辛亥革命与君主专制制度的终结

重难点解析

一、为什么说辛亥革命的爆发是历史的必然？

辛亥革命的爆发绝非偶然事件，而是多重历史条件共同作用的客观结果。

（一）民族危机进一步加深

19世纪末，帝国主义列强掀起了瓜分中国的狂潮。面对这种情况，轰轰烈烈的义和团运动爆发。义和团以"扶清灭洋"为口号，拆铁路、毁教堂、杀教士，试图以暴力形式消灭一切带"洋"字的事物，给帝国主义势力以沉重打击。当义和团勇猛激烈地反抗帝国主义侵略时，慈禧太后竟联合帝国主义剿灭义和团，投降媚外之态毕露。从那时起，"群乃知政府不足与图治，顿有揞击之意矣"①。民族危机愈深，清政府威信愈低，民众起而革命之心也愈强。

1901年9月7日，清政府与11国列强签订的空前屈辱的《辛丑条约》，成为中国近代史上赔款数额最大、主权丧失最严重的不平等条约。帝国主义完全控制了中国的经济和军事命脉，中国"已经达到了一个国家地位非常低落的阶段，低到只是保持了独

1901年9月，《辛丑条约》签订现场

立主权国家的极少的属性的地步"②，清政府彻底成为"洋人的朝廷"。正如孙中山所说的："八国联军之破北京，清后、帝之出走，议和之赔款九万万两而后，则清廷之威信已扫地无余，而人民之生计从此日蹙。国势危急，有岌岌不可终日。有志之士，多起救国之思，

---

① 鲁迅：《中国小说史略》，人民文学出版社2005年版，第205页。
② [美] 马士：《中华帝国对外关系史》第三卷，张汇文等译，上海书店出版社2000年版，第383页。

而革命风潮自此萌芽矣。"①

1903年至1904年，英国派兵侵入中国西藏地区。1904年至1905年，日本与俄国为争夺中国辽东半岛和朝鲜半岛的控制权，在中国东北的土地上进行了一场帝国主义之间的不义之战。日俄战争爆发后，日本居然要求清政府在东北三省以外地区严守中立，让出东北地区作为战场。腐败至极的清政府竟同意宣布"局外中立"，坐视日俄两国在中国境内为争夺在中国的势力范围而厮杀。在日俄战争中，旅顺的工厂、房屋被炸毁，就连寺庙也未能幸免。耕牛被抢走，粮食被抢光，流离失所的难民达几十万人。日俄还强拉中国老百姓为他们运送弹药、服劳役，许多人惨死在两国侵略者的炮火之下，更有成批的中国平民被日俄双方诬为"间谍"，惨遭杀害。这场战争不仅是对中国领土和主权的粗暴践踏，而且使中国东北人民在战争中遭受了巨大的损失和伤亡。

《辛丑条约》签订后，外国在华投资规模急速扩张，还加大了对中国的经济侵略，包括扩大设厂规模和给清政府大量高息贷款，而铁路、矿山的利权更成为帝国主义掠夺的重要目标。1902年至1903年，清政府先后同英、美、日签订了新的所谓《通商行船续约》。这些条约牺牲中国主权，为外国轮船航行于中国长江上游和其他内河，为外国资本到中国内地设厂开矿，为外国商品在中国内地倾销，提供了有利的条件。1901年至1911年，外国在中国开办工矿企业的资金在7000万元以上。这些资本中的很大一部分是凭借帝国主义在华特权进行"冒险家"的活动，在中国国土上巧取豪夺、剥削得来的。

（二）社会危机加深

清政府为了弥补财政上的入不敷出，加大了对民众的盘剥，一些地方官吏又借机擅自派捐、中饱私囊，加之天灾频发，这些都使得百姓更加苦不堪言。御史叶芾棠曾在给朝廷的奏折中详细汇报了当时严峻的社会状况："士为四民之首，近已绝无生路，农、工终岁勤动，难谋一饱，商贾资本缺乏，揭借者多，获利维艰，倒闭相望。城市村落，十室九空，无业游民居其大半，弱者转于沟壑，强者流为盗贼，土匪蠢动，此灭彼兴，民不聊生，何堪搜括。加以各省水旱蝗蝻，哀鸿遍野，徐、海饥民数百万，遮蔽江、淮，困苦流离，生

---

① 《孙中山全集》第一卷，人民出版社2015年版，第81页。

无所赖。"① 这些描述反映了晚清时期普遍的社会生存状况,广大民众难以为生。

在清朝统治的最后十年间,下层群众的反抗活动日盛,抗捐抗税、饥民暴动、秘密会社起事、罢工罢市、反洋教斗争等多种形式的民变风起云涌,成为十分突出的社会现象。据统计,1902年至1911年,各地此起彼伏的民变有1300余起,平均每两天半发生一次。② 其中既有反洋教斗争,抗捐、抗税、抗租斗争,罢工、罢市斗争,少数民族和会党的起事,也有拒俄、拒法、抵制美货等爱国运动,以及收回利权运动和保路运动,等等。辛亥革命前夕,人们对清政府的不满和愤怒已到喷薄而出的程度。1911年5月,长沙关税务司伟克非在致总税务司安格联的函中写道,"毫无疑问,大多数老百姓是希望换个政府的,不能就说他们是革命党,但是他们对于推翻清朝的尝试是衷心赞成的……中国的前途似乎非常黯淡,我看在不久的将来,一场革命是免不了的"③。不到半年,武昌枪响,辛亥革命爆发。

(三)统治危机加深

随着民族危机、社会危机的不断加剧,清朝统治危机也层层激化。为了支付巨额对外赔款,清政府不断加重对人民的盘剥,苛捐杂税多如牛毛,"一盏灯,一斤肉,一瓶酒,无不有税"④。于是,在民不聊生的晚清竟出现了财政收入不断递增的情况,从甲午战争前清政府财政年收入大体稳定在0.8亿两白银左右,到1910年清政府试编的下一年度财政预算中,国家财政年收入约为2.97亿两白银。⑤ 这种激增自然不是生产力发展的结果,而主要是来自对百姓竭泽而渔的压榨。

为了应对严峻的内外危机,1901年,慈禧太后在西安以光绪皇帝名义下诏变法,实施"新政"。随后,推行一系列举措,主要包括:一是设立商部、学部、巡警部等中央行政机构;二是裁撤绿营,建立新军;三是颁布商法商律,奖励工商;四是鼓励留学,颁

---

① 故宫博物院明清档案部编:《清末筹备立宪档案史料》上册,中华书局1979年版,第448页。
② 参见张振鹤、丁原英:《清末民变年表》,《近代史资料》1982年第3、4期。
③ 中国近代经济史资料丛刊编辑委员会主编:《中国海关与辛亥革命》,中华书局1964年版,第87—88页。
④ 《辛亥革命前十年间时论选集》第一卷(下册),生活·读书·新知三联书店1960年版,第947页。
⑤ 参见《清史稿》卷一百二十五《志一百·食货六》,中华书局1976年版,第3705—3709页。

布新学制，废科举、兴学堂。1906 年，清政府宣布"预备仿行宪政"。但随后的官制改革暴露出满族权贵借立宪以集权的目的，引发各省官绅阶层普遍不满，各地纷纷发起召开国会的请愿活动。1908 年，清政府颁布《钦定宪法大纲》，宣布"预备立宪"，以 9 年为限。

1911 年 5 月，清政府宣布成立一个形式上的内阁。内阁总共 13 人，满族即占到 9 人，其中皇族 7 人，举国哗然。"皇族内阁"的出台，暴露了清朝统治者借改革之名行集权之实的根本意图。立宪派纷纷倒向革命派一边，原来对清政府抱有幻想的社会各阶层转而同情甚至支持革命。

清政府这场延续十年之久的"新政"，非但未能挽救统治危机，反而加速了其灭亡。一方面，旧的统治危机更加凸显，这主要是指中央和地方矛盾加深。19 世纪中叶后，随着内忧外患的加剧，地方势力开始崛起，出现了脱离中央管控的态势。于是，清政府借"新政"改革之机，采取了多项措施以巩固中央集权。例如：以袁世凯患足疾为由将其贬回原籍，任命载沣为全国海陆军统帅，以控制军权；规定各省拨动款项均须由户部核定，以控制财权；将开矿、修路等权收归中央，以控制路政大权；等等。然而危机四伏之下，腐朽无能的清政府根本无力控制地方，中央集权制度早已名存实亡，所以这些措施非但没有奏效，反而使得地方对中央的离心倾向更加强烈。这也是武昌起义爆发后很多省份迅速宣布独立的一个重要原因。另一方面，"新政"设立新式学堂，派遣留学生，培养了一批新式知识分子。他们大都不满现存制度，怀有一腔救国热情，倾向革命。

（四）革命力量壮大

19 世纪末 20 世纪初，中国民族资本主义得到初步发展。民族资本主义企业主要集中在江浙、两湖和广东一带；发展较快的是轻工业，其中以棉纺织、面粉加工等行业最为显著，设立厂矿的数目和投资额增加，如 1901 年至 1910 年，资本在 1 万元以上的工矿企业共有 370 家，资本总额 8620 万元，平均每年投资 862 万元。[①] 伴随民族资本主义的发展而壮大的中国民族资产阶级，需要自己的政治利益代言人和经济利益维护者。这正是资产阶级革命派形成的阶级基础。

---

① 参见胡绳：《从鸦片战争到五四运动》下，人民出版社 2010 年版，第 602 页。

第三章 辛亥革命与君主专制制度的终结

毛泽东指出，"中国反帝反封建的资产阶级民主革命，正规地说起来，是从孙中山先生开始的"[①]。1894年6月，孙中山北上天津，上书李鸿章，提出变法自强等多项改革建议，但未被采纳。同年11月，孙中山在美国檀香山组织成立了近代中国第一个民主革命团体兴中会，立志"驱除鞑虏，恢复中国，创立合众政府"，提出"振兴中华"的口号。1895年，孙中山回到香港，积极在广州、香港等地建立兴中会分会，并联合多派会党绿林，策划了广州起义。但由于内部协调失利等因素，广州起义失败。1896年伦敦蒙难事件后，孙中山在海内外声望骤增，由此获得了革命人士的支持和海外援助，于1900年发动了惠州起义。虽然这次起义也以失败告终，但它进一步提高了孙中山的威望，时人称之为"谈革命者之初祖"[②]，为他日后成为革命派的核心人物奠定了基础。

进入20世纪，国内的革命思潮高涨，出现了章太炎、邹容、陈天华等宣传革命的重要旗手。1903年，清政府查封了公开宣传革命思想的《苏报》，并逮捕了章太炎、邹容等人，震动全国。清政府本想借此压制革命思潮的传播，没想到反而起到了助推传播的作用。与此同时，留学生群体中也出现了转向革命的趋向。实现这一转折的关键事件是1903年的拒俄运动，清政府悍然镇压拒俄学生，使得一大批留学生抛弃了对清政府的幻想而转向革命。1894年至1909年，各种革命团体相继建立（见表3-1），革命团体如雨后春笋般涌现。这表明，资产阶级革命派作为一种新兴力量已经形成。

表3-1 1894年至1909年相继建立的革命团体

团体	年份	领导人	地点
兴中会	1894	孙中山	美国檀香山
华兴会	1904	黄兴、宋教仁	长沙
光复会	1904	蔡元培、陶成章	上海
日知会	1905	刘静庵、曹亚伯	武昌
共进会	1907	焦达峰、孙武	日本东京
文学社	1909	蒋翊武	武昌

---

① 《毛泽东选集》第二卷，人民出版社1991年版，第563页。
② 中国史学会主编：《中国近代史资料丛刊·辛亥革命》第一册，上海人民出版社1957年版，第90页。

1905年8月20日,孙中山和黄兴、宋教仁等人以兴中会和华兴会为基础,在日本东京成立中国同盟会,孙中山被推举为总理,黄兴被任命为执行部庶务,实际主持会内日常工作。同盟会以《民报》为机关报,以"驱除鞑虏,恢复中华,创立民国,平均地权"为纲领。之后,孙中山将其进一步概括为三大主义,即民族主义、民权主义、民生主义,后被称为"三民主义"。不久,同盟会分会在全国各地迅速建立起来。由此,全国的革命志士为了共同的革命目标集结在同盟会之下,有了共同的纲领、章程和领袖。

同盟会成立后,中国资产阶级民主革命进入一个新的阶段。一方面,资产阶级民主革命思潮广泛传播。1905年至1907年,革命派的《民报》与改良派的《新民丛报》就"要不要革命"的问题开展了一场大论战。梁启超等改良派认为,革命只会导致内乱和瓜分,因而主张"开明专制";孙中山等革命派则认为,依靠腐朽至极的清政府实现君主立宪无异于与虎谋皮,唯有以革命手段将之推翻,并实现民主共和,才可能摆脱危机挽救家国。通过激烈的反复论争,革命派逐渐占据上风,使得"革命思想充满学界,且输灌于内地"①。另一方面,同盟会在国内领导发动了一系列武装起义。孙中山、黄兴等先后领导了萍浏醴起义、潮州黄冈起义、镇南关起义等,虽均告失败,却标志着革命从舆论的鼓吹转向了直接的行动。之后同盟会内部出现分化,共进会和同盟会中部总会先后成立,他们将战略重心转向了长江一带特别是两湖地区,使得当地的革命势力迅速发展。1911年10月10日,辛亥革命的第一枪在武昌打响。

二、辛亥革命如何引起近代中国的历史性巨大变化?

武昌城头枪声一响,拉开了中国完全意义上的近代民族民主革命的序幕。以孙中山为代表的革命党人发动震惊世界的辛亥革命,推翻腐朽、堕落的清朝政府,这是为实现民族独立、人民解放而进行的一次伟大而艰辛的探索,也在中华民族伟大复兴的征程上树立了一座巍然屹立的里程碑。

正确认识辛亥革命

---

① 胡汉民:《胡汉民自传》,中华书局2016年版,第34页。

（一）政治上：结束君主专制，建立民主共和国

1912年1月1日，孙中山在南京宣誓就职中华民国临时大总统，宣告中华民国临时政府成立，标志着中国历史上第一个资产阶级共和国——中华民国正式建立。

中华民国建立以后所采行的"共和"制度，主要是仿自西方，如临时政府所颁布的《中华民国临时政府组织大纲》规定："临时大总统由各省都督府代表选举之，以得票满投票总数三分之二以上者为当选。"①

根据《中华民国临时政府组织大纲》，南京临时政府设立临时参议院，负责立法。参议院成立后，制定了《国会组织法大纲》及《国会选举法大纲》，并作为国家最高权力机关的常设机构，对临时大总统的权力进行约束和监督。临时政府于1912年3月11日正式颁布的《中华民国临时约法》，规定了正式宪法诞生以前南京临时政府的政体形式："中华民国之立法权，以参议院行之"，参议院由"各地方选派之参议员组织之"；"临时大总统代表临时政府，总揽政务，公布法律"；"国务员辅佐临时大总统负其责任"；"法院依法律审判民事诉讼及刑事诉讼"。②

需要特别指出的是，孙中山所设计的"五权分立"与西方政治体制并不完全相同。第一，孙中山认为除了行政、立法、司法三权之外，还必须根据中国的历史传统，加上"考试"与"弹劾"（或"监察"），形成"五权分立"。第二，西方政治传统中的"三权分立"，指国家行政、立法、司法三种最高权力之间的各自独立与互相牵制，三权之上，再无别的更高的权力，而孙中山所设想的"五权宪法"或"五权分立"，前提是"权能分开"，"权"在人民，"能"在政府。换言之，"五权"都只是"能"而不是"权"，它们都不是最高权力，它们之间互相配合、分工合作，共同完成政府职能，而最高权力都保留在人民手中。

（二）思想上：传播民主共和理念，促进思想解放

从武昌起义开始到南京临时政府成立，辛亥革命整个过程都透露出一种全新的民主气氛。1911年12月下旬，孙中山从海外归国，并于12月25日抵达上海，各省代表得知

---

① 《中华民国临时政府组织大纲》，《新闻报》1911年12月11日。
② 参见《孙中山全集》第三卷，人民出版社2015年版，第355—357页。

消息后，当即决定29日开会选举临时大总统。28日晚，启动临时大总统选举程序，先用无记名方式投票选举候选人，投票后并未开箱，候选人名单留待次日正式选举时揭晓。29日，举行正式选举。汤尔和为会议主席，王宠惠为副主席，袁希洛为书记，刘之洁为监选员。当日到会者40余人，分别代表宣布独立的17省。选举开始，首先开箱揭晓临时大总统候选人，结果分别为孙中山、黄兴、黎元洪。接着开始正式投票，每省一票，以得票超过2/3为当选。孙中山以16票当选后，各省代表随即签名，交会议正副主席赴沪迎请孙中山来南京就职。1912年1月1日，孙中山从上海赶赴南京，深夜举行就职仪式。奏军乐后，各省代表推举景耀月报告选举情形。孙中山随即宣誓。景耀月致欢迎辞，并致送大总统印绶，印文为"中华民国临时大总统之印"。[①]孙中山随即用印并发布《中华民国大总统孙文宣言书》，宣布对内实行"民族之统一""领土之统一""军政之统一""内治之统一""财政之统一"，同时宣布对外方针为"当尽文明国应尽之义务，以期享文明国应享之权利。满清时代辱国之举措与排外之心理，务一洗而去之；与我友邦益增睦谊，持和平主义，将使中国见重于国际社会，且将使世界渐趋于大同"。[②]宣言毕，海陆军代表致颂词，孙中山答词，表示"誓竭心力，勉副国民公意"。各代表及海陆军人三呼"中华共和万岁！"礼成，奏乐而散。[③]

由此可以看出，中华民国临时政府整个选举过程是按照民主的方式、依据多数代表的公意来进行，通过投票选举出来的临时大总统也按规矩进行宣誓，在中国历史上第一次展示出一幅全新的民主气象。

在以孙中山为代表的革命党人看来，"人民即帝王，帝王即人民，不可离也"[④]。革命成功之后，"敢有帝制自为者，天下共击之"[⑤]，皇帝是不能再要，但却要让人民享受到皇帝般的地位，"吾颇欲为中国人民，上一尊号，名曰帝民，副人人欲作皇帝之愿望也"[⑥]。人民与政府之间的关系，就像"东家"与"伙计"："专制的时候，人人俱受官府监督，共和政体，人人皆是主人。二者比较，譬如营商，专制政体乃东家一人之生意，无论若干伙

---

① 参见《紧要电报》，《民立报》1912年1月3日。
② 参见《孙中山全集》第三卷，人民出版社2015年版，第22—23页。
③ 参见《紧要电报》，《民立报》1912年1月3日。
④ 莫世祥编：《马君武集》，华中师范大学出版社1991年版，第227页。
⑤ 《孙中山全集》第三卷，人民出版社2015年版，第305页。
⑥ 《孙中山全集》第八卷，人民出版社2015年版，第122—123页。

计，所得利益尽归东家一人，且如伙计，又皆受东家一人管辖；共和政体则不然，犹如合资营业之公司，人民尽属股东，公司赔赚，各股东自然痛瘝〔痒〕相关，各股东不但有监查公司之权利，且对公司负有出资之义务。况我民国有四万万人民，统世界诸国计算，亦系最大之国。如能四万万一致晋行，对于国家均能尽其义务，则我中华民国当为世界上最强之国。"①不难看出，孙中山对民主共和抱有美好的理想，但在当时中国半殖民地半封建社会的冷酷事实面前，这种理想只能成为无法实现的梦想。

《中华民国临时约法》第一次以国家根本大法的形式庄严宣布："中华民国之主权属于国民全体。"②同时又规定：中华民国人民一律平等，人民享有七大自由权、六大政治权。七大自由权为：人民之身体，非依法律不得逮捕、拘禁、审问、处罚；人民之家宅，非依法律不得侵入或搜索；人民有保有财产及营业之自由；人民有言论、著作、刊行及集会、结社之自由；人民有书信秘密之自由；人民有居住、迁徙之自由；人民有信教之自由。六大政治权为：人民有请愿于议会之权；人民有陈诉于行政官署之权；人民有诉讼于法院受其审判之权；人民对于官吏违法损害权利之行为，有陈诉于平政院之权；人民有应任官考试之权；人民有选举及被选举之权。③这些规定明确了人民所享有的各种权利，虽当时未能实施，却对后来产生深远影响。

（三）经济上：促进了民族资本主义经济发展

尽管南京临时政府仅存在3个月，且国内尚处于战争状态，南北议和未定，临时政府内部困难丛集、矛盾重重，但在此艰难环境下，它还是尽一切力量采取措施，鼓励和提倡实业。在中央政府组织方面，《中华民国临时政府组织大纲》原只规定外交、内务、财政、军务、交通五部，后在讨论修订时，新增实业、教育两部。1912年2月初，实业部下达通电，饬令各省设立实业司。令文指出："窃念实业为民国将来生存命脉，今虽兵战未息，不能不切实经营，已成者当竭力保存，未成者宜先事筹画。今外省官制虽未画一，

---

① 《孙中山全集》第七卷，人民出版社2015年版，第145页。
② 《孙中山全集》第三卷，人民出版社2015年版，第354页。
③ 参见《孙中山全集》第三卷，人民出版社2015年版，第354页。

而各省之实业司当速行成立，隶属本部。"①实业部成立后，国内实业集团纷纷成立，开工厂、设银行成为风气。

《临时政府公报》上几乎每期都刊载有关实业的令示、纪事等。由于临时政府的重视和鼓励，在其管辖区域内，很快就出现了组织团体、兴办实业的高潮。南京、上海等地陆续成立"中华民国实业协会""中华民国工业建设会"等，一大批工矿、运输、商贸、保险等企业陆续建立，中国民族资本主义开始出现蓬勃生机。正如《工业建设会发起趣旨》所载："政治革命不焕新猷，自必首重民生，为更始之要义，尤必首重工业，为经国之宏图。……往者忧世之士，亦尝鼓吹工业主义以挽救时艰，而无效也，则以专制之政毒未除，障害我工业之发达，为绝对的关系，明达者当自知之。今兹共和政体成立，嗷嗷望治之民，可共此运会，设我新社会，以竞胜争存，而所谓产业革命者，今也其时矣。"②

（四）社会上：推动中国社会面貌发生变化

南京临时政府一成立，即连续颁布一系列法令法规，试图引导民众告别旧时代、开创新生活。其主要内容有：

第一，改用公历。孙中山刚刚宣誓就任临时大总统，即发布通电正式宣布改用公历，"以黄帝纪元四千六百九年十一月十三日，为中华民国元年元旦。经由各省代表团议决，由本总统颁行"③。这一决定意味着延续了几千年的王朝体制，从此退出"实时"，转入历史序列，而中国历史发展由此开始进入"共和"时间。

第二，剪辫。男子"编发之制"是清朝统治的一个象征。辛亥革命后，革命党人视"辫子"为奴性的表现，多次限令剪除，要求男子剪掉长辫子，改留短发，军政人员不从者，一律撤职查办，士兵等不剪者，停发军饷。孙中山就任临时大总统后还为此专门发布"剪辫令"："今者满廷已覆，民国成功，凡我同胞允宜涤旧染之污，作新国之民。兹查通都大邑剪辫者已多，至偏乡僻壤留辫者尚复不少。仰内务部通行各省都督，转谕所属地方一体知悉。凡未去辫者，于令到之日，限二十日，一律剪除净尽，有不遵者，〈以〉违法

---

① 《临时政府公报》第八号，1912年2月5日。
② 《临时政府公报》第十二号，1912年2月10日。
③ 《孙中山全集》第三卷，人民出版社2015年版，第213页。

论。"① 不过，剪辫遇到的阻力非常大，"剪辫令"虽一再展期，但直到北洋时期留辫者依然存在。

第三，改穿中山装。清朝建立后，推行满人服制，以长袍马褂为礼服，不但费布料，而且穿着活动颇为不便。孙中山就任临时大总统期间，仿照西服创制了一种穿着舒适大方的新式服装，也就是后来中国社会上流行的"中山装"。

1923年12月，身着中山装的孙中山在岭南大学

第四，解放妇女。缠足是中国历史上的旧习，约始于南唐，盛于宋。清初曾下令禁止缠足，但效果不大。晚清时期，外国来华的传教士以及维新派的康有为等都曾倡导过妇女放足，但从者寥寥。南京临时政府成立后，下令革除缠足陋习。从此以后，妇女放足或留"天足"逐渐成为时尚。同时，一些受到进步思想影响的女性积极要求参加革命。于是，起义军中就有了"女子北伐军""女子敢死队""女子同盟会""女子参政团"等，一时颇引社会关注。当时报纸评论说："昔日女子多缠足，今日女子多天足。昔日女子能文者少，今日女子入学堂者多。昔日女子多柔顺之气，今日女子多英爽之气。昔日女子谨守闺中，羞不见客，今日女子靴声橐橐，马路中疾行如飞。昔日女子主中馈，惟酒食是议，今日女子结队成军，颇有铁血主义。"②

第五，改良风俗。其中，改变称谓和废除跪拜礼最具象征意义。孙中山下令革除清朝官厅称呼："官厅为治事之机关，职员乃人民之公仆，本非特殊之阶级，何取非分之名称。查前清官厅，视官等之高下，有大人、老爷等名称，受之者增惭，施之者失体，义无取焉。光复以后，闻中央地方各官厅，漫不加察，仍沿旧称，殊为共和政治之玷。嗣后各官厅人员相称，咸以官职，民间普通称呼则曰先生、曰君，不得再沿前清官厅恶称。"③ 跪拜之礼与忠孝观念相连，却与平等的观念不相容。因此，孙中山在各省代表会议上提议废除跪拜礼，规定普通相见为一鞠躬，最高规格为三鞠躬。这一提议得到全体代表赞

---

① 《孙中山全集》第九卷，人民出版社2015年版，第81页。
② 《今昔女子观》，《申报》1912年2月1日。
③ 《孙中山全集》第九卷，人民出版社2015年版，第52—53页。

成。①孙中山在担任临时大总统期间也身体力行。当时，有一位 80 余岁的长者专程从扬州到南京瞻仰大总统风采，见到孙中山时，他立即掷杖跪地，行见君主的三跪九叩之礼。孙中山急忙把长者扶起，并告诉他，总统在职一天，就是国民的公仆，是为全国人民服务的。长者问："总统若是离职后呢？"孙中山回答："总统离职以后，又回到人民的队伍里去，和老百姓一样。"随后，孙中山派车将长者送回住处。长者高兴地说："今天我总算见到民主了。"②

南京临时政府的这一系列举措渗透着民主共和与人权平等的精神，使民主共和的理念逐渐深入人心，整个社会也开始呈现出一种全新的气象。

三、为什么资产阶级共和国方案在中国行不通？

辛亥革命推翻了清朝统治，建立了中华民国，但南京临时政府只存在 3 个月便夭折了。北洋军阀首领袁世凯在帝国主义和国内反动势力以及附从革命的立宪派、旧官僚的共同支持下，窃夺了辛亥革命的果实。那么，是哪些因素导致辛亥革命失败呢？

（一）主观上：资产阶级革命派自身的局限性

第一，资产阶级革命派的妥协退让。武昌起义后，袁世凯以武力压迫革命派，并命其党羽联名通电，宣称"若国民会议竟议决采用共和政体，吾人惟当奋力战斗，至死不承认此政体"③。在革命高潮中附从革命的立宪派、旧官僚等从内部施加压力，大造大总统职位"非袁莫属"的舆论。

1911 年 12 月，南北议和正式开始，除讨论双方停战问题外，主要是争论国体问题，即在中国是实行君主立宪，还是采取民主共和。袁世凯决不会轻易表态赞成共和，因为这是他与南方讨价还价的重要筹码。他指示北方谈判代表唐绍仪："我方应坚决主张君主立

---

① 参见《辛亥革命回忆录》第六集，中华书局 1963 年版，第 288 页。
② 参见《辛亥革命回忆录》第六集，中华书局 1963 年版，第 294 页。
③ 转引自章开沅、林增平主编：《辛亥革命史》下册，人民出版社 1981 年版，第 333 页。

宪，应以《十九条》为谈判基础。估计革命党方面必加拒绝，但总要坚持到底。直至争论到最后，方能考虑调停办法，借以博取天下之同情。"①

革命党方面多次公开表示，只要袁世凯赞成共和，就推他为总统。对革命党来说，推举袁世凯以尽早结束战争、实现南北统一，并争取国际社会的承认，这在当时的情况下不失为一种策略。对袁世凯来说，他心里想着总统的职位，但嘴里又不直接说出来。双方代表反复磋商。孙中山提出："如清帝实行退位，宣布共和，则临时政府决不食言，文即可正式宣布解职，以功以能，首推袁氏。"②袁世凯得到孙中山的保证后，加快了逼宫的步伐。北洋军将领段祺瑞等从前线发来要求清帝退位的电报，并威胁说如不退位，将带兵入京。至此，清帝只有同意退位。

1912年2月9日双方代表通过了《关于大清皇帝辞位后之优待条件》。清政府接受了这一优待条件，并于2月12日颁发了退位诏书。清帝宣布退位后，袁世凯立即将退位诏书全文电达孙中山、伍廷芳、黎元洪及各部总长、参议院，同时又以"全权组织中华民国临时政府首领"的名义，将清帝退位条件

孙中山与南京临时政府纪念馆

及退位诏旨照会各国驻华公使。第二天，他致电南京临时政府，宣布赞成共和。

孙中山在得悉清帝退位诏书及袁世凯赞成共和的电报后，立即向参议院提出辞职，并向参议院推荐袁世凯继任临时大总统。1912年2月15日，参议院举行了临时大总统选举会，袁世凯当选。

第二，出现财政危机，难以提供强有力的经济保障。南京临时政府一直面临财政紧张的问题，甚至在南北统一后也未能得到有效缓解。财政问题是关乎政权生存的至关重要的经济问题。虽然临时政府号称管辖有十数省区，但控制着各省军政大权的都督们在财政上对临时政府根本不予支持。孙中山多次要求各省都督从速完缴"应解之部款"，但收效

---

① 《日本外交文书选译——关于辛亥革命》，邹念之编译，中国社会科学出版社1980年版，第289—290页。

② 陈锡祺主编：《孙中山年谱长编》上册，中华书局1991年版，第629页。

甚微。相反，各都督还以各种名目，向临时政府要钱。据胡汉民回忆："一日，安徽都督孙毓筠以专使来，言需饷奇急，求济于政府。先生即批给二十万。余奉令至财政部，则金库仅存十洋。"① 由此可见临时政府财政之困难。

  造成财政困难的根源是财源短缺。南京临时政府原指望财政收入主要依靠关税和盐税。但是，此时的临时政府既无法从帝国主义列强手中收回关税，又不能强行征收。辛亥革命爆发后，帝国主义列强为了继续有效控制中国海关，成立了一个由各国银行总董组织的专门委员会，负责保管关税收入。该委员会"决定各洋债内何款应行尽先付还"，并把"关系尤重之各银行，即汇丰、德华、道胜三家，应作为上海存管海关税项之处"，同时，"请总税司将上海所积净存税项，竭力筹维，于每星期均分，收存汇丰、德华、道胜三行，以作归还该项洋债及赔款之用"。② 这样关税仍在帝国主义手中。盐税方面，两淮盐场在临时政府控制的区域内，"课厘、加价、复价等款，岁入近二千万"③，但临时政府也不能使用这笔收入。时任两淮盐政总理的张謇对政府动用盐税收入筹措军饷百般阻挠，多次致电孙中山，要求"所收盐税已经指抵洋债者……千万不可擅行挪用，以免起外交困难问题"④。

  财政困乏直接威胁到南京临时政府的生存。没有钱怎么办？只有借。临时政府先借内债。1912年1月30日，财政部发行南京军用钞票100万元，由于信用不足，发行数日后即出现钱业、米市停业。内债难筹，就借外债。帝国主义列强拒不承认临时政府，临时政府不可能向其借款，于是只好以路矿权作抵押谋求贷款。1912年1月下旬，临时政府先是以苏浙铁路作抵押，与日本大仓洋行签订了300万日元的借款合同。随后又拟以广东铁路作抵押借款，因各股东的反对而未成。临时政府又拟以招商局作抵押向日本借款1000万元，以应急需。由于各地股东反对，参议院又向临时政府提出质询，故此借款也未能成立。最大的一宗拟议中的借款当属汉冶萍公司借款。孙中山当然知道中日合办汉冶萍公司有损中国主权，但他同意签订合办草约也是有不得已之苦衷。那时"每日到陆军部

---

① 胡汉民：《胡汉民自传》，中华书局2016年版，第101页。
② 参见中国近代经济史资料丛刊编辑委员会主编：《中国海关与辛亥革命》，中华书局1964年版，第349—350页。
③ 《张謇存稿》，上海人民出版社1987年版，第538—539页。
④ 《临时政府公报》第十二号，1912年2月10日。

取饷者数十起……前敌之士，犹时有哗溃之势"①。由于舆论反对甚力，孙中山只好放弃借款。3月22日，上海开临时股东会，到会者反对中日合办，超过公司全股8/10，合同草约宣告无效。

第三，军心不稳，缺乏强大的军力支撑。从表面看，革命军人数不少，但士兵大多是新编入伍的城乡失业人员，没有受过正规军事训练，作战能力不强。起义之初，清军前线指挥官多为袁世凯亲信，袁世凯被罢免后，他们心存不满，作战并不卖力，因此，革命军在作战中尚可勉强支撑。但是，1911年10月27日，清政府任命袁世凯为钦差大臣，全权节制湖北地区海陆各军。袁世凯复出后，命冯国璋部猛攻汉口。到11月2日，黄兴领导的革命军无法立足，逐步后撤，汉口失陷。

1911年11月14日，黄兴主持召开军事会议，部署反攻汉口计划。16日，革命军分左、中、右三路反攻汉口，但很快失利。这使汉阳的防御陡然紧张。自21日起，革命军与清军连续激战，伤亡很大。随后，革命军全线溃退，汉阳失守，革命军退守武昌。27日，鄂军都督府召开紧急会议，黄兴认为导致汉阳之役失利的原因有三：官长不用命、军队无教育、缺乏机关枪。有此三缺点，故每战失利。他主张放弃武昌，再图恢复。此议遭到众人反对，张振武扬言："敢言弃武昌者斩！"黄兴知道众意难违，第二天黯然离开了武昌。② 黄兴曾致信胡汉民等："和议若不成，自度不能下动员令，惟有割腹以谢天下！"③

第四，没有坚强的革命政党，作为团结一切革命力量的强有力的核心。推翻帝制后，中国处在政治转型的关键时期。然而，由于领导力量的不足和政治体制的不完善，未能建立起一个稳定的有效的政治体制来保障革命的成果。应该看到，南京临时政府时期，政治格局主要是以孙中山为首的革命派势力与袁世凯势力的竞争，而南京临时政府内部各派存在着政见分歧，这无疑是有利于袁世凯的。

从革命党内部来看，同盟会是一辆政治上的"大篷车"，各派政治力量的诉求并不一致，他们仅仅因推翻清政府的短暂目标团结在一起。清政府被推翻后，各地革命党人发生了多起内讧事件。如武昌方面，孙武代表的共进会与蒋翊武领导的文学社发生内讧，导致

---

① 《孙中山全集》第四卷，人民出版社2015年版，第260页。
② 参见毛注青编著：《黄兴年谱长编》，中华书局1991年版，第235—236页。
③ 胡汉民：《胡汉民自传》，中华书局2016年版，第104页。

文学社力量损失惨重。此外，还有孙中山与杨衢云的矛盾，革命党人对许雪秋的指责等。这些事件大大削弱了革命党人的力量，从而削弱了其对政权的掌控。

章太炎公开倡言"革命军起、革命党消"，要求取消同盟会。南京临时政府成立后，章太炎正式脱离同盟会，而与立宪派、旧官僚联合，在上海组织中华民国联合会，并在总统人选、建都地点等问题上与孙中山唱反调。宋教仁虽然没有脱离同盟会，但也曾打算"选择同盟会中稳健分子，集为政党，变名更署，与同盟会分离"[①]。他在革命进行的方略上与孙中山有所不同，所欣赏的是葡萄牙式的革命，即革命之时宜速而短，革命之地宜于中央，革命之力宜借用政府军队。[②] 临时政府成立后，孙中山、宋教仁之间的裂痕更深了，宋教仁一度劝孙中山迁就袁世凯。参加武昌起义的同盟会会员孙武，则因在临时政府中得不到要职，与刘成禺等一批不得志的革命党人，组织民社，推黎元洪为首领。可以说在临时政府内只有黄兴还在维护孙中山的权威，就连孙中山指派的与北方谈判议和的代表伍廷芳和温宗尧，也对孙中山颇有微词。革命党内部之涣散，由此可见一斑。危机重重的革命党，无法团结一致对外。

第五，没有充分发动和依靠人民群众，群众基础薄弱。尽管辛亥革命在一定程度上唤醒了民族意识，但由于封建思想的束缚和资产阶级革命派在宣传和组织上的不足，广大民众对革命的认识和参与程度有限。革命党没有深入基层动员群众，使得革命党政权缺乏群众基础，难以形成强大的革命力量。此外，帝制被推翻后，土地问题并没有得到解决，农民依然遭受沉重的封建剥削，导致农民对革命的热情不高。

（二）客观上：帝国主义列强的破坏干涉

帝国主义列强决不容许中国建立一个独立、富强的资产阶级共和国，从而使自己失去中国这个占世界人口四分之一的剥削、奴役的对象。它们用军事、政治、经济、外交等手段破坏和干涉中国革命，培植并支持它们的代理人夺取政权。

武昌起义爆发后，帝国主义列强于1911年10月18日发表"中立"宣言。对此，革命派希望帝国主义列强站在自己一边。南京临时政府成立后不久，孙中山以临时大总统

---

① 《章太炎政论选集》下册，中华书局1977年版，第587页。
② 参见陈旭麓主编：《宋教仁集》上册，中华书局2011年版，第327页。

的名义发布《对外宣言书》,作出四项承诺:一是凡革命以前所有满政府与各国缔结之条约,民国均认为有效,至于条约期满而止;二是革命以前,满政府所借之外债及所承认之赔款,民国亦承认偿还之责,不变更其条件;三是凡革命以前满政府所让与各国国家或各国个人种种之权利,民国政府亦照旧尊重之;四是凡各国人民之生命财产,在共和政府法权所及之域内,民国当一律尊重而保护之。① 但各国并未对此马上作出反应,而是等待观望。

1912年1月,南京临时政府外交总长王宠惠正式照会各国,请求各国承认中华民国。孙中山致电法国政府,希望"两个姊妹共和国能建立友好关系"②。随后,王宠惠又分别致电美国国务卿和英国外交大臣,希望两国承认临时政府。2月,黎元洪派专使访问了日本驻汉口总领事,表示"希望日本国政府能在此时率先承认中华民国"③。黄兴致函日本元老井上馨和山县有朋,请求他们"鼎力扶助民国,早邀各国之承认"④。

但是,所有这些努力都失败了。英、法未给予任何答复,美国驻华使馆参赞告诉孙中山,美国决不会承认南京临时政府。日本担心中国建立共和制度会刺激日本国内的共和运动,危及天皇的尊严和地位,因此极力反对中国实行共和。日本外务大臣内田康哉说:"中国行共和政治对日本不利,所以我们反对,必要时,日本将以武力维持中国的君主政体。"⑤ 但日本的态度遭到革命党人强烈反对,再加上其他帝国主义列强的反对,日本放弃武力干涉,转而谋求与俄国在"满蒙问题"上的一致,并在承认新的共和政府上与其他帝国主义列强采取一致立场。"满蒙"是日、俄在华权益的集中之地,因此两国特别"关注"辛亥革命对满蒙的影响,它们声称:"若革命及于满洲,日、俄两国将不与列强相商,立即出兵。"⑥ 虽因各种因素制约,日、俄没有直接出兵,但它们一直窥伺时机,亟欲破坏,以便乘机在"满蒙"攫取更多的权益。

由于帝国主义列强拒不承认,南京临时政府在外交上陷入了孤立无援的境地。"为了

---

① 参见《孙中山全集》第三卷,人民出版社2015年版,第26—27页。
② 《孙中山全集》第六卷,人民出版社2015年版,第24页。
③ 《日本外交文书选译——关于辛亥革命》,邹念之编译,中国社会科学出版社1980年版,第202页。
④ 毛注青编著:《黄兴年谱长编》,中华书局1991年版,第280页。
⑤ 陈锡祺主编:《孙中山年谱长编》上册,中华书局1991年版,第622页。
⑥ 《中国近代对外关系史资料选辑(1840—1949)》上卷(第二分册),上海人民出版社1977年版,第301页。

协同一切力量，对付俄国人和日本人在蒙古和满洲的态度中表现出来的危险"①，特别是为确保共和，孙中山只得在南北和谈中妥协。

袁世凯上台后，帝国主义列强立即从多方面大力支持，帮助他窃取辛亥革命的果实，绞杀中国人民的革命运动。袁世凯死后，帝国主义列强失去了统治中国的共同工具，便开始各自寻找和培植自己的代理人，扩张其在华侵略势力。每个军阀背后都有帝国主义列强的扶持。之后，北洋军阀集团分裂，北洋政府先后为皖系军阀、直系军阀、奉系军阀所控制。

在北洋军阀统治下，中国的半殖民地半封建化程度进一步加深，国家统一和领土主权完整进一步遭到破坏。这主要表现在以下两个方面。

第一，中国陷入军阀割据与混战的局面。袁世凯死后，黎元洪继任大总统，下令恢复《中华民国临时约法》，重新任命段祺瑞为国务总理，并下令恢复国会。但黎元洪出身新军协统（旅长），又非北洋嫡系，能够出任副总统并继任大总统，纯属因缘际会，而段祺瑞出身新军统制（师长），又是袁世凯嫡系，自然不把黎元洪放在眼里。国务院秘书长徐树铮仗势跋扈，府院之间时生龃龉，终因对德绝交、参战问题而引发政潮。黎元洪免去段祺瑞内阁总理之职，由外长伍廷芳代理。张勋乘机以调停为名，率5000名"辫子军"北上，迫使黎元洪下令解散国会，并于1917年7月1日拥清废帝溥仪复辟。黎元洪避入日本使馆，段祺瑞则在天津誓师讨张，张勋部队很快瓦解。冯国璋出任代总统，段祺瑞复任总理。段祺瑞拒绝恢复《中华民国临时约法》和国会，而主张另起炉灶，重新选举国会。原国会议员150多人陆续抵达广州，1917年8月25日召开国会非常会议，决定组织中华民国军政府，9月1日选举孙中山为军政府大元帅。从此，南北各有一个政府、一个国会。北洋军阀统治时期，各军阀以军控政，连年混战，政局动荡不安，严重破坏中国社会经济，人民生活在水深火热之中。

第二，中国领土主权受到严重损害。从袁世凯上台到其死后北洋派分裂，帝国主义列强乘机加快了侵吞、蚕食中国边疆领土的步伐。首先，英国插手西藏事务。1913年10月，中、英及中国西藏地方代表开始在印度西姆拉谈判。谈判期间，英方与西藏地方代表私下划定所谓的"麦克马洪线"。中国政府拒绝承认，因此，该线是非法、无效的。其次，日本趁第一次世界大战爆发之机，出兵占领中国山东。1915年5月，袁世凯为了

---

① 《辛亥革命史资料新编》第七卷，湖北人民出版社2006年版，第253页。

让日本支持他复辟帝制，竟然基本接受日本提出的严重损害中国权益的"二十一条"要求。最后，在沙俄操纵下，外蒙古少数王公宣布"独立"。1915年6月，中俄蒙签订协约，中国虽然名义上恢复了在外蒙古的主权，但事实上已经丧失了实际管治权。

（三）辛亥革命的启示

辛亥革命极大促进了中华民族的思想解放，传播了民主共和的理念，打开了中国进步潮流的闸门，撼动了反动统治秩序的根基，在中华大地上建立起亚洲第一个共和制国家，以巨大的震撼力和深刻的影响力推动了中国社会变革，为实现中华民族伟大复兴探索了道路。在实现中华民族伟大复兴的征程上，辛亥革命以来的历史给我们留下了深刻的启示。

实现中华民族伟大复兴，必须有领导中国人民前进的坚强力量，这个坚强力量就是中国共产党。中国共产党领导是历史的选择、人民的选择，是党和国家的根本所在、命脉所在，是全国各族人民的利益所系、命运所系。没有中国共产党，就没有新中国，就没有中华民族伟大复兴。

实现中华民族伟大复兴，道路是最根本的问题。中国特色社会主义是实现中华民族伟大复兴的唯一正确道路。这条道路符合中国实际、反映中国人民意愿、适应时代发展要求，不仅走得对、走得通，而且也一定能够走得稳、走得好。

实现中华民族伟大复兴，必须依靠中国人民自己的英勇奋斗。历史发展从来不是风平浪静的，而是充满曲折和艰辛的。正如毛泽东所说的："我们的先人以不屈不挠的斗争反对内外压迫者，从来没有停止过"[1]，"中国人民的不屈不挠的努力必将稳步地达到自己的目的"[2]。

实现中华民族伟大复兴，中国人民和中华民族必须同舟共济，依靠团结战胜前进道路上一切风险挑战。孙中山说过："要恢复民族的地位，便先要恢复民族的精神。"[3]近代以来，中国人民和中华民族弘扬伟大爱国主义精神，心聚在了一起、血流到了一起，共同书

---

[1] 《毛泽东文集》第五卷，人民出版社1996年版，第344页。
[2] 《毛泽东文集》第五卷，人民出版社1996年版，第345页。
[3] 《孙中山选集》下，人民出版社2011年版，第705页。

写了抵御外来侵略、推翻反动统治、建设人民国家、推进改革开放的英雄史诗。统一战线始终是中国共产党凝聚人心、汇聚力量的重要法宝。

实现中华民族伟大复兴，不仅需要安定团结的国内环境，而且需要和平稳定的国际环境。孙中山曾经说过："中国如果强盛起来，我们不但是要恢复民族的地位，还要对于世界负一个大责任。"① 中华民族的血液中没有侵略他人、称王称霸的基因，中国人民不仅希望自己发展得好，也希望各国人民都能拥有幸福安宁的生活。

一、"学习思考"解答思路

1. 革命派在与改良派的论战中是如何论述革命的必要性、正义性、进步性的？

（1）改良派认为，革命会引起下层社会暴乱，招致外国干涉、瓜分，使中国"流血成河""亡国灭种"，要爱国就不能革命，只能改良、立宪。革命派针锋相对地提出，清政府是帝国主义的"鹰犬"，要爱国就必须革命，只有通过革命，才能"免瓜分之祸"，获得民族独立和社会进步。

（2）改良派认为，革命要"杀人流血""破坏一切"而不可革命。革命派指出，革命固然会有牺牲，但"无革命，则亦无和平，腐败而已，苦痛而已"，革命虽不免流血，但可"救世救人"，是疗治社会的捷径。革命本身正是为了建设，破坏与建设是革命的两个方面。

（3）改良派认为，中国"国民恶劣"、"智力低下"、没有实行民主共和政治的能力，如果实行，非亡国不可。革命派针锋相对地指出，不是"国民恶劣"，而是"政府恶劣"，只有"兴民权改民主"，才是中国的唯一出路，中国国民自有颠覆专制制度、建立民主共和的能力。

---

① 《孙中山选集》下，人民出版社 2011 年版，第 717 页。

（4）改良派认为，中国不存在社会革命的可能，社会革命只会导致中国的大动乱。革命派强调，必须通过平均地权以实现土地国有，在进行政治革命的同时实现社会革命，才能避免贫富不均等社会问题的出现。

2. 为什么说孙中山领导的辛亥革命引起了近代中国的历史性巨大变化？

（1）从政治方面看，推翻了封建势力的政治代表、帝国主义在中国的代理人——清朝的统治，沉重打击了中外反动势力。从此以后，帝国主义和封建势力再也不能在中国建立起比较稳定的统治，从而为中国人民斗争的发展开辟了道路。

（2）从制度方面看，结束了中国延续几千年的君主专制制度，建立了中国历史上第一个资产阶级共和政府，使民主共和的观念开始深入人心。

（3）从思想方面看，推动了中国人民的思想解放，激发了人民的爱国热情和民族觉醒，打开了禁锢思想进步的闸门。

（4）从经济方面看，革命后成立的中华民国临时政府颁布了一系列有利于工商业发展的政策和措施，为中国民族资本主义经济的发展创造了有利条件。

（5）从社会方面看，采取改元、剪辫、放足、易服色、正风俗等措施，改变了社会风气，推动了中国的社会变革。

3. 辛亥革命为什么会失败？它的失败说明了什么？

从根本上说，在半殖民地半封建的中国，资产阶级共和国方案行不通。

从主观方面来说，主要在于它的领导者——资产阶级革命派本身存在着许多弱点和错误。

（1）没有提出彻底的反帝反封建的革命纲领。对外不敢明确提出反帝口号，甚至幻想以妥协退让换取帝国主义对中国革命的承认和支持；对内则只强调反清而不反封建，致使一些汉族旧官僚、旧军官也混入革命的营垒，妥协思想渐占上风。

（2）不能充分发动和依靠人民群众。

（3）不能建立坚强的革命政党。

从客观方面来说，辛亥革命之所以失败，还有其他原因。

（1）帝国主义决不容许中国建立一个独立、富强的资产阶级共和国，它们与中国封建势力相勾结，从外部和内部绞杀这场革命。

（2）以袁世凯为代表的中国封建势力过于强大，与帝国主义勾结，最终窃取革命果实。

辛亥革命的失败告诉我们：资产阶级共和国方案在中国行不通，中国的先进分子需要进行新的探索，为中国谋求新的出路。

二、延伸阅读

1. 孙中山：《〈民报〉发刊词》,《孙中山选集》上，人民出版社 2011 年版。
2. 毛泽东：《纪念孙中山先生》,《毛泽东文集》第七卷，人民出版社 1999 年版。
3. 习近平：《在纪念孙中山先生诞辰 150 周年大会上的讲话》，人民出版社 2016 年版。
4. 习近平：《在纪念辛亥革命 110 周年大会上的讲话》，人民出版社 2021 年版。

三、音视频资料

1.《辛亥革命》第 1—6 集，中共中央宣传部、全国政协办公厅、中共中央统战部、中共中央文献研究室、中共中央党史研究室、中央档案馆、中央电视台联合摄制，2011 年播出。

2.《辛亥》第 1—10 集，北京电视台制作，2011 年播出。

3.《血色黎明》第 1—5 集，中央电视台纪录频道制作，2014 年播出。

第四章 中国共产党成立和中国革命新局面

经典论述

　　五四运动，爆发于民族危难之际，是一场以先进青年知识分子为先锋、广大人民群众参加的彻底反帝反封建的伟大爱国革命运动，是一场中国人民为拯救民族危亡、捍卫民族尊严、凝聚民族力量而掀起的伟大社会革命运动，是一场传播新思想新文化新知识的伟大思想启蒙运动和新文化运动，以磅礴之力鼓动了中国人民和中华民族实现民族复兴的志向和信心。

　　——习近平在纪念五四运动 100 周年大会上的讲话（2019 年 4 月 30 日）

　　五四运动，以彻底反帝反封建的革命性、追求救国强国真理的进步性、各族各界群众积极参与的广泛性，推动了中国社会进步，促进了马克思主义在中国的传播，促进了马克思主义同中国工人运动的结合，为中国共产党成立做了思想上干部上的准备，为新的革命力量、革命文化、革命斗争登上历史舞台创造了条件，是中国旧民主主义革命走向新民主主义革命的转折点，在近代以来中华民族追求民族独立和发展进步的历史进程中具有里程碑意义。

　　——习近平在纪念五四运动 100 周年大会上的讲话（2019 年 4 月 30 日）

　　五四运动以全民族的力量高举起爱国主义的伟大旗帜。五四运动，孕育了以爱国、进步、民主、科学为主要内容的伟大五四精神，其核心是爱国主义精神。爱国主义是我们民族精神的核心，是中华民族团结奋斗、自强不息的精神纽带。五四运动时，面对国家和民族生死存亡，一批爱国青年挺身而出，全国民众奋起抗争，誓言"国土不可断送、人民不可低头"，奏响了浩气长存的爱国主义壮歌。

　　——习近平在纪念五四运动 100 周年大会上的讲话（2019 年 4 月 30 日）

　　五四运动以全民族的行动激发了追求真理、追求进步的伟大觉醒。五四运动前后，我国一批先进知识分子和革命青年，在追求真理中传播新思想新文化，勇于打破封建思想的桎梏，猛烈冲击了几千年来的封建旧礼教、旧道德、旧思想、旧文化。五四运动改变了以往只有觉悟的革命者而缺少觉醒的人民大众的斗争状况，实现了中国人民和中华民族自鸦片战争以来第一次全面觉醒。经过五四运动洗礼，越来越多中国先进分子集合在马克思主义旗帜下，1921年中国共产党宣告正式成立，中国历史掀开了崭新一页。

——习近平在纪念五四运动100周年大会上的讲话（2019年4月30日）

五四运动以全民族的搏击培育了永久奋斗的伟大传统。早在80年前，毛泽东同志就指出："中国的青年运动有很好的革命传统，这个传统就是'永久奋斗'。"通过五四运动，中国青年发现了自己的力量，中国人民和中华民族发现了自己的力量。中国人民和中华民族从斗争实践中懂得，中国社会发展，中华民族振兴，中国人民幸福，必须依靠自己的英勇奋斗来实现，没有人会恩赐给我们一个光明的中国。

——习近平在纪念五四运动100周年大会上的讲话（2019年4月30日）

一百年前，一群新青年高举马克思主义思想火炬，在风雨如晦的中国苦苦探寻民族复兴的前途。

——习近平在庆祝中国共产党成立100周年大会上的讲话（2021年7月1日）

中国共产党一经诞生，就把为中国人民谋幸福、为中华民族谋复兴确立为自己的初心使命。一百年来，中国共产党团结带领中国人民进行的一切奋斗、一切牺牲、一切创造，归结起来就是一个主题：实现中华民族伟大复兴。

——习近平在庆祝中国共产党成立100周年大会上的讲话（2021年7月1日）

一百年前，中国共产党的先驱们创建了中国共产党，形成了坚持真理、坚守理想，践行初心、担当使命，不怕牺牲、英勇斗争，对党忠诚、不负人民的伟大建党精神，这是中国共产党的精神之源。

——习近平在庆祝中国共产党成立100周年大会上的讲话（2021年7月1日）

不忘初心，方得始终。中国共产党人的初心和使命，就是为中国人民谋幸福，为中华民族谋复兴。这个初心和使命是激励中国共产党人不断前进的根本动力。全党同志一定要永远与人民同呼吸、共命运、心连心，永远把人民对美好生活的向往作为奋斗目标，以永不懈怠的精神状态和一往无前的奋斗姿态,继续朝着实现中华民族伟大复兴的宏伟目标奋勇前进。

——习近平在中国共产党第十九次全国代表大会上的报告(2017年10月18日)

十月革命一声炮响,给中国送来了马克思列宁主义。五四运动促进了马克思主义在中国的传播。在中国人民和中华民族的伟大觉醒中,在马克思列宁主义同中国工人运动的紧密结合中,一九二一年七月中国共产党应运而生。中国产生了共产党,这是开天辟地的大事变,中国革命的面貌从此焕然一新。

——《中共中央关于党的百年奋斗重大成就和历史经验的决议》(2021年11月11日)

建党之初和大革命时期,党制定民主革命纲领,发动工人运动、青年运动、农民运动、妇女运动,推进并帮助国民党改组和国民革命军建立,领导全国反帝反封建伟大斗争,掀起大革命高潮。一九二七年国民党内反动集团叛变革命,残酷屠杀共产党人和革命人民,由于党内以陈独秀为代表的右倾思想发展为右倾机会主义错误并在党的领导机关中占了统治地位,党和人民不能组织有效抵抗,致使大革命在强大的敌人突然袭击下遭到惨重失败。

——《中共中央关于党的百年奋斗重大成就和历史经验的决议》(2021年11月11日)

党在内忧外患中诞生、在历经磨难中成长、在攻坚克难中壮大,为了人民、国家、民族,为了理想信念,无论敌人如何强大、道路如何艰险、挑战如何严峻,党总是绝不畏惧、绝不退缩,不怕牺牲、百折不挠。

——《中共中央关于党的百年奋斗重大成就和历史经验的决议》(2021年11月11日)

教学指南

思维导图

中国共产党成立和中国革命新局面
- 新文化运动和五四运动
  - 新文化运动与思想解放的潮流
  - 十月革命与马克思主义在中国的初步传播
  - 五四运动：新民主主义革命的开端
- 马克思主义广泛传播与中国共产党诞生
  - 中国早期马克思主义思想运动
  - 马克思主义与中国工人运动的结合
  - 中国共产党第一次全国代表大会的召开与中国共产党的成立
- 中国革命的新局面
  - 民主革命纲领的制定和工农运动的发动
  - 国共合作和大革命的进行
  - 大革命的失败及其教训

第四章　中国共产党成立和中国革命新局面

教学目的

了解第一次世界大战和俄国十月革命后的国际环境；了解中国先进分子选择马克思主义的原因；理解中国共产党成立后中国革命的新局面；掌握中国共产党成立的历史必然性、意义和伟大建党精神；树立唯物史观和正确党史观，坚定对马克思主义、对中国共产党的信仰。

教学思路

1. 分析第一次世界大战的性质及其对中国的影响，引导学生认识中国革命所处的国际环境。

2. 分析新文化运动发生的原因，阐明俄国十月革命对中国的巨大影响以及五四运动的历史作用，引导学生进一步认识中国人民选择马克思主义的历史必然性。

3. 讲授中国共产党的成立及其意义和伟大建党精神，引导学生进一步认识中国人民选择中国共产党的历史必然性。

4. 讲授中国共产党成立后中国革命的新局面，引导学生正确认识大革命从兴起到失败的历史过程及经验教训。

5. 组织学生研读中国共产党在这一时期的重要文献，观看相关文献纪录片和优秀影视片，到相关纪念场馆参观学习，或到相关虚拟纪念场馆浏览学习，在此基础上撰写心得体会、进行课堂交流，巩固和拓展对本章教学内容的学习。

一、如何认识第一次世界大战的性质及其对中国的影响？

1914 年至 1918 年的第一次世界大战是帝国主义国家为重新瓜分世界而进行的不义之

战，它给世界人民带来深重灾难，也对中国产生重要影响。

（一）第一次世界大战及其性质

19世纪末20世纪初，西方资本主义国家开始从自由资本主义阶段进入垄断资本主义即帝国主义阶段。到19世纪末，世界已被资本主义国家瓜分完毕，于是它们开始了重新瓜分世界的争斗。在这种情况下，1914年第一次世界大战爆发。它是帝国主义两大军事侵略集团（同盟国集团和协约国集团）为重新瓜分世界而疯狂扩军备战的必然结果。大战席卷世界30多个国家，卷入的人口达15亿，伤亡总人数逾2800万。第一次世界大战前后持续4年多，1918年11月11日，德国正式投降，第一次世界大战结束。

对这场战争的性质，列宁在战争爆发后写的《战争和俄国社会民主党》一文中予以深刻揭露："各国的政府和资产阶级政党准备了几十年的欧洲大战终于爆发了。……强占别国领土，征服其他国家；打垮竞争的国家并掠夺其财富；转移劳动群众对俄、德、英等国国内政治危机的注意力；分裂工人，用民族主义愚弄工人，消灭他们的先锋队，以削弱无产阶级的革命运动——这就是当前这场战争唯一真实的内容、作用和意义。"①

帝国主义两大军事侵略集团进行的这场战争，对世界产生了重大影响。一是促使欧洲走向衰落，如发动战争的沙俄、奥匈、德意志、奥斯曼等帝国瓦解了，英、法虽为战胜国，但被严重削弱，这是帝国主义国家未曾预料的。二是美国、日本作为世界大国兴起。特别是，当欧洲国家忙于战争，暂时放松对中国的经济侵略时，美、日两国尤其是日本对华商品倾销和资本输出迅速增加。三是帝国主义国家在新的力量对比基础上，确定了战胜国重新划分战后世界的图谋。四是促进了各国人民的觉醒及革命运动的高涨。

（二）第一次世界大战对中国的影响

尽管第一次世界大战的主战场并不在中国，但由于当时的中国已被纳入帝国主义世界殖民体系之中，因而，它对中国的影响也是显而易见的。

---

① 《列宁选集》第二卷，人民出版社2012年版，第403页。

第一，帝国主义列强在华力量对比及其侵华方式发生变化。从在华力量对比看：第一次世界大战结束后，战胜国为了处理战后世界问题，于1919年在巴黎召开会议，史称"巴黎和会"。在这一和会上，帝国主义列强上演了一幕幕"分赃"丑剧，它们不顾中国代表团的强烈反对，执意将战败国德国在中国山东的一切特权转交给日本，德国在中国的利益被其他帝国主义列强瓜分，在第一次世界大战中受到严重损失的法国在中国的侵略势力大不如前，美、日两国在中国的侵略势力则日益扩大。由此，帝国主义列强在中国的力量对比，由战前的以欧洲各列强为主逐渐演变为以日、美、英为主。尤其是日本，在第一次世界大战期间和战后攫取了大量在华利益，日益构成对中国的主要威胁。从侵华方式看：由于美、日两国在华势力不断扩大，它们彼此之间不可避免会产生利益冲突。为了化解冲突和防止再生战端，以及攫取自己在《凡尔赛和约》上未能实现的既定利益，美国于1921年至1922年发起召开华盛顿会议，最终签订了《九国公约》，其本质上是巴黎和会的继续和延伸。同时，美国的"门户开放"主张让各个帝国主义国家共同支配中国。《九国公约》令中国人民大失所望，因为华盛顿会议非但没有取消帝国主义列强在中国的特权，反而使这些特权进一步合法化，中国主权受到了更大威胁。华盛顿会议的结果，使美、日、英等国在中国问题上选择了以协定代替敌视，并以合作的竞争代替单方面的或个别的行动。对此，《中国共产党第二次全国代表大会宣言》直陈："华盛顿会议给中国造成一种新局面，就是历来各帝国主义者的互竞侵略，变为协同的侵略。"① 这种侵略方式的一个鲜明体现是，帝国主义列强在表面上尽量避免直接冲突，通过扶持其代理人（即中国国内的军阀）的手段攫取自身利益。军阀割据和相互征伐的混乱局面，进一步激化了中国的社会矛盾。华盛顿会议也使美国的地位上升，并加剧了美、日两国之间的矛盾。

第二，中国民族工业转入萧条。第一次世界大战后，特别是1922年后，在资本逻辑的强烈驱使下，帝国主义列强向中国输入更多的资本和商品，在华直接建立大量工厂，使第一次世界大战中有所发展的中国民族工业重新陷入困境。在卷土重来的帝国主义列强中，日本尤为突出，其在纺织、棉纱等领域同其他帝国主义列强展开全面竞争。可以说，中国民族工业这种昙花一现的境遇，"充分表现了帝国主义的侵略和压迫是阻碍中国民族

---

① 《建党以来重要文献选编（一九二一—一九四九）》第一册，中央文献出版社2011年版，第126页。

资本主义发展的根本因素"①。

第三，中国先进分子对资本主义产生怀疑。第一次世界大战以一种极端的形式暴露了资本主义世界的危机和资本主义制度的内在缺陷。由于看到战后欧洲资本主义国家矛盾斗争空前激烈，资本主义社会的先进科学技术非但没有阻止大战的发生，反而进一步加剧了战争的野蛮性、激烈性和残酷性，中国先进分子不免由原来对资本主义文明的美好想象和向往，转而对资本主义"文明之权威大生疑念"②。例如，瞿秋白通过对第一次世界大战的考察，认为"因欧战而发生的，什么民治主义、人道主义、妇女问题、劳动问题等等，更无注意的价值"③。

中国先进分子对资本主义认识的转变，正如毛泽东所说的，"西方资产阶级的文明，资产阶级的民主主义，资产阶级共和国的方案，在中国人民的心目中，一齐破了产"④。

第四，巴黎和会上中国外交的失败成为五四运动的直接导火索。巴黎和会的最高会议会场在法国外交部。参加该会的有美、英、法、意、日、中等20多个国家，但实际操纵会议的是美、英、法、意、日5个国家，特别是美、英、法3个国家。巴黎和会之所以有中国代表参加，是因为第一次世界大战期间，北洋政府正式宣布加入协约国一方，对德国及其盟国宣战。经与英法等国议定：中国

操纵巴黎和会的三巨头：劳合·乔治、克里孟梭、威尔逊（从左至右）

参战，主要采取"以工代兵"的方式，即提供劳工做战地服务。1918年3月，新生的苏维埃俄国退出了第一次世界大战，没有派代表参加巴黎和会。1919年4月下旬，巴黎和会对中国山东问题作出了无理的决定。消息传来，许多中国人，特别是广大的爱国知识分子，他们曾对巴黎和会所抱的热切期望，一下子破灭了。5月4日，以"外争主权、内除国贼"为基本口号的五四运动不可遏制地爆发。在这场运动中，中国工人阶级开始以独立的姿态登上政治舞台，为后来中国共产党的成立准备了坚实的阶级基础。

---

① 胡绳：《从鸦片战争到五四运动》下，人民出版社2010年版，第841页。
② 《李大钊全集》第二卷，人民出版社2013年版，第316页。
③ 《瞿秋白文集：政治理论编》第一卷，人民出版社2013年版，第6页。
④ 《毛泽东选集》第四卷，人民出版社1991年版，第1471页。

二、中国先进分子为什么选择马克思主义?

面对辛亥革命的失败和北洋军阀统治的建立,中国先进分子反思走过的路,开始了对救国救民真理的继续探索。新文化运动在社会上掀起思想解放的潮流,俄国十月革命对中国产生巨大影响,五四运动进一步推动中国先进分子选择马克思主义。

(一)辛亥革命失败后中国先进分子继续探索救国救民真理

辛亥革命的失败和北洋军阀的黑暗统治,曾使中国先进分子陷入深深的苦闷和彷徨中。1912年,袁世凯下令尊崇伦常,要全国人民恪守礼法,1913年,他发布《通令尊崇孔圣文》。随即,在思想文化领域出现了一股尊孔复古的逆流,孔教会、尊孔会之类的组织纷纷出笼。主张尊孔复古的人们利用社会上弥漫的失望情绪,诋毁共和制度,诽谤民主思想,要求定孔教为"国教"。

面对国家的倾颓之状和尊孔复古的逆流,革命志士继续探索救国救民的真理。一批先进分子认识到,从根本上改造中国,需要以文化觉醒和思想启蒙冲击封建思想。为此,他们发动了新文化运动。

1915年9月,陈独秀创办的《青年杂志》(后改名《新青年》)在上海问世,标志着新文化运动肇始。陈独秀从救国愿望出发,对戊戌变法的失败和辛亥革命的流产进行深刻反思,认为辛亥革命之所以失败,是因为没有思想启蒙作前导。在他看来,救中国、建共和,赖以思想革命为先导。而改变思想,需要办杂志。并且,改造国民思想主要在于改造青年的思想。于是,陈独秀疾呼要创造出那"如初春,如朝日,如百卉之萌动,如利刃之新发于硎"①的自觉奋斗的青年。他还明确提出了青年在"新鲜活泼"与"陈腐朽败"间进行抉择的六条标准:自主的而非奴隶的,进步的而非保守的,进取的而非退隐的,世界的而非锁国的,实利的而非虚文的,科学的而非想象的。②他明示,《青年杂志》以"改造青年之思想,辅导青年之修养,为本志之天职"③,号召启发国人的思想,唤起国人的觉悟。

---

① 《陈独秀文集》第一卷,人民出版社2013年版,第89页。
② 参见《陈独秀文集》第一卷,人民出版社2013年版,第90—96页。
③ 《陈独秀文集》第一卷,人民出版社2013年版,第102页。

陈独秀在《青年杂志》上发表的开篇之作《敬告青年》中强调：科学与人权之重要，如"舟车之有两轮"①，"国人而欲脱蒙昧时代，羞为浅化之民也，则急起直追，当以科学与人权并重"②。在当时的先进分子看来，西方的民主与科学是改变贫穷落后、摆脱奴役地位、挽救颓势中国的重要力量。陈独秀认为，西洋人因为拥护德、赛两先生③，"德、赛两先生才渐渐从黑暗中把他们救出，引到光明世界"④。所以"若因为拥护这两位先生，一切政府的压迫，社会的攻击笑骂，就是断头流血，都不推辞"⑤。在此宗旨下，新文化运动的启蒙者们以"民主"和"科学"作为批判的武器，对封建伦理道德进行振聋发聩的批驳，形成了一场前所未有的思想解放运动。

五四运动后，新文化运动的发展分成两个潮流：一部分人（如李大钊等）继承了它的民主和科学精神，并在马克思主义的基础上加以改造；另一部分人（如胡适等）则沿着资产阶级道路继续走了下去。

（二）俄国十月革命推动马克思主义开始在中国传播

"十月革命一声炮响，给我们送来了马克思列宁主义。"⑥十月革命给正在苦闷中摸索的中国先进分子展示了一条新的出路，其影响巨大而深远。在此，仅以在中国率先举起马克思主义旗帜的李大钊对俄国十月革命的认识与宣传为例。

1918年7月1日，《言治》季刊第3册发表李大钊的《法俄革命之比较观》一文。这是他最早阐述如何认识俄国十月革命的政论文章。其主要观点是：第一，俄国十月革命将从来之政治组织、社会组织根本推翻的举动，预示着"二十世纪初叶以后之文明，必将起绝大之变动"⑦。李大钊联系法国大革命的历史影响写道："今之为俄国革命抱悲观者，得

---

① 《陈独秀文集》第一卷，人民出版社2013年版，第95页。
② 《陈独秀文集》第一卷，人民出版社2013年版，第95页。
③ 德、赛两先生，"德先生"即"Democracy"，德谟克拉西（音译），意为"民主"；"赛先生"即"Science"，赛因斯（音译），意为"科学"。
④ 《陈独秀文集》第一卷，人民出版社2013年版，第362页。
⑤ 《陈独秀文集》第一卷，人民出版社2013年版，第362页。
⑥ 《毛泽东选集》第四卷，人民出版社1991年版，第1471页。
⑦ 《李大钊全集》第二卷，人民出版社2013年版，第329页。

毋与在法国革命之当日为法国抱悲观者相类欤。"①第二，俄国十月革命"是立于社会主义上之革命，是社会的革命而并著世界的革命之采色者也"②。它对内"足以唤起其全国之自觉"③，对外"足以适应世界之潮流"④。因此，这一革命"入人之深，世无伦比"⑤。第三，应以俄国十月革命的"知运之鹃声唤醒读者之心"⑥，以求达到适应这一世界新潮流的目的。虽然，这篇文章只是表达了李大钊对十月革命的初步认识，但是，他对这一革命所蕴含、所体现的社会主义理想与实践的充分肯定和赞颂，是十分明显的。

1918年11月和12月，李大钊先后写作《庶民的胜利》《Bolshevism的胜利》两文，随后都发表在《新青年》上。1919年1月，李大钊在《每周评论》上发表《新纪元》一文。从这三篇文章中，可以看出他对十月革命认识的深化，特别是运用历史唯物主义观点，正确揭示了第一次世界大战发生和终结的真因，即"乃在资本主义的发展"，是"资本家的政府想靠着大战，把国家界限打破，拿自己的国家作中心，建一世界的大帝国，成一个经济组织，为自己国内资本家一阶级谋利益"⑦。李大钊强调，俄国的布尔什维主义是革命的社会主义，"是奉德国社会主义经济学家马客士（Marx）为宗主的；他们的目的，在把现在为社会主义的障碍的国家界限打破，把资本家独占利益的生产制度打破"⑧。李大钊是通过赞颂十月革命和宣传布尔什维主义的政治主张，开启马克思主义在中国传播之门的。这是俄国十月革命对中国先进分子影响和马克思主义开始在中国传播的颇具代表性的反映。

（三）五四运动进一步推动中国先进分子转向马克思主义

以拒签巴黎和约为直接斗争目标，以"彻底地不妥协地反帝国主义和彻底地不妥协

---

① 《李大钊全集》第二卷，人民出版社2013年版，第329页。
② 《李大钊全集》第二卷，人民出版社2013年版，第330页。
③ 《李大钊全集》第二卷，人民出版社2013年版，第330页。
④ 《李大钊全集》第二卷，人民出版社2013年版，第330页。
⑤ 《李大钊全集》第二卷，人民出版社2013年版，第330页。
⑥ 《李大钊全集》第二卷，人民出版社2013年版，第332页。
⑦ 《李大钊全集》第二卷，人民出版社2013年版，第358页。
⑧ 《李大钊全集》第二卷，人民出版社2013年版，第364页。

地反封建主义"①为最主要特点的五四运动，成为中国新民主主义革命的开端。

认清五四运动发生的历史背景，是正确认识五四运动的重要前提。对此，在抗日战争的战略相持阶段，毛泽东先后在《五四运动》《青年运动的方向》《新民主主义论》等文中作了科学分析与阐述。

第一，五四运动"是在当时中国的资本主义经济已有进一步的发展，当时中国的革命知识分子眼见得俄、德、奥三大帝国主义国家已经瓦解，英、法两大帝国主义国家已经受伤，而俄国无产阶级已经建立了社会主义国家，德、奥（匈牙利）、意三国无产阶级在革命中，因而发生了中国民族解放的新希望"②。第一次世界大战使各交战国人民蒙受了深重灾难，为摆脱这种灾难，一些交战国的人民掀起了革命运动。其间俄国十月革命的发生充分说明了这一点。

第二，"新的社会力量的生长和发展，使中国反帝反封建的资产阶级民主革命出现一个壮大了的阵营"③。这就是中国的工人阶级、学生群众和新兴的民族资产阶级所组成的阵营。这是辛亥革命时期和新文化运动前期所不具备的。

第三，"五四运动是在当时世界革命号召之下，是在俄国革命号召之下，是在列宁号召之下发生的"④。十月革命后，1919年3月2日至6日，列宁领导的共产国际（第三国际）第一次代表大会在莫斯科召开，出席大会的有来自21个国家的35个政党和团体的52名代表。当时中国侨居苏俄的旅俄华工联合会负责人刘绍周（刘泽荣）和张永奎应邀列席会议。与会代表讨论并批准了将此次代表大会作为共产国际第一次（成立）代表大会的决定，会议通过了《共产国际宣言》。⑤列宁在《第三国际及其在历史上的地位》一文中指出，第三国际"最突出的特点、它的使命就是执行和实现马克思主义的训诫，实现社会主义和工人运动历来的理想；这个特点一下子就显示出来了，因为新的国际即第三个'国际工人协会'现时就开始在一定程度上与苏维埃社会主义共和国联盟相吻合了"⑥。

---

① 《毛泽东选集》第二卷，人民出版社1991年版，第699页。
② 《毛泽东选集》第二卷，人民出版社1991年版，第699页。
③ 《毛泽东选集》第二卷，人民出版社1991年版，第558页。
④ 《毛泽东选集》第二卷，人民出版社1991年版，第699页。
⑤ 参见《国际共产主义运动历史文献》第二十九卷，中央编译出版社2012年版，编辑说明第1页。
⑥ 《列宁选集》第三卷，人民出版社2012年版，第790—791页。

正是在这一国际背景下,巴黎和会上中国外交的失败进一步打破了中国先进分子对资产阶级民主主义的幻想,更加促使他们把学习的目光转向苏俄、转向马克思列宁主义。

五四运动发生一年后,1920年6月5日,列宁在为共产国际第二次代表大会草拟的《民族和殖民地问题提纲初稿》中,特别指出作为反面教员的第一次世界大战和巴黎和会对一切民族和全世界被压迫阶级的教育。列宁写道,它们"特别清楚地揭示了资产阶级民主词句的欺骗性,用事实表明,所谓'西方民主国家'的凡尔赛条约是比德国容克和德皇的布列斯特-里托夫斯克条约更加野蛮、更加卑劣地强加于弱国的暴力。国际联盟和战后协约国的全部政策更清楚更突出地揭示了这一真相,它们到处加剧了先进国家的无产阶级和殖民地、附属国的一切劳动群众的革命斗争,使所谓在资本主义制度下各民族能够和平共居和一律平等的市侩的民族主义幻想更快地破灭"[①]。事实证明,列宁的分析是非常符合历史实际的。

三、如何认识中国共产党的成立是"开天辟地的大事变"以及伟大建党精神?

中国共产党的成立,是中华民族发展史上一个开天辟地的大事变,具有伟大而深远的意义。中国共产党的先驱们创建了中国共产党,形成了伟大建党精神,这是中国共产党的精神之源。

(一)如何认识中国共产党的成立是"开天辟地的大事变"

认识中国共产党的成立是"开天辟地的大事变",需要认识中国共产党成立的历史背景。主要包括以下方面。

第一,资产阶级共和国方案在中国试验失败,中国迫切需要新的思想引领救亡运动,新的组织凝聚革命力量。习近平在庆祝中国共产党成立100周年大会上的讲话,对这一问题作了高度凝练的概括和阐发,为我们正确认识这一问题提供了思想指导。

---

① 《列宁选集》第四卷,人民出版社2012年版,第217页。

回顾历史，1840年鸦片战争后，中国逐步成为半殖民地半封建社会，国家蒙辱、人民蒙难、文明蒙尘，中华民族遭受了前所未有的劫难。从那时起，中国人民和中华民族即以实现中华民族伟大复兴作为最伟大的梦想。"为了拯救民族危亡，中国人民奋起反抗，仁人志士奔走呐喊，太平天国运动、戊戌变法、义和团运动、辛亥革命接连而起，各种救国方案轮番出台，但都以失败而告终。"[①] 仅从北洋军阀统治期间的情况看，当时军阀混战连绵不断，民不聊生，帝国主义和中华民族的矛盾、封建主义和人民大众的矛盾仍尖锐地摆在中国人民面前。挽救民族危亡、解除人民痛苦，成为最广大人民群众的最迫切期待。在这种情况下，中国政坛兴起了一股议会竞选、政党组阁的风潮。各派政治势力为了在国会选举中获得席位，争取在权力分配时得到更多利益，纷纷组建各自的政党，一度呈现出政党林立的局面。1912年前后的几年间，涌现出大大小小的政党几百个，它们争权夺利，喧嚣一时，但大多数政党思想庞杂，组织涣散。有的政见不一，多次改组；有的根基浅薄，转瞬即逝；有的内部对立，不欢而散。即使少数坚持下来的政党，也在纷繁复杂的斗争中束手无策。这股热闹一时的政党政治潮汐，不久就销声匿迹了。

可见，资产阶级共和国方案在中国行不通，中国迫切需要新的组织凝聚革命力量。因此，中国共产党的诞生是辛亥革命失败以来中国历史发展的迫切需要。

第二，马克思主义在中国的传播，为中国共产党的创建奠定了思想基础。俄国十月革命后，马克思主义开始在中国传播。1919年发生的五四运动推动了马克思主义在中国的广泛传播，以李大钊为代表的中国先进分子把对马克思主义的传播提升到一个新水平。1919年5月，李大钊轮值编辑《新青年》时将其第6卷第5号编为"马克思主义研究"专号（实际出版时间在9月）。同年5月5日是马克思101周年诞辰，李大钊帮助北京《晨报》副刊开辟了"马克思研究"专栏，刊载马克思的原著或主要观点。同年9月、11月，李大钊在《新青年》第6卷第5号、第6号上连续发表《我的马克思主义观》一文，比较详细地介绍了马克思主义唯物史观、政治经济学、科学社会主义的基本观点，成为系统传播马克思主义的标志。李达于1919年秋到1920年夏，翻译了《唯物史观解说》《马克思经济学说》《社会问题总览》三部著作，对马克思主义的三个组成部分作了比较系统的阐述。留日归来的杨匏安于1919年11月至12月在广东《中华新报》上发表长篇连载文章《马克思主义（MARXISM）（一称科学的社会主义）》，对马克思主义学说也作了系统

---

① 《习近平著作选读》第二卷，人民出版社2023年版，第477页。

介绍。据统计，五四时期，在报刊上发表的介绍马克思主义的文章多达数百篇，其中很大一部分是马克思、恩格斯著作的译文。但是，资产阶级和小资产阶级各种思想流派的影响并不是短时期就能消除的。这些思想流派包括无政府主义、工团主义、互助主义、新村主义、基尔特社会主义等。在这种情况下，接受了马克思主义的中国先进分子同这些思想流派进行了必要的斗争。在经过了关于"问题与主义"之争、关于社会主义的论争以及马克思主义同无政府主义等思潮的论争后，倾向社会主义的进步分子逐步划清了社会主义同资本主义的界限，科学社会主义同资产阶级、小资产阶级社会主义流派的界限，从而走上了马克思主义的道路。

在马克思主义传播的过程中，北方的北京、南方的上海各形成了一个宣传马克思主义的中心。在北京，李大钊于1920年3月在北京大学组织成立马克思学说研究会，这是中国最早学习和研究马克思主义的团体。在上海，陈独秀于1920年5月发起成立了马克思主义研究会，探讨社会主义学说和中国社会主义改造问题。随后武汉、长沙、济南等地也先后建立马克思主义研究会，开展了多种形式的学习宣传活动。陈望道于1920年8月翻译出版了《共产党宣言》中文全译本。同月，恩格斯的《科学的社会主义》中译

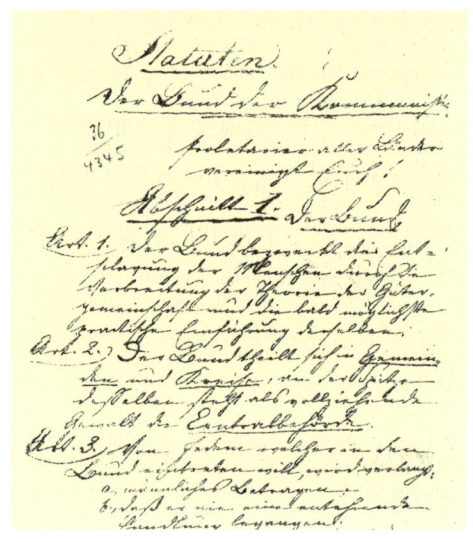

《共产党宣言》手稿

本公开出版。之后，若干种介绍马克思主义的著作，如《马克思资本论入门》《唯物史观解说》等陆续出版。上海、北京、广州等地也先后印发了许多通俗的有关马克思、列宁的小册子。当时创办的400多种刊物中，宣传马克思主义或倾向于社会主义的有200多种。上海的《民国日报》副刊《觉悟》、湖北的《武汉星期评论》、济南的《励新》半月刊、广东的《群报》等，都是宣传马克思主义的重要报刊。同年11月，《共产党》月刊在上海创办，标志着共产党的旗帜在中国大地上正式树立起来了。

马克思主义传入中国时间并不长，却在当时发挥了极其重要的作用，产生了比较广泛的社会影响，为中国共产党的创建奠定了思想基础。正如毛泽东所指出的："马克思列宁主义来到中国之所以发生这样大的作用，是因为中国的社会条件有了这种需要，是因为同中国人民革命的实践发生了联系，是因为被中国人民所掌握了。任何思想，

如果不和客观的实际的事物相联系,如果没有客观存在的需要,如果不为人民群众所掌握,即使是最好的东西,即使是马克思列宁主义,也是不起作用的。"[①]

第三,中国工人阶级的成长和工人运动的兴起,为中国共产党的创建奠定了阶级基础。五四运动前夕,产业工人发展到200万人左右,成为一支日益重要的新兴社会力量。中国工人阶级人数虽然不多,但它同先进的经济形式相联系,是中国先进生产力的代表。由于它身受帝国主义、资产阶级、封建势力的三重压迫,因而更具有强烈的改变现状的要求,在革命斗争中比任何别的阶级都要坚决和彻底。

中国工人阶级反抗剥削压迫的罢工运动起始较早,且连续不断、日趋增强。据统计,1870年至1911年,发生罢工106起,平均每年2.6起;而1912年至1920年,发生罢工226起,平均每年超过25起。[②]值得注意的是,此时的工人运动已经开始由经济斗争向政治斗争发展,1919年6月,上海声援五四运动的反帝爱国同盟大罢工,具有明显的政治性质。中国工人阶级在斗争中迫切期待着致力于工人阶级和劳苦大众解放的无产阶级政党的产生。

第四,早期党的地方组织的形成,为中国共产党的创建准备了组织基础。1920年6月,陈独秀、李汉俊、俞秀松、施存统、陈公培等开会商议成立党组织事宜,会上起草了具有党纲、党章性质的若干条文,包括运用劳工专政、生产合作等手段达到社会革命的目的。关于党的名称,陈独秀征询李大钊的意见,李大钊主张定名为"共产党",陈独秀表示同意。8月,中国共产党的最早组织在上海成立,主要成员有陈独秀、李达、李汉俊、杨明斋、沈玄庐、邵力子、陈望道、俞秀松、施存统、袁振英、沈雁冰、李启汉等十多人。9月,《新青年》杂志从第8卷第1号开始改为上海党的早期组织的理论刊物。中国共产党的早期组织为什么会首先在上海诞生?因为上海是马克思主义在中国最早的传播地和传播中心,又是中国工人阶级最密集的中心城市,并且在五四运动期间,是上海的工人阶级最早以独立的政治力量登上历史舞台。上海共产党早期组织成立后,联系指导北京、武汉、长沙、济南、广州等地马克思主义者建党。这为统一的中国共产党的创建准备了组织基础。

---

① 《毛泽东选集》第四卷,人民出版社1991年版,第1515页。
② 参见《中国共产党的诞生是历史的必然——访著名党史专家邵维正》,《学习时报》2017年6月26日。

第四章　中国共产党成立和中国革命新局面

认识中国共产党的成立是"开天辟地的大事变",还需要理明中国共产党成立的历史过程。

1921年7月23日,中国共产党第一次全国代表大会在上海法租界望志路106号(今兴业路76号)召开。出席者有上海的李达、李汉俊,北京的张国焘、刘仁静,长沙的毛泽东、何叔衡,武汉的董必武、陈潭秋,济南的王尽美、邓恩铭,广州的陈公博,旅日的周佛海;包惠僧受陈独秀派遣出席了会议。陈独秀、李大钊当

中国共产党第一次全国代表大会会址

时分别在广州和北京,因有其他事务未出席会议。共产国际代表马林和尼克尔斯基出席了会议。

大会开幕后,代表们商讨了会议的任务和议题,一致确定先由各地代表报告本地工作,再讨论并通过党的纲领和工作计划,最后选举中央领导机构。7月24日举行了第二次会议,各地代表报告本地区党团组织状况和工作进程。25、26日休会,用于起草党的纲领和今后工作计划。27、28和29日分别举行三次会议,集中讨论此前起草的纲领和决议。①

7月30日晚,中国共产党第一次全国代表大会举行第六次会议,原定议题是通过党的纲领和决议,选举中央领导机构。代表们正在开会时,一名陌生男子突然闯入会场后又匆忙离去。具有长期秘密工作经验的马林断定此人是敌探,建议马上中止会议。大部分代表迅速转移。稍后,法租界巡捕包围并搜查会场。代表们分批转移到嘉兴南湖后,最后一天的会议转移到一艘游船上举行。会议通过了中国共产党第一个纲领和决议,确定党的名称为"中国共产党"。考虑到党员数量少和地方组织尚不健全,大会决定暂不成立中央执行委员会,只设立中央局作为中央的临时领导机构。大会选举陈独秀、张国焘、李达组成

---

① 参见中共中央党史研究室:《中国共产党历史·第一卷(1921—1949)》上册,中共党史出版社2011年版,第67页。

中央局。陈独秀为中央局书记，张国焘分管组织工作，李达分管宣传工作。[①]

1921年8月初，中国共产党第一次全国代表大会在南湖游船上胜利闭幕。这艘游船因而获得了一个永载中国革命史册的名字——红船。党的一大宣告了中国共产党正式成立。从此，中国出现了以马克思主义理论武装的、统一的无产阶级政党，中国革命历史掀开了崭新的一页。

中国产生了共产党，这是开天辟地的大事变，对中国革命和中华民族的发展产生了前所未有的重大影响。

第一，中国革命开始由中国工人阶级的先锋队——中国共产党来领导。近代以来，中国人民的革命斗争之所以屡遭挫折和失败，重要原因之一是没有先进的阶级及其政党作为革命的领导核心。自从中国工人阶级作为独立的政治力量登上历史舞台，特别是有了中国共产党，这种局面就开始从根本上得以改变。中国共产党的成立，使中国革命从此有了坚强的领导核心，中国人民有了强大的凝聚力，中华民族有了光明的发展前景。

中国共产党是在半殖民地半封建的中国特定历史条件下产生的，因而具有鲜明的特点。一方面，中国共产党具有很强的战斗力和革命的坚定性、彻底性；另一方面，中国共产党从一开始就是一个以马克思列宁主义为理论基础的先进政党，它直接把马克思列宁主义作为指导思想，在中国革命斗争中同科学社会主义以外的形形色色的"社会主义"思潮划清了界限。这些特点决定了历史和人民选择中国共产党作为中国革命事业的领导核心是完全正确的。

第二，中国革命有了新的指导思想和革命纲领。中国共产党是中国先进分子在把马克思列宁主义与中国工人运动紧密结合进程中应运而生的。党从成立之日起就把马克思列宁主义作为自己的旗帜，就是一个以马克思列宁主义为理论基础的党，因而能够凝聚起全党和全国人民的意志。正如毛泽东所指出的，"主义譬如一面旗子，旗子立起了，大家才有所指望，才知所趋赴"[②]。

中国共产党以马克思列宁主义为指导，从中国实际出发制定了领导中国革命的纲领。党的一大通过的纲领提出：革命军队必须与无产阶级一起推翻资本家阶级的政权，必须支

---

① 参见中共中央党史和文献研究院：《中国共产党的一百年（新民主主义革命时期）》，中共党史出版社2022年版，第37页。
② 中共中央党史和文献研究院编：《毛泽东年谱》第一卷，中央文献出版社2023年版，第70页。

援工人阶级，直到社会的阶级区分消除为止；承认无产阶级专政，直到阶级斗争结束，即直到消灭社会的阶级区分；消灭资本家私有制，没收机器、土地、厂房和半成品等生产资料，归社会公有。①1922年7月，中国共产党第二次全国代表大会第一次提出反帝反封建的民主革命纲领，指出党在当前阶段的纲领应当是：打倒军阀，推翻国际帝国主义的压迫，统一中国为真正民主共和国。中国共产党成立仅一年，就明确提出了中国民主革命的正确纲领，为中国革命指明了方向。

第三，中国革命有了新的前途。中国共产党的初心和使命，就是为中国人民谋幸福，为中华民族谋复兴。为此，中国共产党始终把实现社会主义、共产主义作为自己的奋斗目标。党在把马克思主义基本原理同中国具体实际相结合过程中逐步认识到中国革命必须分两步走。第一步完成新民主主义革命任务，第二步完成社会主义革命任务，然后，在社会主义道路上继续前进。而中国共产党所领导的新民主主义革命，其性质已和旧民主主义革命有了本质的不同。正如毛泽东在《矛盾论》一文中所明确指出的："由于无产阶级的领导，根本地改变了革命的面貌，引出了阶级关系的新调度，农民革命的大发动，反帝国主义和反封建主义的革命彻底性，由民主革命转变到社会主义革命的可能性，等等。所有这些，都是在资产阶级领导革命时期不可能出现的。"②对这一问题，毛泽东在《新民主主义论》等文中做了进一步的论述。

1949年10月中华人民共和国的成立，以无可辩驳的事实印证了"没有共产党就没有新中国"的真理，而新中国成立以来，特别是中国特色社会主义进入新时代以来所取得的伟大成就，更加印证了中国人民选择中国共产党的正确性、科学性。

百余年前，中国共产党成立时只有50多名党员，而作为立志于中华民族千秋伟业、致力于人类和平与发展崇高事业的中国共产党，2023年年底已经成为拥有9900多万名党员、领导着14亿多人口大国、具有重大全球影响力的执政党。这正如习近平所指出的："中国产生了共产党，这是开天辟地的大事变，深刻改变了近代以后中华民族发展的方向和进程，深刻改变了中国人民和中华民族的前途和命运，深刻改变了世界发展的趋

---

① 参见《建党以来重要文献选编（一九二一——一九四九）》第一册，中央文献出版社2011年版，第1页。
② 《毛泽东选集》第一卷，人民出版社1991年版，第315页。

势和格局。"①

2017年10月31日，习近平带领新当选的中共十九届中央政治局常委专程从北京前往上海和浙江嘉兴，瞻仰上海党的一大会址和浙江嘉兴南湖红船，回顾建党历史，重温入党誓词，宣示新一届党中央领导集体的坚定政治信念。习近平发表重要讲话强调："只有不忘初心、牢记使命、永远奋斗，才能让中国共产党永远年轻。只要全党全国各族人民团结一心、苦干实干，中华民族伟大复兴的巨轮就一定能够乘风破浪、胜利驶向光辉的彼岸。"②习近平还指出："上海党的一大会址、嘉兴南湖红船是我们党梦想起航的地方。我们党从这里诞生，从这里出征，从这里走向全国执政。这里是我们党的根脉。"③

（二）如何认识伟大建党精神

2021年7月1日，习近平在庆祝中国共产党成立100周年大会上的讲话中深情地说道："一百年前，中国共产党的先驱们创建了中国共产党，形成了坚持真理、坚守理想，践行初心、担当使命，不怕牺牲、英勇斗争，对党忠诚、不负人民的伟大建党精神，这是中国共产党的精神之源。"④习近平对伟大建党精神内涵的高度概括及评价，为我们深入学习、理解并努力践行这一精神提供了重要指导。

伟大建党精神蕴含了四个方面的重要精神内涵。

第一，坚持真理、坚守理想。这是对中国共产党人理想信念和价值追求的集中表达。坚持真理，是指坚持以马克思主义的辩证唯物主义和历史唯物主义为根本指导，在以理论联系实际为根本遵循基础上得出的反映客观实际要求的科学真理。坚守理想，是指坚守共产主义远大理想。而马克思主义所说的"共产主义"，其基本含义有三个方面：一是指共产主义思想体系，亦称马克思主义；二是指共产主义社会制度；三是指共产主义运动。固然，共产主义作为一种社会制度，它得到完全实现，还需要经过若干代人长期的艰苦奋斗。但是，共产主义作为一种运动是早已存在的。如同马克思、恩格斯在《德意志意识

---

① 《习近平著作选读》第二卷，人民出版社2023年版，第477页。
② 《习近平谈治国理政》第三卷，外文出版社2020年版，第497页。
③ 《习近平谈治国理政》第三卷，外文出版社2020年版，第498页。
④ 《习近平著作选读》第二卷，人民出版社2023年版，第480页。

形态》一文中所写："我们所称为共产主义的是那种消灭现存状况的现实的运动。这个运动的条件是由现有的前提产生的。"① 这种运动的最终目的是实现共产主义社会制度。在我国，共产主义思想的传播和运用，人们为最终实现共产主义社会制度而进行的运动，早在中国共产党筹建期间就开始了，至今已有百余年。可以说，中国共产党成立以来，我们国家每天的生活，"都包含着共产主义，都离不了共产主义"②。坚持真理、坚守理想所反映的是中国共产党坚持在马克思主义指导下，对通过共产主义运动，最终实现共产主义社会制度的深切渴望和必胜信心。

坚持真理、坚守理想的前提条件，是追求真理，探寻真理。因为，共产主义作为科学真理，不可能是任何人头脑中固有的，不可能是自发形成的。这一科学真理，必须经过不懈追求和探寻才能获得。在中国革命过程中，中国共产主义运动的先驱们为我们树立了坚持真理、坚守理想的光辉典范。如果没有他们对共产主义真理的追求和坚持，对共产主义理想矢志不移的坚守，就没有中国新民主主义革命的胜利，从而也不可能有在新民主主义革命胜利基础上，中国共产党团结带领广大人民群众接续奋斗所取得的社会主义革命、建设和改革的伟大成就，不可能有中国特色社会主义的美好今天和更美好的未来。而我们今天进行的新时代中国特色社会主义伟大事业，正是坚持马克思主义真理、坚守共产主义远大理想，以实现共产主义社会制度所必需的。正是在这个意义上，新时代弘扬伟大建党精神，坚持真理、坚守理想，就要更加自觉地学习和掌握习近平新时代中国特色社会主义思想，更加自觉地坚持中国特色社会主义共同理想，更加自觉地为新时代中国特色社会主义事业努力奋斗。

第二，践行初心、担当使命。这是对中国共产党人历史责任和时代使命的集中表达。从中国共产党的历史看，自成立之日起，党就开始了践行初心、担当使命的伟大历程。党的一大通过的党的第一个纲领和第一个决议，就是中国共产党成立伊始即向世界宣示自己的初心使命的历史记录。2017年10月，党的十九大胜利召开。大会的主题是："不忘初心，牢记使命，高举中国特色社会主义伟大旗帜，决胜全面建成小康社会，夺取新时代中国特色社会主义伟大胜利，为实现中华民族伟大复兴的中国梦不懈奋斗。"③ 习近平在党的

---

① 《马克思恩格斯选集》第一卷，人民出版社2012年版，第166页。
② 《十二大以来重要文献选编》上，人民出版社1986年版，第28页。
③ 《习近平著作选读》第二卷，人民出版社2023年版，第1页。

十九大报告中明确指出："不忘初心，方得始终。中国共产党人的初心和使命，就是为中国人民谋幸福，为中华民族谋复兴。这个初心和使命是激励中国共产党人不断前进的根本动力。全党同志一定要永远与人民同呼吸、共命运、心连心，永远把人民对美好生活的向往作为奋斗目标，以永不懈怠的精神状态和一往无前的奋斗姿态，继续朝着实现中华民族伟大复兴的宏伟目标奋勇前进。"[①] 习近平以"不忘初心，方得始终"的简明道理入论，对党的初心和使命的根本内涵及其地位和作用、对如何践行党的初心和使命作出了高度凝练的概括性阐发。这是以习近平同志为核心的党中央与时俱进，结合新时代中国特色社会主义具体实际，对党的初心和使命所做的科学表述，为引领全党强化宗旨意识和自觉践行党的初心使命注入了强劲动力。

根据党的十九大要求，2019年5月至11月，"不忘初心、牢记使命"主题教育在全党开展。2020年1月8日，习近平在"不忘初心、牢记使命"主题教育总结大会上发表的重要讲话中强调，党的初心和使命"是党的性质宗旨、理想信念、奋斗目标的集中体现，激励着我们党永远坚守，砥砺着我们党坚毅前行"[②]，"初心不会自然保质保鲜，稍不注意就可能蒙尘褪色，久不滋养就会干涸枯萎"[③]，而"忘记初心和使命，我们党就会改变性质、改变颜色，就会失去人民、失去未来"[④]。因此，"不忘初心、牢记使命，必须作为加强党的建设的永恒课题和全体党员、干部的终身课题常抓不懈"[⑤]。

2022年10月，党的二十大胜利召开。"践行初心、担当使命"的精神内涵，以"务必不忘初心、牢记使命"的要求，作为坚持"三个务必"之首写入大会报告。这从一个重要方面显示了其在"三个务必"中的率先作用、统领作用。党的二十大对全党在新征程上如何更好弘扬伟大建党精神，践行初心、担当使命，予以进一步的引领。

第三，不怕牺牲、英勇斗争。这是对中国共产党人精神风范和意志品质的集中表达。从中国共产党诞生的社会条件看，由于中国的新民主主义革命发生在对外没有民族独立，对内没有人民民主，经济、文化十分落后的半殖民地半封建的国度，因此，革命每前进一

---

① 《习近平著作选读》第二卷，人民出版社2023年版，第1—2页。
② 《习近平著作选读》第二卷，人民出版社2023年版，第298页。
③ 《习近平著作选读》第二卷，人民出版社2023年版，第298页。
④ 《习近平著作选读》第二卷，人民出版社2023年版，第298页。
⑤ 《习近平著作选读》第二卷，人民出版社2023年版，第298页。

步都充满艰辛和危险，特别是1927年大革命失败后，以蒋介石为首的国民党反动派在全国实行极端的白色恐怖，"加入共产党是最大的犯罪"①，共产党员不仅随时面临牺牲个人的危险，而且亲属随时可能受到株连，甚至遭到满门抄斩。在那种情况下，以毛泽东同志为主要代表的中国共产党人和无数革命英烈，以不怕牺牲、英勇斗争的大无畏革命精神，为争取民族独立和人民解放不惜抛头颅、洒热血。中国人民和中华民族永世铭记他们的壮怀和英名！从新中国成立及其发展看，"社会主义是拼出来、干出来、拿命换来的，不仅过去如此，新时代也是如此"②。从党团结带领人民群众在新时代所进行的伟大斗争看，"越是接近民族复兴越不会一帆风顺，越充满风险挑战乃至惊涛骇浪"③。因此，不怕牺牲、英勇斗争的伟大建党精神内涵，是全党必须结合具有许多新的历史特点的伟大斗争而不断弘扬光大的。

第四，对党忠诚、不负人民。这是对中国共产党人政治担当和人民立场的集中表达。对党忠诚是不负人民的必然要求，不负人民是对党忠诚的自然展现。对党忠诚，最重要的是：忠诚于党的性质和宗旨；忠诚于党的最高奋斗目标和党在每一历史阶段的奋斗目标；必须遵守党的纪律，保守党的秘密，随时准备为党和人民的利益牺牲自己的一切，永不叛党。对党忠诚、不负人民，体现的是"中国共产党根基在人民、血脉在人民、力量在人民。中国共产党始终代表最广大人民根本利益，与人民休戚与共、生死相依，没有任何自己特殊的利益，从来不代表任何利益集团、任何权势团体、任何特权阶层的利益"④。

对党忠诚、不负人民，是建立在党的创立时期，中国先进分子对共产党科学认识基础上的革命精神内涵。因为，如果没有对共产党这一不同于其他任何阶级政党的科学认识，对党忠诚就无从谈起，与对党忠诚紧密相连的不负人民当然更无从谈起。正是基于对共产党的科学认识，在马克思列宁主义与中国工人运动相结合进程中，1921年7月，以"中国共产党"命名的中国工人阶级先锋队在中华大地上诞生。1922年7月，党的二大不

---

① 《毛泽东选集》第一卷，人民出版社1991年版，第77—78页。
② 《习近平在陕西延安和河南安阳考察时强调　全面推进乡村振兴　为实现农业农村现代化而不懈奋斗》，《人民日报》2022年10月29日。
③ 《习近平著作选读》第二卷，人民出版社2023年版，第302页。
④ 《习近平著作选读》第二卷，人民出版社2023年版，第482页。

仅通过了第一个《中国共产党章程》，还通过了《关于共产党的组织章程决议案》。该决议案明确规定："个个党员不应只是在言论上表示是共产主义者，重在行动上表现出来是共产主义者。"[①] 党的二大标志着中国共产党的创建得以完成。对党忠诚、不负人民的伟大建党精神内涵在这一过程中得以培育。

伟大建党精神是中国共产党的先驱们在创建中国共产党的进程中逐步培育和锻造的革命精神，是中国共产党的精神之源。其内在的四个重要方面的精神因素，对此后陆续形成的中国共产党人其他革命精神的影响都是不可或缺的。而此后陆续形成的中国共产党人其他革命精神与伟大建党精神一起，共同构成中国共产党人精神谱系。

四、如何认识中国反帝反封建的大革命？

建党之初和大革命时期，中国共产党制定民主革命纲领，发动工人运动、青年运动、农民运动、妇女运动，推进并帮助国民党改组和国民革命军建立，领导全国反帝反封建伟大斗争，掀起大革命高潮。

（一）大革命的兴起和进行

国共合作推动大革命兴起。1923年2月7日，京汉铁路罢工遭到北洋政府的血腥镇压，中国工人运动暂时转入低潮。中国共产党认识到单枪匹马无法取得革命胜利，必须联合一切可能团结的革命阶级和阶层。与此同时，孙中山在俄国十月革命和五四运动影响下，在苏联、共产国际的促进和中国共产党的帮助下，

国民党一大会址

实现了思想转变，决心改组国民党，联俄联共。国共合作成为中国共产党和以孙中山为首

---

① 《建党以来重要文献选编（一九二一——一九四九）》第一册，中央文献出版社2011年版，第163页。

的中国国民党的共同选择。1924年召开的国民党一大事实上确认了"联俄、联共、扶助农工"的三大革命政策,标志着第一次国共合作正式形成。没有国共合作,就不会在短时间内掀起一场轰轰烈烈的大革命。

苏联和共产国际的援助推动了大革命的进行。1924年,孙中山接受苏联顾问的建议,在中国共产党人帮助下,正式开办黄埔军校。苏联还为军校提供武器援助和开办经费,并派出多名顾问指导军校建设。苏联和共产国际对中国国民党给予了大量的军事和经济援助,派鲍罗廷等顾问帮助北伐军制定作战计划,指挥作战。

中国共产党在大革命中发挥了独特的、不可替代的作用。没有中国共产党,就不会有这场大革命。大革命是在以国共合作为基础的统一战线的组织形式下进行的,而中国共产党正是国共合作的倡导者和统一战线的组织者。大革命是在反对帝国主义、反对军阀的政治口号下进行的,而提出这个口号的,正是中国共产党。大革命是近代中国历史上空前广泛而深刻的群众运动,而中国共产党正是人民群众的主要发动者和组织者。周恩来曾指出:"当时,国民党不但思想上依靠我们,复活和发展他的三民主义,而且组织上也依靠我们,在各省普遍建立党部,发展组织。"[1] "国民党组织得到最大发展的地方,就是左派最占优势的地方,也是共产党员最多的地方。"[2] 在北伐战争中,由中国共产党领导的、共产党员占多数的国民革命军第四军叶挺独立团始终冲锋在前、牺牲在前,在汀泗桥、贺胜桥等重要战斗中担当主力,立下了汗马功劳。江西、湖南、广东等省的农民运动则在北伐战争中发挥了重要作用,上海工人的武装起义更是取得了胜利。

(二)大革命的失败

1927年4月、7月,蒋介石集团、汪精卫集团先后发动反革命政变,第一次国共合作全面破裂,大革命最终失败。

在北伐战争的前期,由于战争的前景尚不完全明朗,为了利用共产党领导的工农力量和苏联援助以打倒北洋军阀,蒋介石在处理国共关系时,只能采取比较谨慎的态度。从1926年11月北伐军在江西战场上取得决定性胜利后,面对蓬勃发展的革命形势,蒋介石

---

[1] 《周恩来选集》上卷,人民出版社1980年版,第112页。
[2] 《周恩来选集》上卷,人民出版社1980年版,第113页。

的反共活动开始日益公开化。此时,帝国主义列强已渡过第一次世界大战后的危机,进入相对稳定时期,于是开始积极准备干涉中国革命。看到北洋军阀大势已去,帝国主义列强便着手在革命阵营内部寻找和扶植新的代理人。它们开始把蒋介石看作国民党内"稳健派"首领,对他进行拉拢,认为蒋介石等人是唯一可以使长江以南的区域免于"沦入共产党之手的保护力量"[①]。不少原来属于北洋军阀或地方军阀的旧军队也纷纷接受蒋介石的改编,致使蒋介石的实力迅速膨胀。正是在这一背景下,蒋介石的反共面目越来越公开地暴露出来。

蒋介石一面秘密策划反共,一面利用职权采取措施。他以国民革命军总司令的名义,要求上海总工会解除近3000人的工人纠察队的武装,或把纠察队归他来指挥。在遭到上海总工会拒绝后,蒋介石为麻痹工人而大耍两面派:故意以十分友好的姿态,给上海总工会和工人纠察队送锦旗,上面写着"共同奋斗"。与此同时,他暗中调兵遣将,将刚从孙传芳方面投降过来的周凤岐部改编的国民革命军第二十六军调来上海,准备让他们充当屠杀上海工人的刽子手;他还限令不完全听命于他的第二、六军在4月6日前全部撤出南京,渡江北上。5日上午,蒋介石进行秘密谈话,决定用国民党中央监察委员会的名义,咨请有关当局对共产党人作"非常紧急处置"。[②]

1927年4月12日,蒋介石在上海发动反革命政变,并以"清党"为名,在东南各省大规模捕杀共产党员和革命群众。同年7月15日,时任武汉国民政府主席的汪精卫在武汉召开"分共"会议,并在其辖区内对共产党员和革命群众实行搜捕和屠杀。第一次国共合作全面破裂,大革命最终失败。

大革命的失败,从客观方面看,是由于敌我力量对比过于悬殊。帝国主义、封建军阀以及大地主、大资产阶级的联合力量,比刚刚兴起的革命联合力量强大得多,并且它们有更多的政治经验,掌握了相当大的领导权(特别是军权)的民族资产阶级右翼,在革命深入发展中一步步背叛革命而投入反革命阵营。一般中小资产阶级在革命的关键时期也表现出很大的动摇性。中国革命的主力军工农群众虽然得到比较广泛的发动,但是动员和组织的程度还不充分,力量发展也不平衡。

---

① 《字林西报》,1927年3月28日。
② 参见中共中央党史研究室一室编著:《〈中国共产党历史(上卷)〉注释集》,中共党史出版社1991年版,第136页。

大革命的失败还与共产国际在紧要关头的错误指导有关。共产国际对中国国情缺乏深入了解，其错误指导对中国共产党产生了影响。1927年5月，共产国际执行委员会给中国共产党和共产国际驻华代表发来两次紧急指示，即共产国际的五月指示。在大革命的紧急时期，五月指示没有指出中国共产党应当做好与国民党右派决裂的思想和组织准备，而幻想在维持国共统一战线的前提下开展土地革命、武装工农、改组国民党、惩办反动军官，推动武汉国民政府向"左"转。这样一个脱离中国实际的指示，在当时自然是无法执行的。

从主观方面看，大革命的失败是由于这时的中国共产党还处在幼年时期，缺乏应对复杂环境的政治经验，缺乏对中国社会和中国革命基本问题的深刻认识，还不善于将马克思列宁主义基本原理同中国革命具体实际结合起来；党内以陈独秀为代表的右倾思想发展为右倾机会主义错误并在党的领导机关中占了统治地位，党和人民不能组织有效抵抗，致使大革命在强大的敌人突然袭击下遭到惨重失败。

（三）大革命的意义

大革命虽然失败了，但它的历史意义不可磨灭。这场革命实际上是未来革命胜利的一次伟大的演习。因为正是在这个时期，中国共产党人进行了轰轰烈烈的革命工作，领导了全国反帝反封建的伟大斗争，在中国革命史上写下光辉的一页。在这个时期，马克思主义中国化已取得初步进展。通过革命实践的探索，党对民主革命的目标、领导权、动力和革命对象等重大问题有了比较明确的认识。党对土地革命、统一战线和武装斗争的重要性也开始有了初步的认识。正是由于经历了这场大革命，中国人民的觉悟程度和组织程度有了明显提高，中国共产党开始掌握了一部分革命武装。所有这些，为把中国革命推进到一个新的阶段——土地革命战争时期准备了必要条件。

一、"学习思考"解答思路

1. 中国的先进分子为什么和怎样选择了马克思主义?

（1）中国先进分子选择马克思主义是近代以来先进中国人探索救国救民真理的历史发展的必然结果。

（2）中国先进分子选择马克思主义是俄国十月革命推动马克思主义在中国传播的必然结果。

（3）五四运动推动中国先进分子最终选择马克思主义。

2. 为什么说中国共产党的成立是"开天辟地的大事变"?

（1）中国革命有了新的领导阶级和革命政党，即由中国工人阶级通过共产党来领导革命。

（2）中国革命有了新的指导思想和革命纲领，即马克思列宁主义的指导思想和反帝反封建的革命纲领。

（3）中国革命有了新的组织和发动人民群众的方法，即群众路线的方法。

（4）中国革命有了新的前途，即通过新民主主义革命实现民族独立、人民解放，并在此基础上逐步进行社会主义革命和在社会主义道路上继续前进。

总之，中国共产党的成立深刻改变了近代以后中华民族发展的方向和进程，深刻改变了中国人民和中华民族的前途和命运，深刻改变了世界发展的趋势和格局。

3. 什么是中国共产党人的初心和使命？为什么必须"不忘初心、牢记使命"?

（1）中国共产党人的初心和使命，就是为中国人民谋幸福，为中华民族谋复兴。

（2）这个初心和使命是激励一代又一代中国共产党人不断前进的根本动力。中国共产党只有牢记初心和使命，永远与人民同呼吸、共命运、心连心，永远把人民对美好生活的向往作为奋斗目标，以永不懈怠的精神状态和一往无前的奋斗姿态，朝着实现中华民族伟大复兴的宏伟目标奋勇前进，才能始终团结带领中国人民夺取一个又一个胜利。

4. 中国共产党成立后，中国革命呈现了哪些新面貌?

（1）第一次提出了反帝反封建的民主革命纲领，为中国反帝反封建的民族民主革命指明了方向。

（2）工农运动得到前所未有的发动，青年运动和妇女运动得以有效开展，使得大革命的进行有了空前广泛的群众基础。

（3）与孙中山领导的中国国民党实行合作，进行以"打倒列强、除军阀"为基本口号的北伐战争，并取得重大胜利。

二、延伸阅读

1. 李大钊：《我的马克思主义观》，《李大钊全集》第三卷，人民出版社 2013 年版。

2. 毛泽东：《五四运动》，《毛泽东选集》第二卷，人民出版社 1991 年版。

3. 习近平：《在纪念五四运动 100 周年大会上的讲话》，人民出版社 2019 年版。

4. 习近平：《在庆祝中国共产党成立 100 周年大会上的讲话》，人民出版社 2021 年版。

5. 《中国共产党第一个纲领》，《建党以来重要文献选编（一九二一——一九四九）》第一册，中央文献出版社 2011 年版。

6. 《中国共产党第二次全国代表大会宣言》，《建党以来重要文献选编（一九二一——一九四九）》第一册，中央文献出版社 2011 年版。

三、音视频资料

1. 《敢教日月换新天》第 1 集《开天辟地》，中共中央宣传部、中共中央党史和文献研究院、国家发展和改革委员会、国家广播电视总局、中国社会科学院、中央广播电视总台、中央档案馆、中央军委政治工作部联合摄制，2021 年播出。

2. 《人民的选择》第 1—2 集，中央广播电视总台出品，2021 年播出。

3. 《百炼成钢：中国共产党的 100 年》第 1—9 集，中共中央党史和文献研究院、国家广播电视总局、中共江苏省委联合出品，2021 年播出。

第五章　中国革命的新道路

第五章　中国革命的新道路

经典论述

　　土地革命战争时期，党从残酷的现实中认识到，没有革命的武装就无法战胜武装的反革命，就无法夺取中国革命胜利，就无法改变中国人民和中华民族的命运，必须以武装的革命反对武装的反革命。南昌起义打响武装反抗国民党反动派的第一枪，标志着中国共产党独立领导革命战争、创建人民军队和武装夺取政权的开端。

　　——《中共中央关于党的百年奋斗重大成就和历史经验的决议》（2021年11月11日）

　　事实证明，在当时的客观条件下，中国共产党人不可能像俄国十月革命那样通过首先占领中心城市来取得革命在全国的胜利，党迫切需要找到适合中国国情的革命道路。

　　——《中共中央关于党的百年奋斗重大成就和历史经验的决议》（2021年11月11日）

　　从进攻大城市转为向农村进军，是中国革命具有决定意义的新起点。毛泽东同志领导军民在井冈山建立第一个农村革命根据地，党领导人民打土豪、分田地。古田会议确立思想建党、政治建军原则。随着斗争发展，党创建了中央革命根据地和湘鄂西、海陆丰、鄂豫皖、琼崖、闽浙赣、湘鄂赣、湘赣、左右江、川陕、陕甘、湘鄂川黔等根据地。党在国民党统治下的白区也发展了党和其他革命组织，开展了群众革命斗争。

　　——《中共中央关于党的百年奋斗重大成就和历史经验的决议》（2021年11月11日）

　　一九三五年一月，中央政治局在长征途中举行遵义会议，事实上确立了毛泽东同志在党中央和红军的领导地位，开始确立以毛泽东同志为主要代表的马克思主义正确路线在党中央的领导地位，开始形成以毛泽东同志为核心的党的第一代中央领导集体，开启了党独立自主解决中国革命实际问题新阶段，在最危急关头挽救了党、挽救了红军、挽救了中国革命，并且在这以后使党能够战胜张国焘的分裂主义，胜利完成长征，打开中国革命新局面。这在党的历史上是一个生死攸关的转折点。

　　——《中共中央关于党的百年奋斗重大成就和历史经验的决议》（2021年11月11日）

国际社会越来越多的人认为，红军长征是20世纪最能影响世界前途的重要事件之一，是充满理想和献身精神、用意志和勇气谱写的人类史诗。长征迸发出的激荡人心的强大力量，跨越时空，跨越民族，是人类为追求真理和光明而不懈努力的伟大史诗。

——习近平在纪念红军长征胜利80周年大会上的讲话（2016年10月21日）

伟大长征精神，就是把全国人民和中华民族的根本利益看得高于一切，坚定革命的理想和信念，坚信正义事业必然胜利的精神；就是为了救国救民，不怕任何艰难险阻，不惜付出一切牺牲的精神；就是坚持独立自主、实事求是，一切从实际出发的精神；就是顾全大局、严守纪律、紧密团结的精神；就是紧紧依靠人民群众，同人民群众生死相依、患难与共、艰苦奋斗的精神。

——习近平在纪念红军长征胜利80周年大会上的讲话（2016年10月21日）

无论我们走得多远，都不能忘记来时的路。前几天，我去了江西于都，参观中央红军长征出发地，目的是缅怀当年党中央和中央红军在苏区浴血奋战的峥嵘岁月，牢记红色政权是从哪里来的、新中国是怎么建立起来的，不忘历史、不忘初心。现在，我们正在进行实现中华民族伟大复兴的新长征，广大党员干部必须牢记党的理想信念和根本宗旨，必须弘扬伟大的长征精神，必须发扬革命战争年代那种敢于战斗、不怕困难的奋斗精神，勇于战胜各种艰难险阻、风险挑战，奋力夺取新时代中国特色社会主义新胜利。

——习近平在"不忘初心、牢记使命"主题教育工作会议上的讲话（2019年5月31日）

我们党的百年历史，就是一部践行党的初心使命的历史，就是一部党与人民心连心、同呼吸、共命运的历史。大革命失败后，三十多万牺牲的革命者中大部分是跟随我们党闹革命的人民群众；红军时期，人民群众就是党和人民军队的铜墙铁壁……历史充分证明，江山就是人民，人民就是江山，人心向背关系党的生死存亡。赢得人民信任，得到人民支持，党就能够克服任何困难，就能够无往而不胜。反之，我们将一事无成，甚至走向衰败。

——习近平在党史学习教育动员大会上的讲话（2021年2月20日）

第五章　中国革命的新道路

教学指南

◎ 思维导图

中国革命的新道路
- 中国共产党对革命新道路的探索
  - 国民党在全国统治的建立及其性质
  - 土地革命战争的兴起
  - 农村包围城市、武装夺取政权道路的开辟
- 中国革命在曲折中前进
  - 土地革命战争的发展及其挫折
  - 遵义会议实现伟大历史转折
  - 红军长征胜利和迎接全民族抗战

教学目的

了解中国共产党对革命新道路的探索、中国革命在曲折中前进和红军长征的艰难历程；了解国民党统治的反动本质、党的三次"左"倾错误带来的严重损失等；理解中国共产党领导人民探索中国革命新道路的艰辛历程；掌握中国共产党领导革命斗争的必要性与正义性、毛泽东对探索中国革命新道路的卓越贡献、遵义会议的历史贡献和长征胜利的伟大意义等；弘扬井冈山精神、苏区精神、长征精神等革命精神。

教学思路

1. 围绕大革命失败后中国共产党要不要继续革命这一问题，引导学生把握大革命失败后中国革命转入低潮的主要表现、认清国民党政权的反动性质及当时中国半殖民地半封建的社会性质没有改变等，明确中国共产党领导人民继续革命的必要性、正义性。

2. 围绕中国革命应该走什么道路这一问题，引导学生梳理探索中国革命新道路的艰辛历程，明确毛泽东对开辟中国革命新道路的卓越贡献。注意"中国近现代史纲要"课与"毛泽东思想和中国特色社会主义理论体系概论"课的联系与区别，侧重从历史进程角度讲授中国共产党领导人民对中国革命新道路的探索。

3. 重点讲授遵义会议、长征等内容，帮助学生深刻理解中国革命的伟大转折和长征精神。要用鲜活案例授课，不仅老师讲，更要鼓励学生讲，以激励学生赓续红色血脉，传承红色基因。

4. 组织多种形式的实践教学。引导学生观看《长征》等相关文献纪录片和优秀影视剧，组织学生实地参观相关纪念馆、革命遗址或线上参观学习，鼓励学生收集整理土地革命战争时期的红色故事，以增进学生对中国革命新道路的理解，增强历史使命感。

一、大革命失败后中国共产党为什么要领导人民继续革命？

大革命失败后，中国革命转入低潮。为了继续推进反帝反封建的革命，争得民族独立、人民解放，中国共产党团结带领人民群众不屈不挠继续战斗，进行武装反抗国民党反动统治的英勇斗争。

（一）大革命失败后中国革命转入低潮的主要表现

革命力量遭到极大摧残。蒋介石集团、汪精卫集团先后叛变革命，国民党反动派疯狂镇压、屠杀共产党员和革命群众。他们通过所谓《制止共党阴谋案》《暂行反革命治罪法》《危害民国紧急治罪法》等法令，随意逮捕、监禁、屠杀共产党人及其同情者。据不完全统计，从1927年3月到1928年上半年，被杀害的共产党员和革命群众共31万多人，其中共产党员2.6万多人。据1927年11月统计，党员数量由党的五大召开时的近5.8万人急剧减少到1万多人。

工农运动遭到血腥镇压。在国民党统治区，革命的工会遭到查禁或解散，大批工人领袖被缉拿捕杀。农民运动转入低潮，农民协会遭到查禁，农运领袖惨遭杀害，农民的抗租抗税斗争以及武装起义都遭到国民党反动派的镇压。

革命阵线急剧缩小。此时，国民党从大革命中的四个阶级革命联盟变成了由代表地主阶级、买办性的大资产阶级利益的反动集团所控制的政党，国民革命军成为屠杀人民、镇压革命的工具。民族资产阶级一度追随国民党政权，部分小资产阶级也因动摇而离开革命。一些继续坚持革命立场的党外政治活动家，遭到国民党反动派的迫害，有的甚至被杀害。

严酷的事实表明：中国革命已经进入低潮，反革命力量大大超过有组织的革命力量，中国共产党面临被敌人瓦解和消灭的严重危险。面对这种险恶的环境，敢不敢革命？怎样坚持革命？这是中国共产党必须回答的两个根本性问题。

在生死考验面前，中国共产党勇敢地独立高举起革命的旗帜，工农群众逐步在党的旗帜下重新集合起来战斗。许多先进分子毅然决然加入中国共产党。正如毛泽东所说的，

"中国共产党和中国人民并没有被吓倒，被征服，被杀绝。他们从地下爬起来，揩干净身上的血迹，掩埋好同伴的尸首，他们又继续战斗了"①。

（二）国民党在全国统治的建立及其性质

蒋介石集团和汪精卫集团相继叛变革命后，经过一段时间的相互争斗，达成妥协，宁、汉两个"国民政府"实现合流。在此基础上，1928年2月，南京国民政府改组。4月，国民党军队继续"北伐"，夺取奉系军阀张作霖占据的地盘。6月，张作霖退出北京，在途经皇姑屯时被日军炸死。其子张学良就任东三省保安总司令，于12月29日宣布"服从国民政府，改易旗帜"。至此，北洋军阀不再作为独立的政治力量继续存在。

国民党所实行的是代表地主阶级、买办性的大资产阶级利益的一党专政和军事独裁统治，南京国民政府同北洋军阀的统治没有本质区别。

对外妥协退让。国民党背弃孙中山反帝、联俄主张，维护帝国主义在中国的各种特权，而对社会主义苏联则采取敌视政策，1927年12月宣布对苏绝交，并撤销苏联驻华各领事馆。对1927年3月英美等国军队制造的南京惨案、1928年5月日本军队屠杀数千名中国军民的济南惨案，国民党政府不惜牺牲民族利益，顺从帝国主义的要求，一味妥协退让。此外，国民党政府与各国所谓的"改订新约"，名义上是中国收回关税自主权，但关税管理权仍被操纵在外国人之手，帝国主义列强允诺取消领事裁判权，结果也不了了之。帝国主义对华侵略扩张进一步加深。

对内实行一党专政和军事独裁统治，进行残酷剥削压迫。1928年10月，国民党中央常务委员会通过《训政纲领》，规定在"训政"期间，"由中国国民党全国代表大会代表国民大会领导国民行使政权"②，连北洋军阀时期在形式上实行的议会制度也不复存在。

国民党建立了庞大的军队。据1929年3月的官方材料，"全国军额达二百万"③。同时，国民党还大力加强地方反动武装，在各县建立民团，统称"保安队"。国民党军队一

---

① 《毛泽东选集》第三卷，人民出版社1991年版，第1036页。
② 中共中央党史和文献研究院：《中国共产党的一百年（新民主主义革命时期）》，中共党史出版社2022年版，第95页。
③ 中共中央党史和文献研究院：《中国共产党的一百年（新民主主义革命时期）》，中共党史出版社2022年版，第95页。

方面血腥镇压人民的反抗，一方面进行军阀混战，致生灵涂炭。

国民党政权还通过庞大的特务系统和封建色彩浓厚的保甲制度来对全国进行独裁统治。国民党特务系统采用监视、搜捕、关押、绑架、暗杀等残酷毒辣的手段，大肆迫害和捕杀共产党人和革命群众，使广大人民处于国民党武装和特务系统的严密控制和监视之下。保甲制度是中国封建社会控制广大民众的政治制度，也被国民党政权用来统治和镇压民众。国民党政府规定十户为甲，十甲为保，分设甲长、保长。保甲内各户要互相监视、互相告发，共具联保连坐切结，并从事"碉楼堡寨或其他工事之筹设"[①]和交通干线之"保护"等事项，国民党政府的征税、摊派等，许多也通过保甲来进行。这样，广大人民就被禁锢在保甲制度之内，失去任何行动自由。

为控制舆论，剥夺人民的言论和出版自由，国民党还厉行文化专制主义。大批进步书刊被查禁，许多进步作家被监视、拘捕乃至枪杀。

在国民党统治时期，封建地主土地所有制仍居统治地位，广大乡村基层政权被地主阶级把持，成为国民党政权的统治基础。封建土地剥削制度严重阻碍农村生产力发展，广大农村破败荒凉，农民啼饥号寒，挣扎在死亡线上。

1932年宝鸡地区推举代表向陕西省政府主席呈文：

"自十八年以来，四载奇祲，八料未收，迄于今日，元气损伤，生机断绝，赤地千里，哀鸿遍野，饥民流离载道，日见死亡，悲惨之状目不忍睹。……然当求生不得，救死不暇之际，县府又将去年银行股本契约登记库券等各项尾欠，并本年白地烟款，以及重派田赋借款，共总约十余万元，严令各乡各里限期交纳。……以致乡民畏威，惊扰迁徙，流亡日益见多，处处门户封锁，村村井灶无烟，荒凉景象，不堪言状。……县府催粮催款之威严，真同人间地狱。……乡民木枷铁练，蜂拥堂下，人人觳觫，面带愁容，怨气所聚，烛焰色绿，竹板皮鞭，任意乱打，泪珠血点，滴地成斑，哀痛之声，可以动天地泣鬼神，恐森罗殿前无此惨凄也。"[②]

---

① 中共中央党史和文献研究院：《中国共产党的一百年（新民主主义革命时期）》，中共党史出版社2022年版，第96页。
② 《宝鸡灾民之哀鸣 四载奇祲流亡载道 县长驻军横征暴敛 推代表向陕省府请愿》，《大公报》（天津）1932年12月3日。

在国民党统治期间，中国民族工业有过短暂的繁荣，商业、交通运输业、服务业以及文化教育事业也有所发展。这种情况曾使民族工商业者一度产生幻想，以为中国可能由此走上独立发展资本主义的道路，但这种幻想很快就在国民党政权的压榨下破灭了。民族工商业不但没有得到自由发展，反而受到国民党政权的巧取豪夺和多方阻碍。不久，民族资产阶级中的一部分力量开始逐步形成国民党政权下的在野反对派。

（三）武装反抗国民党反动统治的斗争是必要的、正义的

国民党政府通过各种反动手段来维护帝国主义、封建主义、官僚资本主义的利益。国民党在全国建立政权后，封建经济依然在广大农村占优势地位。官僚资产阶级通过超经济手段掠夺广大群众和兼并民族工商业，官僚资本逐步发展为买办的、封建的国家垄断资本。国民党政权对外实行妥协退让，致使外国资本垄断了中国的重工业、交通运输业，控制了中国的财政金融以及若干主要轻工业。正如毛泽东所指出的："现在国民党新军阀的统治，依然是城市买办阶级和乡村豪绅阶级的统治，对外投降帝国主义，对内以新军阀代替旧军阀，对工农阶级的经济的剥削和政治的压迫比从前更加厉害。……全国工农平民以至资产阶级，依然在反革命统治底下，没有得到丝毫政治上经济上的解放。"[①]

国民党统治下的中国社会仍是半殖民地半封建社会。中国人民依然挣扎在水深火热之中，过着极端贫困和不自由的生活。中国革命面临的主要矛盾不仅一个也没有解决，反而进一步激化和加深。中国人民要争得民族独立、自身解放，就必须同这个反动统治作坚决斗争。正如宋庆龄所指出的："只有以群众为基础并为群众服务的革命，才能粉碎军阀、政客的权力，才能摆脱帝国主义的枷锁，才能真正实行社会主义。"[②]

中国共产党从残酷的现实中认识到，没有革命的武装就无法战胜武装的反革命，就无法夺取中国革命胜利，就无法改变中国人民和中华民族的命运，必须以武装的革命反对武装的反革命。在这一历史关头，挺身而出、担负这一历史重任的是中国共产党。

---

① 《毛泽东选集》第一卷，人民出版社1991年版，第47页。
② 《宋庆龄选集》，人民出版社1966年版，第53页。

二、中国共产党是怎样艰辛探索中国革命新道路的？

怎样坚持革命，即中国革命应该走什么道路？为回答这个问题，中国共产党人在实践中进行了长期的艰辛探索。毛泽东率领秋收起义部队上井冈山，进行创建革命根据地、开展工农武装割据的斗争，探索出中国革命发展的正确方向。

（一）中国革命道路应结合中国实际

俄国十月革命以城市为中心举行武装起义取得了胜利，这是与俄国的基本国情以及俄国十月革命前的形势密不可分的。十月革命前的俄国是一个资本主义国家，统治力量主要集中在城市及其周边，而在这些地区工人相对较多，工人阶级力量比较强大。俄国当时的政治制度，也使无产阶级政党和工人群众可以在一定程度上以合法斗争形式参加政治活动。第一次世界大战爆发前后，列宁领导布尔什维克党在沙俄军队中做了大量工作，下层军官和士兵中有不少人倾向革命，并在十月革命中发挥了重要作用。因此，列宁领导的布尔什维克党以城市为中心，通过城市武装起义夺取了政权。

中国的情况则与俄国有很大不同。一是统治力量比较分散。国民党政权仅是在形式上统一中国，而大大小小的地方军阀仍控制着中国的许多地方。二是中国没有合法斗争存在的可能。国民党政权不仅对以中国共产党为代表的革命力量实行"白色恐怖"，而且对其他政党和派别也实行排除异己的高压政策。三是中国革命的主力军在广大农村。工人阶级是中国革命的领导力量，但人数较少，其力量集中的城市又处在国民党政权的严密统治之下。工人阶级必须在自己政党的领导下，深入农村开展革命斗争，建立和巩固工农联盟，才有可能逐步推动中国革命走向高潮。正如毛泽东所说的，中国"不是一个独立的民主的国家，而是一个半殖民地的半封建的国家；在内部没有民主制度，而受封建制度压迫；在外部没有民族独立，而受帝国主义压迫。因此，无议会可以利用，无组织工人举行罢工的合法权利。在这里，共产党的任务，基本地不是经过长期合法斗争以进入起义和战争，也不是先占城市后取乡村，而是走相反的道路"[①]。即是说，由中国国情和中国革命的基本特点所决定，中国革命不能照搬俄国十月革命城市武装起义的道路，只能探索自己的道路。

---

① 《毛泽东选集》第二卷，人民出版社1991年版，第542页。

（二）中国共产党探索革命新道路的艰辛历程

以毛泽东同志为主要代表的中国共产党人在长时间的艰辛探索中，经过创建、发展红军与农村革命根据地的实践，逐步找到了中国革命的新道路。

第一，发动南昌起义、秋收起义、广州起义等武装起义。1927年8月1日，周恩来、贺龙、叶挺、朱德、刘伯承等领导南昌起义，打响武装反抗国民党反动派的第一枪。这是中国共产党独立领导革命战争、创建人民军队和武装夺取政权的开端。

同年8月7日，中共中央在汉口召开紧急会议（即八七会议）。会议吸取过去不重视武装斗争的教训，确定实行土地革命和武装起义的方针。毛泽东根据大革命失败的惨痛教训，在会议发言中指出，"以后要非常注意军事。须知政权是由枪杆子中取得的"①。这次会议使中国共产党在政治上大大前进了一步，开始了从大革命失败到土地革命战争兴起的历史性转变。

南昌起义指挥所旧址

同年8月9日，党中央决定任命毛泽东为特派员，回湖南领导湘赣边界的秋收起义。9月9日起义爆发，起义部队公开打出"工农革命军"的旗帜。在准备攻打长沙遭遇严重挫折后，起义部队决定南下，向敌人控制比较薄弱的农村转移，经过三湾改编，最后上了井冈山。

同年12月11日，张太雷、叶挺、叶剑英等领导了广州起义，这是对国民党屠杀政策的又一次英勇反击。"头可断，肢可折，革命精神不可灭。壮士头颅为党落，好汉身躯为群裂"的铮铮誓言，就是广州起义负责人之一、起义失败后不久牺牲的革命烈士周文雍所作的壮丽诗篇——《绝笔诗》。

周文雍（左）和陈铁军

---

① 《毛泽东文集》第一卷，人民出版社1993年版，第47页。

从 1927 年大革命失败到 1928 年初，中国共产党先后领导了近百次武装起义。正如毛泽东所指出的："革命失败，得了惨痛的教训，于是有了南昌起义、秋收起义和广州起义，进入了创造红军的新时期。这个时期是我们党彻底地认识军队的重要性的极端紧要的时期。"①

第二，创建井冈山等农村革命根据地。八七会议后，中国共产党领导各地武装起义，初步提出了相机占领某个县或几个县、建立革命政权、实行武装割据的思想。毛泽东提出，武装起义"纵然失败也不用去广东而应上山"②。1927 年 10 月上旬，毛泽东率领秋收起义部队到达江西宁冈县，先后和当地农民武装袁文才（共产党员）、王佐两部建立联系，又派党员军事干部到袁文才部队中帮助开展政治、军事训练，开始创建井冈山革命根据地的艰苦斗争。

从 1927 年 10 月到 1928 年 2 月，毛泽东率领井冈山军民，利用军阀混战的时机，采取积极发展的方针，逐步开创工农武装割据的局面。工农革命军首先在边界各县进行打倒土豪劣绅、发动群众的起义暴动，建立县、区、乡各级工农民主政权。1927 年 11 月，成立湘赣边界第一个红色政权——茶陵县工农兵政府，谭震林任主席。1928 年 1 月，工农革命军攻占遂川县城；2 月，打破国民党军队的第一次"进剿"。至此，井冈山革命根据地的基础得以奠定。

中国共产党在发动群众打倒土豪劣绅的基础上，开展分田斗争。为加强对井冈山斗争的领导，以毛泽东为书记的前委会先后派出党员和干部，恢复、整顿和发展各县的党组织。到 1928 年 2 月，先后成立宁冈、永新、茶陵、遂川四个县委和酃县（今炎陵）特别区委，莲花县也开始建立党的组织。1928 年夏，宁冈全县，永新、莲花的大部分地区，遂川、酃县的部分地区进行分田。

毛泽东和朱德在井冈山会师

同年 4 月，朱德、陈毅率领南昌起义保留下来的部队和湘南农军到井冈山，与毛泽东领导的部队在宁冈砻市会师。会师后，成立工农革命军第四军（不久改称工农红军第四军），朱德任军长，毛泽东任党代表。这期间，还召开了第四军党的第一次代表大会，成立第四军军委，毛泽东任书记。毛泽东和朱德所率部队的会师，增强了井冈山地区工农武装力量，为进一步扩大革

---

① 《毛泽东选集》第二卷，人民出版社 1991 年版，第 548 页。
② 《毛泽东军事文集》第一卷，军事科学出版社、中央文献出版社 1993 年版，第 6 页。

命根据地创造了条件。

同年5月，湘赣边界党的第一次代表大会召开，选举产生以毛泽东为书记的中共湘赣边界特委。接着成立由袁文才任主席的湘赣边界工农兵苏维埃政府。6月取得击破湘赣两省敌人第四次"进剿"的龙源口战斗胜利，至此，井冈山根据地达到全盛时期。12月，彭德怀、滕代远率领平江起义后组成的红五军主力到达井冈山，进一步壮大了井冈山的革命力量。

1928年6月至7月在苏联举行的中国共产党第六次全国代表大会，肯定了农村根据地和红军是决定革命新高潮的更大发展基础和主要动力之一，提出必须努力在农村发动农民，进行游击战争，实行土地革命，发展苏维埃根据地。[①] 1929年6月，党的六届二中全会分析了建立农村根据地在中国革命中的特殊意义。9月，《中共中央给红军第四军前委的指示信》提出："先有农村红军，后有城市政权，这是中国革命的特征，这是中国经济基础的产物。"[②] 指示信肯定了毛泽东提出的工农武装割据的基本原则。此后，革命根据地不断发展和扩大。

1929年1月，为解决经济困难和牵制敌人第三次"会剿"，毛泽东、朱德率领红四军主力离开井冈山，先后向赣南、闽西进军，到1930年春，赣南、闽西根据地形成。1931年第三次反"围剿"胜利后，赣南、闽西根据地连成一片，形成中央革命根据地（又称"中央苏区"）。1931年11月，中华苏维埃第一次全国代表大会在瑞金召开，成立中华苏维埃共和国临时中央政府，毛泽东当选为主席。与此同时，其他各地的武装起义也建立了根据地并逐步得到发展，如湘鄂西、鄂豫皖、湘赣、湘鄂赣等根据地也都发展到相当的规模。加上此前建立的海陆丰根据地、琼崖根据地、东固根据地以及许多县一级的苏维埃政权等，井冈山的星星之火已形成燎原之势。中国共产党在农村革命根据地深入开展土地革命和反"围剿"战争，进行卓有成效的政权建设、经济建设、文化建设和党的自身建设等。农村革命根据地的开辟和发展，为中国共产党人探索中国革命道路的理论提供了实践基础。

第三，开展土地革命。随着红军和根据地的建立和发展，党领导的土地革命也日益

---

① 参见《建党以来重要文献选编（一九二一——一九四九）》第五册，中央文献出版社2011年版，第396—397页。

② 《周恩来选集》上卷，人民出版社1980年版，第32页。

广泛和深入地展开，主要是没收地主土地分给农民，消灭封建地主土地剥削制度，实现"耕者有其田"。

1928年12月，毛泽东主持制定井冈山《土地法》，规定没收一切土地归苏维埃政府所有，禁止土地买卖等，以人口为标准，男女老幼平均分配，否定了封建地主土地所有制。井冈山《土地法》第一次用法律的形式肯定农民分配土地的神圣权利，对推动土地革命的深入发展起了重要作用。1929年4月，毛泽东主持制定兴国县《土地法》，将"没收一切土地"改为"没收一切公共土地及地主阶级的土地"，这一原则性的改正，保护了中农的利益不受侵害。

1931年2月，毛泽东根据土地革命的经验，明确农民对已分得土地的所有权。毛泽东还和邓子恢等一起，制定了正确的土地革命阶级路线和土地分配办法：依靠贫农、雇农，联合中农，限制富农，保护中小工商业者，消灭地主阶级，变封建的土地所有制为农民的土地所有制；以乡为单位，按人口平均分配土地，在原耕地的基础上，实行抽多补少、抽肥补瘦。

第四，形成农村包围城市、武装夺取政权的革命新道路理论。1928年10月和11月，毛泽东写了《中国的红色政权为什么能够存在？》和《井冈山的斗争》两篇文章，论述红色政权在中国能够存在和发展的原因和条件，把土地革命、武装斗争、根据地建设结合在一起，强调"工农武装割据"的思想。1929年4月，针对共产国际和党内某些人担心农村斗争超过城市斗争将不利于中国革命的观点，毛泽东指出，"半殖民地中国的革命，只有农民斗争得不到工人的领导而失败，没有农民斗争的发展超过工人的势力而不利于革命本身的"[①]。1930年1月，在《星星之火，可以燎原》中，毛泽东写道，"红军、游击队和红色区域的建立和发展，是半殖民地中国在无产阶级领导之下的农民斗争的最高形式，和半殖民地农民斗争发展的必然结果；并且无疑义地是促进全国革命高潮的最重要因素"[②]。以毛泽东为书记的中共红四军前敌委员会还明确地提出了"农村工作是第一步，城市工作是第二步"的思想。同年5月，毛泽东撰写了《反对本本主义》一文，针对红军中的教条主义思想，提出"没有调查，没有发言权"[③]和"中国革命斗争的胜利要靠中国同志了解中

---

① 《毛泽东选集》第一卷，人民出版社1991年版，第103页。
② 《毛泽东选集》第一卷，人民出版社1991年版，第98页。
③ 《毛泽东选集》第一卷，人民出版社1991年版，第109页。

国情况"①的重要思想。这样，以毛泽东同志为主要代表的中国共产党人通过科学总结井冈山和其他革命根据地斗争的经验，在同当时党内一些人的右倾悲观思想，尤其是"左"倾教条主义错误作斗争的过程中，不断进行实践探索和理论总结，逐步形成农村包围城市、武装夺取政权的革命新道路理论。

农村包围城市、武装夺取政权的革命新道路理论，是中国共产党将马克思列宁主义基本原理同中国革命具体实际相结合的产物。邓小平指出："马克思、列宁从来没有说过农村包围城市，这个原理在当时世界上还是没有的。但是毛泽东同志根据中国的具体条件指明了革命的具体道路，在军阀割据的时候，在敌人控制薄弱的地区，领导人民建立革命根据地，用农村包围城市，最后夺取了政权。"②"如果没有实事求是的基本思想，能提出和解决这样的问题吗？能把中国革命搞成功吗？"③

（三）毛泽东对开辟中国革命新道路的卓越贡献

中国革命新道路的开辟，是中国共产党集体奋斗、共同探索的结果。毛泽东作出了卓越贡献，是探索中国革命新道路的主要代表。

第一，毛泽东是党内最早关注中国农民和农村问题的领导人之一。1925—1927年，他先后撰写了《中国社会各阶级的分析》《国民革命与农民运动》《湖南农民运动考察报告》等著作，深入考察和系统分析农民问题。1927年，毛泽东提出了"在山的上山，靠湖的下湖，拿起枪杆子保卫革命"的初步设想。同年，毛泽东在中共中央政治局常委会扩大会议上提出，不保存武力，则将来一到事变，我们即无办法，"上山"可造成军事势力的基础。④ 这为他日后提出中国革命新道路理论奠定重要基础。

第二，毛泽东最早认识和实践这条革命新道路。从文家市转兵上井冈山后，他最早向中央提出以宁冈为中心建立根据地的设想，"其理由有三：A.此间系罗霄山脉中段，地

---

① 《毛泽东选集》第一卷，人民出版社1991年版，第115页。
② 《邓小平文选》第二卷，人民出版社1994年版，第126页。
③ 《邓小平文选》第二卷，人民出版社1994年版，第127页。
④ 参见中共中央党史研究室：《中国共产党历史·第一卷（1921—1949）》上册，中共党史出版社2011年版，第218页。

势极好，易守难攻。B.党在此间是由无组织进为有组织，民众比较有基础（赤卫队、赤色游击队组织了），弃之可惜。C.湘南、赣南只能影响一省并只及于上游，此间可影响两省并能及于下游。因此三个理由，我们只有用全部力量与敌人争斗，决无退却抛弃"①。时任中共湖南省委代表的杜修经在给省委的报告中，也证实以宁冈为中心建立根据地的思想是毛泽东最早提出的。"宁冈是一个多山的小县，有一座大山，围绕这山的有永新、遂川、酃县、茶陵、莲花五县。宁冈是中心，易守难攻。而各县民众运动，经了半年多的经营，也略有基础。同时向茶陵、永新进展，可以影响两省，并两省上游。以此地为大本营的意见，泽东同志早有了，便有边界特委组织的建议。"② 1928年5月，在《中共江西省委代转的毛泽东给中央等的报告》中，毛泽东曾指出，"这比宁冈为中心、罗霄山脉政权之建立，党之强有力军力，去造就实在湘赣两省之革命根据之一。此理毛同志等业已累次呈明在案"③。这些都说明了毛泽东对探索中国革命新道路作出了卓越贡献。

第三，毛泽东创造性地解决了在农村建党、建军、建设根据地的一系列根本问题。三湾改编从组织上确立了党对军队的领导，是建设无产阶级领导的新型人民军队的重要开端。三湾改编确立了军队实行民主原则，废除了旧军队长官对士兵的打骂和体罚制度，使广大官兵精神面貌焕然一新。

1929年12月，毛泽东起草的古田会议决议，是中国共产党和红军建设的纲领性文献，是党和人民军队建设史上的重要里程碑。这个决议使红军肃清了旧式军队的影响，完全建立在马克思列宁主义的基础上。决议确立了思想建党、政治建军原则，规定红军是一个执行革命的政治任务的武

古田会议会址

---

① 《建党以来重要文献选编（一九二一——一九四九）》第五册，中央文献出版社2011年版，第243—244页。
② 井冈山革命根据地党史资料征集编研协作小组、井冈山革命博物馆编：《井冈山革命根据地》上，中共党史资料出版社1987年版，第129页。
③ 《建党以来重要文献选编（一九二一——一九四九）》第五册，中央文献出版社2011年版，第208页。

装集团，必须绝对服从共产党的领导，必须担负打仗、筹款和做群众工作的任务，必须加强政治工作。决议突出加强党和红军的思想建设，纠正党内错误思想，以保证在农村游击战争环境和农民与小资产阶级占大多数的条件下党的无产阶级先锋队性质和无产阶级领导的新型人民军队性质。这个决议后来在各个根据地中普遍实行，使整个中国工农红军完全成为人民的军队。毛泽东还创造了"诱敌深入"及以"敌进我退、敌驻我扰、敌疲我打、敌退我追"十六字诀为代表的游击战争战略战术，保证了红军战争的胜利。

毛泽东从理论上深刻阐述了农村包围城市、武装夺取政权的革命新道路。农村包围城市、武装夺取政权理论的提出，体现了毛泽东开辟新道路、创造新理论的革命首创精神，标志着毛泽东思想初步形成。这是马克思主义在中国的创造性运用和发展。

需要说明的是，对农村包围城市、武装夺取政权这一革命新道路的探索和坚持，是一个在实践中不断发展的过程。全民族抗战时期，中国共产党把工作重心放在敌后农村，开辟和发展抗日根据地，就是在抗日民族解放战争条件下，继续走农村包围城市、武装夺取政权道路。在解放战争时期，中国共产党继续坚持这一中国革命道路。1949年3月25日，毛泽东等中央领导人与中央机关、人民解放军总部进驻北平香山，标志着中国革命重心从农村转向城市。实践证明，农村包围城市、武装夺取政权的道路是中国革命取得胜利的唯一正确道路。

三、如何认识中国革命的伟大转折和伟大的长征精神？

王明"左"倾教条主义错误的严重恶果，使中国革命形势又一次跌入低谷，中国共产党再次遇到严重失败的考验。在险境中，中共中央召开遵义会议，实现了伟大历史转折。红军长征不仅创造了可歌可泣的战争史诗，而且铸就了伟大的长征精神。

（一）土地革命战争时期的三次"左"倾错误

1927年11月至1928年4月的"左"倾盲动错误。1927年11月召开的中共中央临时政治局扩大会议没有认清形势，确定了以城市为中心的全国武装暴动计划，使"左"倾盲动错误在全党取得支配地位。1928年4月，中共中央临时政治局发出通告，承认党内存在着"左"倾盲动错误。

1930年6月至9月的李立三"左"倾冒险错误。1930年红军利用军阀混战的有利时机，打了一些胜仗。在这种情况下，党内"左"倾情绪又有新的发展。1930年6月，李立三主持召开中共中央政治局会议，否认当时仍然是敌强我弱的局面，夸大对革命有利的方面，错误地认为中国革命乃至世界革命进入高潮，坚持中心城市的武装暴动，制定了以武汉为中心的全国中心城市起义和集中红军主力攻打武汉等中心城市的冒险计划，提出各路红军"打下长沙，夺取南昌，会师武汉，饮马长江"的冒险口号，使革命力量遭受很大损失。

1931年1月至1935年1月的王明"左"倾教条主义错误。其主要错误是：在革命性质和统一战线问题上，混淆民主革命与社会主义革命的界限，将反帝反封建与反资产阶级并列，将民族资产阶级视为中国革命最危险的敌人。在革命道路问题上，继续坚持以城市为中心，将准备城市工人的总同盟罢工和武装起义作为中国共产党最主要的任务；指令根据地的红军采取"积极进攻的策略"，配合攻打中心城市。在土地革命问题上，提出坚决打击富农和"地主不分田，富农分坏田"的主张。在军事斗争问题上，实行进攻中的冒险主义、防御中的保守主义、退却中的逃跑主义。在党内斗争和组织问题上，推行宗派主义和"残酷斗争，无情打击"的方针。这次"左"倾错误历时最长、危害最大，"红军从三十万人减到三万人左右，共产党员从三十万人减到四万人左右"[①]。其教训极为惨痛、深刻。

（二）党内接连出现"左"倾错误的原因

首先，中国共产党还不成熟。犯有"左"倾错误的领导者对艰巨复杂的革命斗争缺乏实际经验和实事求是的态度，不善于将马克思列宁主义基本原理同中国革命具体实际相结合，在指导思想上犯了脱离实际的主观主义错误。

其次，党的民主集中制不健全，甚至遭到严重破坏。"左"倾错误的领导人特别是王明依仗共产国际的支持，把党内不同意见诬为"反共产国际路线"，予以残酷斗争、无情打击，破坏了民主集中制的基本原则，破坏了党内批评和自我批评的民主精神，在组织路

---

① 《三中全会以来重要文献选编》下，中央文献出版社2011年版，第126页。

线上犯了宗派主义错误。

最后，中国共产党对中国革命基本规律的认识有一个过程。其间，以毛泽东同志为主要代表的中国共产党人始终坚持正确的方向，但很长一段时间内，党内存在着把马克思主义教条化、把苏联经验和共产国际指示神圣化的错误倾向，这就严重束缚了许多同志独立自主探索中国革命道路的创造精神，使教条主义在党内逐渐占据统治地位。王明等人虽然读了不少有关马克思主义的书，但是不了解中国的实际。他们颠倒实践和认识的关系，以为只要照抄照搬马克思主义书本上的词句和苏联经验、共产国际的决议指示，就可以指挥中国革命，这就不可能不在实践中碰壁。

（三）中国工农红军进行长征

由于王明"左"倾教条主义的错误领导，中央红军未能粉碎国民党的第五次"围剿"。正如毛泽东在后来指出的："第五次反'围剿'进行两个月之后，当福建事变出现之时，红军主力无疑地应该突进到以浙江为中心的苏浙皖赣地区去，纵横驰骋于杭州、苏州、南京、芜湖、南昌、福州之间，将战略防御转变为战略进攻，威胁敌之根本重地，向广大无堡垒地带寻求作战。用这种方法，就能迫使进攻江西南部福建西部地区之敌回援其根本重地，粉碎其向江西根据地的进攻，并援助福建人民政府，——这种方法是必能确定地援助它的。此计不用，第五次'围剿'就不能打破，福建人民政府也只好倒台。到打了一年之久的时候，虽已不利于出浙江，但还可以向另一方向改取战略进攻，即以主力向湖南前进，不是经湖南向贵州，而是向湖南中部前进，调动江西敌人至湖南而消灭之。此计又不用，打破第五次'围剿'的希望就最后断绝，剩下长征一条路了。"① 1934年10月中旬，中共中央机关和中央红军8.6万余人撤离根据地，向西突围转移，开始长征。

在中央红军主力进行战略转移之前，1934年7月，党中央就派出了寻淮洲、乐少华、粟裕等领导的红七军团作为抗日先遣队北上抗日，与方志敏领导的红十军合组红十军团。同年8月，任弼时、萧克、王震等率领的红六军团奉命撤出湘赣根据地西进，红六军团的西进带有为中央红军战略转移探路的性质。同年11月，中共中央又指示程子华、吴焕先、

---

① 《毛泽东选集》第一卷，人民出版社1991年版，第236页。

徐海东等率领红二十五军组成中国工农红军北上抗日第二先遣队。

尽管中央为进行战略转移做了必要的准备，但实行战略转移的行动是仓促进行的。长征初期仍是博古、李德在错误指挥，中央红军在遭受极大损失的情况下还要与红二军团、红六军团会合。

中央红军在强渡湘江、突破国民党军队第四道封锁线之后，锐减到3万多人。严酷的事实使广大共产党员和红军指战员对"左"倾错误领导产生了怀疑和不满。一些支持过"左"倾错误的中央领导人如张闻天、王稼祥等，也改变态度，转而支持毛泽东的正确主张。1934年12月，根据毛泽东提议，中央决定红军改向敌人力量薄弱的贵州地区挺进。

（四）遵义会议：中国革命的历史性转折

1935年1月15日至17日，中共中央在贵州遵义召开政治局扩大会议，史称"遵义会议"。张闻天、毛泽东、王稼祥尖锐地批评了博古、李德在第五次反"围剿"中实行单纯防御、在战略转移中实行逃跑主义的错误，与会者多数同意张闻天、毛泽东等人的意见。会议集中解决当时具有决定意义的军事和组织问题，增选毛泽东为中共中央政治局常委，委托张闻天起草《中央关于反对敌人五次"围剿"的总结的决议》。会后不久，在向云南扎西地区进军途中，中共中央政治局常委决定由张闻天代替博古负总的责任，毛泽东是周恩来在军事指挥上的帮助者，后成立由毛泽东、周恩来、王稼祥组成的三人小组，负责全军的军事行动。

遵义会议在最危急关头挽救了党、挽救了红军、挽救了中国革命，并且在这以后使党能够战胜张国焘的分裂主义，胜利完成长征，打开中国革命新局面。遵义会议的鲜明特点是坚持真理、修正错误，确立党中央的正确领导，创造性地制定和实施符合中国革命特点的战略策略。遵义会议是党的历史上一个生死攸关的转折点。

为什么说遵义会议是中国共产党历史上一个生死攸关的转折点？

第一，为党的思想路线转变创造了重要条件。以毛泽东同志为主要代表的中国共产党人开辟了中国革命新道路，但未被全党所接受。特别是王明"左"倾教条主义错误占据统治地位时期，毛泽东本人也屡遭排斥打击。遵义会议开始确立以毛泽东同志为主要代表的马克思主义正确路线在党中央的领导地位，为实事求是思想路线的确立创造了重要条件。

第二，是中国革命战争由失败走向胜利的转折点。遵义会议批评了李德、博古造成重大损失的错误军事指挥，取消了他们的军事指挥权，同时，充分肯定了毛泽东从战争实践中总结出来的正确作战原则。遵义会议后，在毛泽东等人的领导下，中央红军逐步赢得了战争的主动权，实现了中国共产党和中国革命事业从挫折走向胜利的伟大转折。

第三，在事实上确立了毛泽东同志在党中央和红军的领导地位，确立了以毛泽东同志为主要代表的马克思主义正确路线在党中央的领导地位，开始形成以毛泽东同志为核心的党的第一代中央领导集体，这是我们党和革命事业转危为安、不断打开新局面最重要的保证。正如邓小平所指出的，"遵义会议以前，我们的党没有形成过一个成熟的党中央。从陈独秀、瞿秋白、向忠发、李立三到王明，都没有形成过有能力的中央。我们党的领导集体，是从遵义会议开始逐步形成的"[①]。

第四，是中国共产党独立自主地解决中国革命重大问题的历史转折点。遵义会议表明，作为一个严肃的、对人民负责任的马克思主义政党，中国共产党敢于正视自己的错误，注意从自己所犯的错误中学习并汲取教训。从大革命失败到遵义会议的这个时期，中国共产党正是通过总结成功的经验和失败的教训，使自己从两条战线斗争中巩固和壮大起来，最终独立自主地把党领导的革命事业坚持下来并推向前进的。

（五）红军长征胜利和伟大的长征精神

1935年10月19日，陕甘支队到达陕北吴起镇，至此，中央红军主力行程二万五千里的长征胜利结束。1936年10月，红四、红二方面军先后同红一方面军在甘肃会宁、隆德将台堡（今属宁夏回族自治区）会师。至此，三大主力红军的长征胜利结束。

中国工农红军长征是一次理想信念的伟大远征，是一次检验真理的伟大远征，是一次唤醒民众的伟大远征，是一次开创新局的伟大远征。

长征的胜利，极大地促进了党在政治上和思想上的成熟。中国共产党进一步认识到，只有把马克思列宁主义基本原理同中国革命具体实际结合起来，独立自主解决中国革命的重大问题，才能把革命事业引向胜利。

---

① 《邓小平文选》第三卷，人民出版社1993年版，第309页。

长征的胜利,是中国革命转危为安的关键。毛泽东曾形象地指出,"长征是历史纪录上的第一次,长征是宣言书,长征是宣传队,长征是播种机"①。长征宣告了国民党反动派消灭中国共产党和红军的图谋彻底失败,宣告了中国共产党和红军肩负着民族希望胜利实现了北上抗日的战略转移,实现了中国共产党和中国革命事业从挫折走向胜利的伟大转折,开启了中国共产党为实现民族独立、人民解放而斗争的新的伟大进军。

长征历时之长、规模之大、行程之远、环境之险恶、战斗之惨烈,在中国历史上是绝无仅有的,在世界战争史上也是极为罕见的。在漫漫征途中,红军将士同敌人进行了600余次战役战斗,跨越近百条江河,攀越40余座高山险峰,其中海拔4000米以上的雪山就有20余座,穿越了被称为"死亡陷阱"的茫茫草地,用顽强意志征服了人类生存极限。支持工农红军胜利走过长征路的根本保证,就是中国共产党与人民群众风雨同舟、血脉相通、生死与共。在湖南汝城县沙洲村,三名女红军借宿徐解秀家中,临走时,把自己仅有的一床被子剪下一半给她留下了。人民在实践中认识到:什么是共产党?共产党就是自己有一条被子,也要剪下半条给老百姓的人。

在人民群众的支持下,党领导红军将士上演了世界军事史上威武雄壮的战争活剧,创造了气吞山河的人间奇迹,铸就了伟大的长征精神。伟大的长征精神,就是把全国人民和中华民族的根本利益看得高于一切,坚定革命的理想和信念,坚信正义事业必然胜利的精神;为了救国救民,不怕任何艰难险阻,不惜付出一切牺牲的精神;坚持独立自主、实事求是,一切从实际出发的精神;顾全大局、严守纪律、紧密团结的精神;紧紧依靠人民群众,同人民群众生死相依、患难与共、艰苦奋斗的精神。伟大的长征精神是中国共产党人及其领导的人民军队革命风范的生动反映,是中华民族自强不息的民族品格的集中展示,是以爱国主义为核心的民族精神的最高体现。②

长征一结束,中国革命的新局面就开始了。

(六)总结历史经验,迎接全民族抗日战争

红军长征胜利到达陕北后,党中央将革命大本营放在陕北,有了相对安定的环境。

---

① 《毛泽东选集》第一卷,人民出版社1991年版,第149—150页。
② 参见习近平:《在纪念红军长征胜利80周年大会上的讲话》,人民出版社2016年版,第8—9页。

为总结历史经验，加强共产党自身的思想理论建设，迎接全民族抗日战争，毛泽东对中国革命进行了系统的理论总结。

一是作《论反对日本帝国主义的策略》的报告。1935年12月17日至25日，中国共产党在陕北瓦窑堡召开中共中央政治局扩大会议。会议通过了《中共中央关于目前政治形势与党的任务的决议》。会后，毛泽东根据会议精神在党的活动分子会议上作了《论反对日本帝国主义的策略》的报告。报告分析了建立抗日民族统一战线的必要性和可能性，明确指出："日本帝国主义决定要变全中国为它的殖民地，和中国革命的现时力量还有严重的弱点，这两个基本事实就是党的新策略即广泛的统一战线的出发点。"[1] 日本侵华使中国各阶级政治态度发生变化，"扩大了民族革命营垒的势力，减弱了民族反革命营垒的势力"[2]。报告批评了遵义会议之前的"左"倾关门主义错误，强调要"组织千千万万的民众，调动浩浩荡荡的革命军"[3]，认为"只有统一战线的策略才是马克思列宁主义的策略。关门主义的策略则是孤家寡人的策略"[4]。报告强调红军和共产党在统一战线中的领导作用，告诫全党要防止出现右倾错误，强调共产党要认真担负起"批评同盟者、揭破假革命、争取领导权的责任"[5]。瓦窑堡会议通过的《中共中央关于目前政治形势与党的任务的决议》及毛泽东作的《论反对日本帝国主义的策略》报告深刻总结历史经验，提出建立抗日民族统一战线的策略方针，为迎接全民族抗日战争做了理论准备，表明党在政治上成熟起来。

二是撰写《中国革命战争的战略问题》。1936年12月，毛泽东在陕北撰写了《中国革命战争的战略问题》，系统地说明了有关中国革命战争战略方面的重大问题，成为毛泽东军事思想的代表作。这本著作围绕如何研究战争问题，深刻阐明了一般战争规律和中国革命战争特殊规律之间的联系和区别，着重阐述了中国革命战争的特殊规律，批评了教条主义和机械论者在这个问题上的根本错误，强调研究各种不同的战争的指导规律"应该着眼其特点和着眼其发展，反对战争问题上的机械论"[6]，阐述了中国革命战争

---

[1] 《毛泽东选集》第一卷，人民出版社1991年版，第155页。
[2] 《毛泽东选集》第一卷，人民出版社1991年版，第149页。
[3] 《毛泽东选集》第一卷，人民出版社1991年版，第155页。
[4] 《毛泽东选集》第一卷，人民出版社1991年版，第155页。
[5] 《毛泽东选集》第一卷，人民出版社1991年版，第148页。
[6] 《毛泽东选集》第一卷，人民出版社1991年版，第173页。

的主要特点，明确制定了积极防御和诱敌深入，集中兵力、运动战、速决战、歼灭战等一系列作战原则，提出了一整套人民战争的战略战术。毛泽东还特别强调中国共产党对中国革命战争领导的必然性和重要性。他明确指出，中国各个阶段的革命战争，"都是中国无产阶级及其政党中国共产党所领导的"①。这篇著作通篇贯穿人民战争的观点和军事辩证法原则，坚持马克思列宁主义关于战争问题的基本原则，标志着毛泽东军事思想的形成。

三是写作《实践论》《矛盾论》。在全民族抗战爆发前后，毛泽东撰写了《实践论》《矛盾论》，从马克思主义认识论、辩证法的高度，总结党的历史经验，揭露和批评党内的主观主义尤其是教条主义错误，科学阐明了党的马克思主义的思想路线。毛泽东指出："唯心论和机械唯物论，机会主义和冒险主义，都是以主观和客观相分裂，以认识和实践相脱离为特征的。"② "我们的结论是主观和客观、理论和实践、知和行的具体的历史的统一，反对一切离开具体历史的'左'的或右的错误思想。"③ 这样，就开始对党的政治路线、军事路线和思想路线进行拨乱反正，从思想上、理论上武装了共产党人。

中国共产党在加强思想理论建设的同时，还注意加强党的组织建设。按照瓦窑堡会议的精神，克服关门主义，注意发展党员，建立健全党的各级组织，使党的组织和党员队伍得以发展壮大。

1937年5月，中共中央先后召开了中国共产党全国代表会议（当时称苏区党代表会议）和中国共产党白区工作会议，进一步总结历史经验，明确党在抗日战争时期的任务。

党的各方面建设走上健康发展的轨道，为迎接即将到来的全民族抗战，奠定了思想上、政治上和组织上的坚实基础。

---

① 《毛泽东选集》第一卷，人民出版社1991年版，第183页。
② 《毛泽东选集》第一卷，人民出版社1991年版，第295页。
③ 《毛泽东选集》第一卷，人民出版社1991年版，第296页。

一、"学习思考"解答思路

1. 以毛泽东同志为主要代表的中国共产党人是如何探索和开辟中国革命新道路的？

（1）在中国革命道路的探索中，中国共产党认识到，在半殖民地半封建的中国，要争得民族独立和人民解放，必须进行长期的武装斗争，采用暴力革命的手段，推翻国民党反动统治，建立新的无产阶级领导的革命政权。这也就是"须知政权是由枪杆子中取得的"道理。

（2）中国共产党遵循马克思列宁主义基本原理同中国革命具体实际相结合的原则，科学分析中国国情，逐渐认识到在半殖民地半封建的中国，武装斗争不能走俄国十月革命城市武装起义的道路。

（3）以毛泽东同志为主要代表的中国共产党人在各地发动和领导武装起义，建立武装斗争、土地革命、根据地建设三位一体的"工农武装割据"，在实践上逐步探索出一条农村包围城市、武装夺取政权的革命新道路，并逐步进行中国革命新道路的理论探索。

2. 中国革命新道路"新"在哪里？

（1）相比于"城市中心论"，党提出"以乡村为中心"的思想，创新了中国革命道路：建立农村革命根据地，农村包围城市，武装夺取政权。

（2）在实践上以中国共产党领导的土地革命为基本内容，农民成为中国革命的主力军。

（3）对照以往走过的弯路，农村包围城市、武装夺取政权的革命道路是全新的。

3. 怎样认识长征的意义？为什么要继承和发扬伟大的长征精神？

长征的意义主要有：

（1）长征是一次理想信念的伟大远征，检验真理的伟大远征，唤醒民众的伟大远征，开创新局的伟大远征。

（2）长征极大促进了党在政治上和思想上的成熟。

（3）长征的胜利是中国革命转危为安的关键。

（4）长征的胜利宣告了国民党反动派消灭中国共产党和红军的图谋彻底失败，宣告了中国共产党和红军肩负着民族希望胜利实现了北上抗日的战略转移，实现了中国共产党和中国革命事业从挫折走向胜利的伟大转折，开启了中国共产党为实现民族独立、人民解放而斗争的新的伟大进军。

（5）长征铸就了伟大的长征精神。

继承和发扬长征精神的原因有：

（1）长征精神是中国共产党人及其领导的人民军队革命风范的生动反映，是中华民族自强不息的民族品格的集中展示，是以爱国主义为核心的民族精神的最高体现。

（2）继承和发扬长征精神是走好新时代长征路，建设社会主义现代化强国、推进中华民族伟大复兴的需要。

4. 红军长征到达陕北后，中国共产党是如何总结历史经验、加强党的思想理论建设的？

（1）1935年12月，毛泽东作了题为《论反对日本帝国主义的策略》的报告。

（2）1936年12月，毛泽东撰写《中国革命战争的战略问题》。

（3）1937年5月，中共中央先后召开了中国共产党全国代表会议（当时称苏区党代表会议）和中国共产党白区工作会议，进一步总结历史经验，明确了党在抗日战争时期的任务。

（4）1937年7月和8月，毛泽东撰写了《实践论》《矛盾论》。

以毛泽东同志为主要代表的中国共产党人所进行的理论工作，对党的政治路线、军事路线和思想路线进行拨乱反正，从思想上、理论上武装了全党。

二、延伸阅读

1. 毛泽东：《星星之火，可以燎原》，《毛泽东选集》第一卷，人民出版社1991年版。

2. 毛泽东：《反对本本主义》，《毛泽东选集》第一卷，人民出版社1991年版。

3. 毛泽东：《中国革命战争的战略问题》，《毛泽东选集》第一卷，人民出版社1991年版。

4. 习近平：《在纪念红军长征胜利80周年大会上的讲话》，人民出版社2016年版。

5. 习近平:《在庆祝中国人民解放军建军90周年大会上的讲话》,人民出版社2017年版。

三、音视频资料

1.《复兴之路》第2集《峥嵘岁月》,中央电视台出品,2007年播出。

2.《长征》第1—8集,中央电视台摄制,2016年播出。

3.《从胜利走向胜利》第1集《建军铸魂》、第2集《淬火成钢》,中共中央宣传部、国家新闻出版广电总局、中央军委政治工作部联合出品,2017年播出。

4.《敢教日月换新天》第2—3集,中共中央宣传部、中共中央党史和文献研究院、国家发展和改革委员会、国家广播电视总局、中国社会科学院、中央广播电视总台、中央档案馆、中央军委政治工作部联合摄制,2021年播出。

5.《百炼成钢:中国共产党的100年》第10—15集,中共中央党史和文献研究院、国家广播电视总局、中共江苏省委联合出品,2021年播出。

第六章 中华民族的抗日战争

第六章　中华民族的抗日战争

经典论述

九一八事变后，中日民族矛盾逐渐超越国内阶级矛盾上升为主要矛盾。在日本帝国主义加紧侵略我国、民族危机空前严重的关头，党率先高举武装抗日旗帜，广泛开展抗日救亡运动，促成西安事变和平解决，对推动国共再次合作、团结抗日起了重大历史作用。七七事变后，党实行正确的抗日民族统一战线政策，坚持全面抗战路线，提出和实施持久战的战略总方针和一整套人民战争的战略战术，开辟广大敌后战场和抗日根据地，领导八路军、新四军、东北抗日联军和其他人民抗日武装英勇作战，成为全民族抗战的中流砥柱，直到取得中国人民抗日战争最后胜利。

——《中共中央关于党的百年奋斗重大成就和历史经验的决议》（2021年11月11日）

中国人民抗日战争和世界反法西斯战争，是正义和邪恶、光明和黑暗、进步和反动的大决战。在那场惨烈的战争中，中国人民抗日战争开始时间最早、持续时间最长。

——习近平在纪念中国人民抗日战争暨世界反法西斯战争胜利70周年大会上的讲话（2015年9月3日）

九一八事变后，中国人民就在白山黑水间奋起抵抗，成为中国人民抗日战争的起点，同时揭开了世界反法西斯战争的序幕。七七事变后，抗击侵略、救亡图存成为中国各党派、各民族、各阶级、各阶层、各团体以及海外华侨华人的共同意志和行动，中国由此进入全民族抗战阶段，并开辟了世界反法西斯战争的东方主战场。

——习近平在纪念中国人民抗日战争暨世界反法西斯战争胜利75周年座谈会上的讲话（2020年9月3日）

在那场战争中，中国人民以巨大民族牺牲支撑起了世界反法西斯战争的东方主战场，为世界反法西斯战争胜利作出了重大贡献。中国人民抗日战争也得到了国际社会广泛支持，中国人民将永远铭记各国人民为中国抗战胜利作出的贡献！

——习近平在纪念中国人民抗日战争暨世界反法西斯战争胜利70周年大会上的讲话（2015年9月3日）

在艰苦卓绝的抗日战争中，全体中华儿女为国家生存而战、为民族复兴而战、为人类正义而战，社会动员之广泛，民族觉醒之深刻，战斗意志之顽强，必胜信念之坚定，都达到了空前的高度。杨靖宇、赵尚志、左权、彭雪枫、佟麟阁、赵登禹、张自忠、戴安澜等殉国将领，八路军"狼牙山五壮士"、新四军"刘老庄连"、东北抗联八位女战士、国民党军"八百壮士"等众多英雄群体，就是千千万万抗日将士的杰出代表。

——习近平在纪念中国人民抗日战争暨世界反法西斯战争胜利75周年座谈会上的讲话（2020年9月3日）

中国人民抗日战争的伟大胜利，为中华民族由近代以来陷入深重危机走向伟大复兴确立了历史转折点，充分显示了中华民族有同侵略者血战到底的气概，有在自力更生的基础上光复旧物的决心，有自立于世界民族之林的能力。

——习近平在纪念中国人民抗日战争暨世界反法西斯战争胜利69周年座谈会上的讲话（2014年9月3日）

中国人民抗日战争胜利，是近代以来中国抗击外敌入侵的第一次完全胜利。这一伟大胜利，彻底粉碎了日本军国主义殖民奴役中国的图谋，洗刷了近代以来中国抗击外来侵略屡战屡败的民族耻辱。这一伟大胜利，重新确立了中国在世界上的大国地位，使中国人民赢得了世界爱好和平人民的尊敬。这一伟大胜利，开辟了中华民族伟大复兴的光明前景，开启了古老中国凤凰涅槃、浴火重生的新征程。

——习近平在纪念中国人民抗日战争暨世界反法西斯战争胜利70周年大会上的讲话（2015年9月3日）

这是近代以来中国人民反抗外敌入侵持续时间最长、规模最大、牺牲最多的民族解放斗争，也是第一次取得完全胜利的民族解放斗争。这个伟大胜利，是中华民族从近代以来陷入深重危机走向伟大复兴的历史转折点，也是世界反法西斯战争胜利的重要组成部分，是中国人民的胜利、也是世界人民的胜利。

——习近平在纪念中国人民抗日战争暨世界反法西斯战争胜利75周年座谈会上的讲话（2020年9月3日）

在中国人民抗日战争的壮阔进程中，形成了伟大的抗战精神，中国人民向世界展示了天下兴亡、匹夫有责的爱国情怀，视死如归、宁死不屈的民族气节，不畏强暴、血战到底的英雄气概，百折不挠、坚忍不拔的必胜信念。

——习近平在纪念中国人民抗日战争暨世界反法西斯战争胜利69周年座谈会上的讲话（2014年9月3日）

中国人民抗日战争的胜利，谱写了中华民族不屈不挠抵抗外来侵略的壮丽史诗，彻底洗刷了近代以后中国屡遭外来侵略的民族耻辱，极大增强了中华民族的自信心和自豪感，也为中国人民在中国共产党领导下开辟实现民族复兴的正确道路创造了重要条件。

——习近平在南京大屠杀死难者国家公祭仪式上的讲话（2014年12月13日）

教学指南

思维导图

中华民族的抗日战争
- 日本发动企图灭亡中国的侵略战争
  - 日本灭亡中国的计划及其实施
  - 日本帝国主义的残暴统治
- 中国人民奋起抗击日本侵略者
  - 中国共产党举起武装抗日的旗帜
  - 抗日救亡运动的兴起
  - 抗日民族统一战线的建立与全民族抗战的开始
- 抗日战争的正面战场
  - 战略防御阶段的正面战场
  - 战略相持阶段的正面战场
- 抗日战争的中流砥柱
  - 全面抗战路线和持久战的战略总方针
  - 敌后战场的开辟与游击战争的发展
  - 坚持抗战、团结、进步的方针
  - 抗日民主根据地的建设
  - 大后方的抗日民主运动和进步文化工作
  - 中国共产党的自身建设
- 抗日战争的胜利及其意义
  - 抗日战争的胜利
  - 中国人民抗日战争在世界反法西斯战争中的地位
  - 抗日战争胜利的原因和意义

第六章　中华民族的抗日战争

🧭 教学目的

了解十四年抗战的历史进程；认识日本的侵略给中华民族带来的深重灾难、抗日民族统一战线建立和巩固的艰难历程、国共两党在全民族抗战中的表现等内容；理解抗日战争胜利的原因和意义，认清歪曲历史、否认和美化侵略战争的错误言论；掌握全民族抗战是中国人民抗日战争胜利的重要法宝、中国共产党在全民族抗战中的中流砥柱作用、中国人民抗日战争是世界反法西斯战争的东方主战场、抗日战争胜利是中华民族伟大复兴的历史转折点等重要历史结论，更加坚定在党的领导下为实现中华民族伟大复兴而不懈奋斗的决心和信心。

👥 教学思路

1. 围绕"全民族抗战是怎样开始的"这一问题，引导学生认识日本侵略中国给中华民族带来的深重灾难、抗日民族统一战线建立和巩固的艰难历程等内容。

2. 引导学生全面、客观分析抗战中的国民党及正面战场，既肯定其贡献，又明确其存在的严重问题，帮助学生进一步明确中国共产党才是全民族抗战的中流砥柱。

3. 围绕"如何理解中国共产党是全民族抗战的中流砥柱"这一问题，用生动的案例、丰富的数据辅助阐明科学道理。在正面讲述为主的同时，对所谓共产党"游而不击"等错误观点，开展有针对性的批驳，引导学生用唯物史观正确认识中国人民抗日战争的历史进程、主流和本质，提高辨识和抵制历史虚无主义思潮的能力。

4. 引导学生运用比较等方法，全面理解中国人民抗日战争在世界反法西斯战争中的地位和作用。

5. 开展多种形式的实践教学。组织学生参观与抗日战争有关的纪念馆、烈士陵园、遗址等，或通过相关虚拟纪念场馆开展学习，围绕"谁是全民族抗战的中流砥柱"等议题展开讨论或辩论。

一、全民族抗战是怎样开始的？

1931年九一八事变后，中国人民在白山黑水间的奋起抵抗，成为中国人民抗日战争的起点。1937年七七事变后，抗击侵略、救亡图存成为中国各党派、各民族、各阶级、各阶层、各团体以及海外华侨华人的共同意志和行动，中国由此进入全民族抗战阶段。

（一）中华民族到了最危险的时候

1935年，电影《风云儿女》一公映，主题歌《义勇军进行曲》便成为时代的最强音。它发出了中华民族不甘沦亡的怒吼，吹响了中华儿女万众一心、血战到底的战斗号角。《义勇军进行曲》之所以发出"中华民族到了最危险的时候"的呐喊，最重要的原因是日本大举侵华，妄图把中国变为其独占的殖民地。

明治维新后，日本逐渐发展为军国主义国家。1927年，日本提出《对华政策纲要》，企图把"满蒙"从中国本土彻底分割出去。日本军国主义把占领中国东北作为全面侵华的第一步，是有称霸世界野心的。其主张是："惟欲征服支那，必先征服满蒙；如欲征服世界，必先征服支那。"[1] 1936年11月，日本同德国签订《反共产国际协定》，欧亚两个法西斯国家在"反共"旗帜下结成了反动同盟。日本成为亚洲的战争策源地。

为摆脱席卷整个资本主义世界的经济危机，日本军国主义者加紧实施灭亡中国计划。从九一八事变到日本宣布无条件投降的14年中，"南京大屠杀""731部队""三光政策""无人区"等，都是日本侵略者给中国人民留下的"带血的名词"，罪行罄竹难书。这在根本上是由日本的帝国主义性质所决定的。

白修德等美国记者在《中国的惊雷》一书中写道：他们粉碎了清华大学的实验室，把仪器书籍搬到日本，把学生的健身房当作马厩。南开大学也被破坏了。在北京大学的校

---

[1] 转引自《中国抗日战争史》编写组：《中国抗日战争史》，人民出版社2011年版，第31页。

舍里,日本特务警察设立了侦讯总部,审问政治和军事案件。①

血的教训不能忘却。现在,不断有人否认日本发动战争的侵略性质,歪曲历史甚至美化侵略战争。在和平年代,我们牢记历史、谴责侵略者的残暴,不是延续仇恨,而是要唤起人们对和平的向往与坚守,警醒人们清醒认识帝国主义本质,坚定实现中华民族伟大复兴、维护世界和平的决心。

九一八事变后,国民党政府长期奉行"攘外必先安内"方针,对日本的大举侵略一再退让,这是使中华民族处于最危险时候的又一原因。

日军在南京大屠杀中活埋中国平民

在中日民族矛盾日益上升为最主要矛盾的情况下,国民党统治集团不是调整自己的政策,用团结一切可以团结的力量共同反侵略的方式来"安内",而是借"安内"之名消灭异己,打击甚至企图扑灭抗日力量,这在当时就遭到了人民的反对,也被实践证明行不通。

使中华民族处于最危险时候的第三个原因,是国际联盟和英美等国政府采取对日姑息、纵容的政策。中国长期缺乏有力的国际援助。

(二)筑成全民族抗战的血肉长城

建立抗日民族统一战线,筑成全民族抗战的血肉长城,是夺取抗日战争胜利的关键,但其建立却经历了一个曲折历程。

中国共产党是全民族抗战的最早倡导者、动员者和实践者。在九一八事变后,1931年9月20日,中共中央发表宣言,反对帝国主义强占东三省。

中国共产党对抗战的倡导与实践

1932年4月15日,中华苏维埃共和国临时中央政府对日宣战。1935年8月1日,中共驻共产国际代表团草拟《中国苏维埃政府、中国共产党中央为抗日救国告全体同胞书》(八一宣言),主张停止内战,组织国防政府和抗日联军,对日作战。同年10月1日,八一宣言在法国巴黎出版的《救国报》

---

① 参见[美]白修德、贾安娜:《中国的惊雷》,端纳译,新华出版社1988年版,第64页。

上公开发表。同年12月，在陕北瓦窑堡召开的中共中央政治局扩大会议提出党的基本策略任务是建立广泛的抗日民族统一战线。1936年9月1日，中共中央明确提出"逼蒋抗日"总方针。

与国民党当局对日妥协退让不同，国民党军队中的部分爱国官兵自发抗战。马占山、李杜等在东北抵抗侵略，第十九路军在上海奋起抗击日军，冯玉祥在张家口成立察哈尔民众抗日同盟军等。

工人、农民、知识分子、青年学生、民族资产阶级及其政治代表、海外侨胞等积极投身抗日运动。1935年10月，中华民国第六届全国运动会的一幕表达了民心所向。在开幕式上，东北代表队臂戴黑纱，身着黑色孝服，手持象征白山黑水的黑白旗帜入场，向同胞宣告不要忘记他们正处于日本的铁蹄之下。全场起立默哀，泪如雨下，"勿忘国耻"成了该届运动会一个凝重的烙印。在中共地下党组织领导下，一二·九运动爆发，喊出了"反对华北自治""打倒日本帝国主义""停止内战，一致对外"等口号，标志着中国人民抗日救亡运动新高潮的到来。在共产党积极开展统一战线工作的同时，1936年5月，宋庆龄、沈钧儒等爱国民主人士发起成立全国各界救国联合会。

日本对华北的扩大侵略，进一步威胁到美英等国在华利益和国民党当局的统治地位，人民要求抗日的呼声给了蒋介石集团越来越大的压力。蒋介石的对日态度及内外政策发生了某些变化，着手整军备战工作，同时也在试探"政治解决"共产党和红军问题的途径。

1936年12月12日，张学良、杨虎城为实现停止内战、一致抗日，发动西安事变。在中国共产党的大力促进和帮助下，蒋介石被迫作出停止"剿共"、联合红军抗日等六项承诺。西安事变和平解决成为时局转换的枢纽，十年内战的局面基本结束，国内和平初步实现。

1937年2月，中共中央致电国民党，提出停止内战、一致对外等五项要求。在国民党五届三中全会上，许多人联名要求恢复孙中山的联俄、联共、扶助农工三大政策，并在会议文件上第一次写上了"抗日"字样。

国难当头，国共两党的第二次合作已为大势所趋。1937年9月22日，国民党中央通讯社发表《中共中央为公布国共合作宣言》；23日，蒋介石发表谈话，实际承认共产党的合法地位。以国共两党第二次合作为基础的抗日民族统一战线正式形成。全国各界民众、海外侨胞以不同形式参加抗日民族统一战线，投身全民族抗战。

中国人民在九一八事变后开始的抗战，揭开了世界反法西斯战争的序幕。七七事变后开始的全民族抗战，在东方开辟了世界第一个大规模的反法西斯战场。历时14年的中国人民抗日战争，艰苦卓绝，可歌可泣。

共产党领导开辟的敌后战场和国民党指挥的正面战场，形成协力合作、共同抗击日本侵略者的战略局面。正如毛泽东所指出的："中国军队在民族公敌面前，互相忘记了旧怨，而变为互相援助的亲密的朋友，这是中国决不会亡的基础。"①

二、如何看待抗战中的国民党及正面战场？

在抗击日本法西斯侵略的统一战略目标下，国民党军队担负正面战场的作战，在战略防御阶段组织了一系列大战役，给日军以沉重打击，但在战略相持阶段，国民党政府逐步转为消极抗战。

（一）战略防御阶段的正面战场

从 1937 年七七事变到 1938 年 10 月广州、武汉失守，中国抗战处于战略防御阶段。在这一阶段，日本侵略者以国民党军队为主要作战对象。以国民党军队为主体的正面战场，担负了抗击日军战略进攻的主要任务。国民党军队组织了淞沪会战、忻口会战、徐州会战、武汉会战等一系列大的战役，取得了台儿庄大捷。在北平南苑的战斗中，佟麟阁、赵登禹先后阵亡。在淞沪会战中，谢晋元率孤军据守四行仓库，他们被誉为"八百壮士"。

川军战士王建堂，在出川抗战前，收到父亲王者成的一面旗帜，旗的正中写着一个苍劲有力的斗大的"死"字。"死"字的左右两侧分别写着几行小字，鼓励他为民族尽忠。"死字旗"代表了中国军民的抗战精神，是全民族空前的民族义愤和抗战热情的体现。

但是，正面战场除台儿庄大捷外，其他战役几乎均以退却、失败告终。这虽然有日军在军力上占很大优势的客观因素，但是在主观上，则是国民党战略指导方针的失误。

其一，国民党执行的是片面抗战路线。蒋介石集团在决心抗战的同时，却害怕群众的广泛动员可能危及自身的统治，不敢放手发动和武装民众，将希望寄托在政府和正规军

---

① 《毛泽东文集》第二卷，人民出版社 1993 年版，第 140 页。

的抵抗上。片面抗战路线是蒋介石集团代表地主阶级、买办性的大资产阶级的阶级本质的反映。对国民党片面抗战路线的表现，中共陕西省委在给国民党陕西省党部的一封公开信中即作了揭露：

> 青年学生在街上募捐，党部不准；青年学生演救亡戏剧，党部禁止；青年学生到乡下宣传，党部骂他们是"自由行动"；青年学生组织战地服务团，党部不准他们开会；青年学生在街上讲演，党部派便衣队跟在他们后面；几十种救亡前进书籍杂志，党部下令禁止销售；若干存有救亡书籍的青年学生，党部查出加以逮捕；若干教育界的抗日分子，党部授意撤职了！①

其二，在战略战术上，国民党没有采取积极防御的方针，而是进行单纯的阵地防御战。这就使得大多数作战未能给敌人以更大的消耗，并在短时间内丧失了大片国土。

（二）战略相持阶段的正面战场

抗日战争进入战略相持阶段后，日本对国民党政府采取以政治诱降为主、军事打击为辅的方针。国民党在重申坚持持久抗战的同时，其对内对外政策发生重大变化。1939年1月，国民党五届五中全会把对付共产党作为重要议题，确定"防共""限共""溶共"的方针。会后，国民党当局陆续制定和秘密颁发《防制异党活动办法》等一系列反共文件。蒋介石还将"抗战到底"解释为"恢复卢沟桥事变以前的状态"。这标志着国民党政府逐步转变为消极抗战，与共产党始终坚持抗战不动摇形成鲜明对照。国民党抗战态度的变化，决定了它不可能成为全民族抗战的中流砥柱。

国民党政府的这一转变，有深刻的阶级原因。在日本发动侵华战争后，日本帝国主义与中华民族的矛盾上升为最主要矛盾。在全民族抗战初期，中国内部各阶级，除叛国分子外，都能团结起来以民族战争的方式反对日本侵略者。日本的侵略，严重威胁到国民党当局的统治地位和美英等国在华利益，蒋介石集团抗日一度比较积极。然而，进入相持阶段后，一方面日本对国民党政府的策略发生转变，另一方面共产党领导的敌后抗日游击战争迅速发展。蒋介石集团站在地主阶级、买办性的大资产阶级立场上，抗日态度随之发生

---

① 参见《中国共产党陕西省委致国民党陕西省党部一封公开的信》，《解放》周刊1937年第1卷第24期。

变化。

在战略相持阶段，国民党军队进行过几次较大的防御性战役，如昆仑关大捷、枣宜会战、第三次长沙会战等，大体上保住了西南、西北大后方地区。但在这一时期，国民党对抗战在总体上趋向消极，基本实行保守的收缩战略，保存实力，并抽调相当多的兵力用来限制、打击共产党及其领导的八路军、新四军，制造了多次反共磨擦事件，特别是在1941年1月，制造了企图一举消灭新四军的皖南事变。

蒋介石集团抗日态度的变化导致国民党正面战场出现反常局面。在世界反法西斯战争胜利发展、敌后战场开始局部反攻的有利条件下，其军队的战斗力却日益下降。在豫湘桂战役中，国民党军大溃败，丢失了拥有6000多万人口的20多万平方公里的国土。

豫湘桂大溃败，根本原因是国民党统治集团实行片面抗战路线，消极抗日、积极反共。美国记者白修德记录的以下两件事，有利于我们理解这一时期国民党正面战场的表现。

其一，在河南大饥荒中，一位国民党军官告诉他：就算老百姓死了，土地还是中国的。可士兵若饿死了，土地就会被日本人拿走。[①]

其二，在豫湘桂战役期间，白修德了解到：在灾荒之时蹂躏农民的军队，由于多年的怠惰，本身也士气低落、疫病横行。农民等候这个时机已经很久了。他们身受很久的灾荒以及无情的军方勒索之苦。现在他们回过头来，用猎枪、小刀和铁耙武装了自己。他们开始解除个别士兵的武装，后来把整连整连的人缴械。如果华军能支持三个月，那才真的不可思议了。[②]

不能、不敢广泛发动人民，反而欺压人民、无视人民生死，这样的政党如何能受到人民的拥戴？如何能带领人民取得抗日战争的胜利？

豫湘桂大溃败加深了美国政府对蒋介石集团的不满。美国总统罗斯福曾对孔祥熙说道："我正在试图找出中国军队在何处，为什么他们不同日军打仗？看来日军想把他们赶

---

① 参见［美］白修德：《追寻历史：一个记者和他的20世纪》，石雨晴、柯育辰译，中信出版集团2017年版，第178页。
② 参见［美］白修德、贾安娜：《中国的惊雷》，端纳译，新华出版社1988年版，第199页。

到哪里就能把他们赶到那里。"① 更重要的是，豫湘桂大溃败成为大后方人心变动的重要转折点，越来越多的人对国民党统治集团失去信任。

三、如何理解中国共产党是全民族抗战的中流砥柱？

七七事变后，中国共产党实行正确的抗日民族统一战线政策，坚持全面抗战路线，提出和实施持久战的战略总方针和一整套人民战争的战略战术，开辟广大敌后战场和抗日根据地，领导八路军、新四军、东北抗日联军和其他人民抗日武装英勇作战，成为全民族抗战的中流砥柱，直到取得中国人民抗日战争最后胜利。

（一）倡导和维护抗日民族统一战线，推动中国人民比过去十百倍地团结起来

近代以来，中国人民历次反侵略战争失败的重要原因之一是"一盘散沙"。如毛泽东所言："日本敢于欺负我们，主要的原因在于中国民众的无组织状态。克服了这一缺点，就把日本侵略者置于我们数万万站起来了的人民之前，使它像一匹野牛冲入火阵，我们一声唤也要把它吓一大跳，这匹野牛就非烧死不可。"② 因此，"中国制胜日本的主要条件，是全国的团结和各方面较之过去有十百倍的进步"③。在一定意义上说，谁能够使中国人民真正团结起来，谁就是全民族抗战的中流砥柱。

1938 年 3 月 3 日，毛泽东在对陕北公学毕业学员作临别赠言时，提出了"抗战公式"，即"中国的团结＋世界的援助＋日本国内的困难＝中国的胜利"④。中国共产党明确指出，实现"中国的团结"，筑成全民族抗战的血肉长城是第一位的。事实上，在九一八

---

① ［美］巴巴拉·W. 塔奇曼：《逆风沙——史迪威与美国在华经验 1911—1945》，汪溪等译，重庆出版社 1994 年版，第 620 页。
② 《毛泽东选集》第二卷，人民出版社 1991 年版，第 511—512 页。
③ 《毛泽东选集》第二卷，人民出版社 1991 年版，第 510 页。
④ 《毛泽东文集》第二卷，人民出版社 1993 年版，第 109 页。

事变后,中国共产党就率先武装抗日,并发出建立抗日民族统一战线的号召,这与对日妥协退让的国民党形成鲜明对比。七七事变后第二天,中共中央就向全国发出通电,疾呼只有实行全民族抗战才是出路。经过不懈努力,中国共产党最终促成抗日民族统一战线的正式形成。抗日民族统一战线的建立,使得日本帝国主义突然发现它所面对的中国不再是一个四分五裂、一盘散沙的中国,而是一个团结起来的中国,这就注定它灭亡中国的迷梦最终必将破灭。

在阶级矛盾、民族矛盾交织的近代中国,凝聚起全民族力量共同抗战,是一项艰巨的事业,也是付出了极大牺牲的事业。在土地革命战争时期,毛泽东的很多亲友惨遭国民党反动派杀害。例如,1929 年,妹妹毛泽建牺牲;1930 年,夫人兼战友杨开慧牺牲;1935 年,胞弟毛泽覃牺牲。在民族危难之际,为民族大义,毛泽东率领全党,捐弃前嫌,倡导和坚持实行第二次国共合作,团结全民族力量,共同御侮。在红军改编为八路军时,第一二〇师的不少干部、战士对需要穿戴国民党政府发的军装、帽徽想不通。师长贺龙说,"从大革命失败到现在,我已经闯荡了 10 年,跟国民党斗了 10 年。现在国难当头,为了国家与民族的生存,共同对付日本帝国主义,我愿带头穿国民政府发的衣服,戴青天白日帽徽"[①]。带头换军装的贺龙,四妹 1928 年牺牲在桑植,大姐、二姐 1933 年牺牲在洞长湾。红军长征后,在"诛灭贺龙九族,鸡犬不留"的叫嚣声中,贺氏族人有 80 多人被杀害。类似情况,在中国共产党党内还有很多。如果没有把民族利益看作高于一切的爱国情怀,就不可能率先倡导并始终坚持和维护抗日民族统一战线。

在抗日战争中,中国共产党展现了建立和坚持抗日民族统一战线的卓越才能。在全民族抗战初期,党内也曾出现过放弃独立自主原则的右倾错误,并给全党带来了困扰,但中国共产党很快纠正了这一错误倾向,强调在统一战线中必须坚持独立自主原则,目的是保持共产党领导的革命力量已经取得的阵地和发展这些阵地,以动员千百万群众进入抗日民族统一战线,使自己成为团结全民族抗战的中坚力量。这是把抗日战争引向胜利的中心一环。

中国共产党坚持抗战、团结、进步,反对妥协、分裂、倒退。在战略相持阶段,汪精卫集团投降,蒋介石集团多次制造反共磨擦甚至掀起反共高潮。面对中途妥协和内部分裂两大危险,中国共产党一面坚决要求并模范践行抗战到底,一面对国民党当局制造的皖

---

① 李烈主编:《贺龙年谱》,人民出版社 1996 年版,第 237 页。

南事变等倒行逆施，军事上严守自卫、政治上坚决反击，赢得了国内外舆论的同情和支持。中国共产党制定了"发展进步势力，争取中间势力，孤立顽固势力"的抗日民族统一战线策略总方针，始终高举全民族抗战旗帜不动摇。

中国共产党还投入很大精力，着力推进大后方的抗日民主运动和进步文化工作，使之成为全民族抗战的一条重要战线。中国共产党倡导建立并维护最广泛的抗日民族统一战线的胸怀与能力，也使中国共产党在全民族抗战中发挥了中流砥柱的作用。

（二）提出全面抗战路线和持久战方针，给人民以弱胜强的正确指导

能否开展全面的全民族的抗战，是抗日战争胜败的关键，也是决定抗战的胜利能否成为人民的胜利的关键。

在1937年8月的洛川会议上，中国共产党制定了《中国共产党抗日救国十大纲领》，强调要打倒日本帝国主义，关键在于使已经发动的抗战成为全面的全民族抗战。为此，必须实行全国军事的总动员、全国人民的总动员；必须改革政治机构，给人民以充分的抗日民主权利，适当改善工农大众生活等。中国共产党郑重表示："中国共产党及其所领导的民众和武装力量，决本上述纲领，站在抗日的最前线，为保卫祖国流最后一滴血。"[①] 这与国民党实行片面抗战路线形成鲜明对比。中国共产党提出的全面抗战路线，符合并代表全国人民的根本利益，是争取抗战胜利的唯一正确路线。两条不同的抗战路线及其给抗战进程带来的不同影响，是判断国共两党何者为全民族抗战中流砥柱的重要依据。

抗日战争是一场弱国对强国的战争。战争的基本走势究竟怎样？应当坚持什么样的战略方针？这是必须回答的又一个重要问题。能否彻底排除"亡国论""速胜论"的干扰，揭示持久战的内在规律，给全国人民以科学指导，是认定全民族抗战中流砥柱的重要标尺。

1938年5月至6月，毛泽东发表《论持久战》，第一次系统全面地提出了持久抗战总方针。他指出，中日战争是半殖民地半封建的中国和帝国主义的日本之间在20世纪30年代进行的一个决死的战争。[②] 一方面，日本是强国，中国是弱国，强国弱国的对比，

---

① 《毛泽东选集》第二卷，人民出版社1991年版，第357页。
② 参见《毛泽东选集》第二卷，人民出版社1991年版，第447页。

决定了抗日战争只能是持久战。另一方面,日本是小国,发动的是退步的、野蛮的侵略战争,在国际上失道寡助;而中国是大国,进行的是进步的、正义的反侵略战争,在国际上得道多助。中国已经有了代表中华民族和中国人民根本利益的、在政治上成熟的中国共产党及其领导的抗日根据地和人民军队。因此,最后胜利又将是属于中国的。

毛泽东强调,"兵民是胜利之本"①。战胜日本的侵略,必须进行人民战争。毛泽东科学预见了抗日战争的发展进程,即抗日战争将经过战略防御、战略相持、战略反攻三阶段。战略相持阶段是最关键阶段,只要坚持持久抗战、坚持抗日民族统一战线,中国将在这个阶段获得转弱为强的力量。

毛泽东阐明的持久战战略思想,揭示了抗日战争的发展规律和坚持抗战、争取抗战胜利必须实行的战略方针,对全国抗战的战略指导产生了积极影响。与持"亡国论""速胜论"的人相比较,在抗战阵营中,认为抗战将持久进行并且相信中国必胜的人很多,但对持久战的理解却不同,当政的国民党没有给出一个全面、系统、深刻的回答。国民党没有做到的事情,中国共产党做到了。白崇禧对持久战战略深为赞赏,认为这是克敌制胜的最高战略方针。后来他又向蒋介石转述,蒋介石也十分赞成。在他的支持下,白崇禧把《论持久战》的精神归纳为"积小胜为大胜,以空间换时间",并取得周恩来同意,由军事委员会通令全国,作为抗日战争中的战略指导思想。②

《论持久战》成为抗战指导纲领

(三)开辟敌后战场、建立抗日根据地,广泛开展游击战,使日军陷入人民战争的汪洋大海

全民族抗战初期,八路军主要是直接在战役上配合国民党军队作战,取得了平型关大捷等胜利,打破了日军不可战胜的神话,极大鼓舞了中国军民的抗战斗志,与国民党军队一起粉碎了日军速胜的图谋,将日本侵略者拖入长期战争中。

1937年11月太原失陷后,八路军在敌后实施战略展开,发动独立自主的敌后游击战争。新四军挺进长江南北,创建抗日根据地。中国共产党开辟广大的敌后战场,顺应了全

---

① 《毛泽东选集》第二卷,人民出版社1991年版,第509页。
② 参见程思远:《政坛回忆》,广西人民出版社1983年版,第119页。

民族抗战的要求。在中国，农民是民主革命的主力军。进行全民族抗战，首先和主要的，就是要深入敌后，发动和组织广大农民，开展游击战争，这是直插敌人后方、刺向敌人心脏的一把尖刀。

日军第一一〇师团骑兵大队长加岛武曾经回忆道：

"部队最初进驻无极县时，共方工作队、游击队四处潜伏，居民毫不合作，气氛令人可怕。对此，各队首先由所在地开始进行肃正，逐步向四周扩大。但终归抓不住真正的敌人。部队在行动中经常受到来自住房的窗口、墙上、丘陵树林中的突然射击。偶而发现敌人，紧追过去，却无影无踪。以后得知他们挖有地道，地道的入口设在仓库、枯井、小丘的洞穴等处，地道四通八达，甚至有地下集合的场所。"[①]

共产党加强抗日民主根据地建设，使之成为认真贯彻和实现全面抗战路线、坚持抗战和争取胜利的坚强阵地。在根据地民主选举中，创造性地使用"背箱子""投豆子""乍胳膊"等方法，人民破天荒地享受了民主权利，民主政权得到了广泛拥护。1942年公布施行的《陕甘宁边区政府保障人权财权条例》，明确要保障边区人民人权财权，不受非法侵害。抗日根据地教育事业蓬勃开展，开办学校、教农民识字扫盲等工作卓有成效。法国人乔治·武乐文看到"在一切村子里面，年轻的宣传员们，男的和女的，都忙着用民主主义、爱国主义和新理想启蒙与教育群众。他们告诉群众不是像过去那样以家庭为首而应该是国家第一，欲保家必须救国。过去人民对于这种说法是消极的，但是现在，他们已经懂得了"[②]。亿万人民被发动起来，敲响了致敌于死命的丧钟。开辟敌后战场，向着敌人最感危害之点和薄弱之点进攻的战略，有效达到了削弱敌人、钳制敌人、妨碍敌人的目的，创造了使敌人永无宁日、陷入人民战争汪洋大海的历史必然。

有人指责中国共产党"游而不击"，这是不符合历史事实的。中国共产党领导的敌后抗日游击战争抗击了大量日伪军。从日本、美国及国民党有关材料看，"游而不击"的观点是罔顾事实的。

---

① 日本防卫厅战史室编：《华北治安战》上，天津市政协编译组译，天津人民出版社1982年版，第469页。

② 尹均生主编：《中外名记者眼中的延安解放区》，华中师范大学出版社1995年版，第192页。

材料1：日军华北方面军司令部1943年度综合战果报道：

"敌大半为中共军，与蒋军相反，在本年交战一万五千次中，和中共的作战占七成五。在交战的二百万敌军中，半数以上也都是中共军。在我方所收容的十九万九千具敌遗尸中，中共军也占半数。但与此相比较，在我所收容的七万四千俘虏中，中共军所占的比率则只占一成五。这一方面暴露了重庆军的劣弱性，同时也说明了中共军交战意识的昂扬。……因此，华北皇军今后的任务是更增加其重要性了。只有对于为华北致命伤的中共军的绝灭作战，才是华北皇军今后的重要使命。"①

毋庸置疑，日军将中国共产党的军队视为"华北致命伤"的判断，充分说明了共产党领导的敌后战场的地位和作用。

材料2：美国记者哈里森·福尔曼曾经近距离目睹了晋绥军区第八分区的一场战斗，深受鼓舞：

"过去有人告诉我们：八路军不打仗，现在我们亲眼看见了八路军是作战的；过去有人同我们讲八路军没有伤兵，现在我们看到了八路军是有伤兵的；过去有人给我们讲八路军没有捉住俘虏，现在我们看到了八路军捉住了俘虏；在过去有人给我们讲这地方人民害怕并恨八路军，现在我们看到了人民是爱护八路军、拥护八路军的。"②

国民党军队在华北也有游击队，日军还常常将国共两党的游击战加以对比。1938年，日军得出结论：国民党的游击队，"同共产党员领导的受过政治训练的游击队相比，战斗力相差很大，而且其下级队员大多数倾向共产党"③。

上述材料证明了"游而不击"论的荒谬，这不过是在重复当年国民党当局为了矮化共产党、为其搞反共磨擦制造的借口而已。时任国民党军令部部长的徐永昌在日记中写道："全国对抗战心口如一，第八路军的人第一……其余类多口是心非。"④中国共产党领导的敌

---

① 《朱德选集》，人民出版社1983年版，第148—149页。
② ［美］哈里森·福尔曼：《北行漫记》，陶岱译，新华出版社1988年版，第274页。
③ 日本防卫厅战史室编：《华北治安战》上，天津市政协编译组译，天津人民出版社1982年版，第106页。
④ 《徐永昌日记》第四册，"中央研究院"近代史研究所1991年版，第212页。

后抗日武装逐渐成为对日作战的主要力量，成为中国坚持持久战的台柱子，争取胜利的主力军。

（四）以牺牲精神和模范行动鼓舞民众抗战到底，锻造夺取战争胜利的民族先锋

中国共产党人始终站在号召、带领和团结全民族抗战的第一线，成为坚持抗日民族统一战线、坚持抗战到底、推进抗日民主运动等各项工作的模范。特别是在战场上，中国共产党人不怕牺牲、浴血奋战，涌现出无数可歌可泣的民族英雄，如杨靖宇、赵尚志、左权、彭雪枫等抗日将领，以及八路军"狼牙山五壮士"、新四军"刘老庄连"、东北抗联八位女战士等英雄群体。他们的伟大英雄气概和崇高民族气节，鼓舞了全国军民，连敌人也为之震惊。中国共产党不愧为夺取抗日战争胜利的民族先锋。

但是，有人却以在200多名殉国将领中，多数都是国民党人，只有少数是共产党人为借口，来否认中国共产党的中流砥柱作用。

那么，事实究竟如何？其一，国民党军队与共产党领导的人民军队人数对比悬殊，且后者没有军衔体系。国民党军队人数远多于共产党领导的人民军队，且有完整的军衔体系。实际上，部分国民党将领是在牺牲后被追授军衔的。共产党领导的人民军队并无军衔体系，少数有军衔的将领，是全民族抗战初期由国民党授予的。其二，国民党军队爱国官兵英勇抗战、付出巨大牺牲，为抗战胜利作出了贡献，但在片面抗战路线指导下，巨大的牺牲并没有换来应有战果。其三，国民党军队牺牲了很多将领是事实，但投敌数量多亦是事实。截至1943年，国民党文武官员及作战部队投降日军者，有中央委员20人，旅长以上将领58人；投日军队达50万人，可谓"降官如毛，降将如潮"①。

在抗日战争中，八路军、新四军和华南抗日游击队对敌作战12.5万余次，歼灭日、伪军171.4万余人（其中日军52.7万余人），缴获长短枪68万余支、轻重机枪1.1万多挺、各种火炮1800余门，敌后战场逐渐成为中国人民抗日战争的主战场。东北抗日联军等部独立奋战14年，歼灭日、伪军20余万人，推动了全国抗日救亡运动，有力地支持和

---

① 《两年来国民党五十八个叛国将领概观》，《解放日报》1943年8月13日。

配合了关内抗战。①在共产党员的影响和带动下，广大人民群众前仆后继，投身伟大的民族解放事业的洪流，成为抵御日本军国主义侵略、夺取抗战胜利的决定性力量。到抗战结束时，人民军队发展到约 132 万人，民兵发展到 260 余万人；中国共产党领导的抗日民主根据地即解放区已有 19 块，面积近 100 万平方公里，人口近 1 亿。②更为重要的是这些解放区地处当时全国重要的战略区，日军在华北、华中和华南占领的大部分城镇、交通要道都处在共产党领导的敌后军民包围中，而这时国民党军队则主要集中在西南、西北地区。中国共产党领导的军队和解放区成为对日反攻的主要力量和争取抗战胜利的强大基地。

（五）中国人民的评判和选择

全民族抗战之初，国民党因其抗战表现比较积极而声望高涨，但在进入相持阶段后，国民党的声望随着其抗日态度的日渐消极而不断下滑，豫湘桂大溃败后更是一落千丈。

与之形成对比的是，中国共产党在人们心目中的地位节节上升。在全民族抗战前，由于地处偏远，再加上国民党的新闻封锁、丑化报道，不少人对共产党产生了误解。共产党人通过自己的努力，在抗战中赢得了人民的理解与支持。白修德的一段记录，颇有说服力：

"我骑马与国民党某游击队副队长及他的下属骑兵同行，进村后，副队长下令小队下马休息，并找到当地所剩无几的农民给马匹要些吃食和水。他说（当时我能听懂的中文口语很有限），'我们是八路军'，这句话就是说，我们是共产党的游击队。我问他为什么这样说，我们明明是国民党的队伍。他厉声打断了我：'闭嘴！如果我们说自己是国民党的游击队，他们就不会给我们的马匹提供食物和水了。'"③

---

① 参见中共中央党史和文献研究院：《中国共产党的一百年（新民主主义革命时期）》，中共党史出版社 2022 年版，第 261 页。
② 参见中共中央党史和文献研究院：《中国共产党的一百年（新民主主义革命时期）》，中共党史出版社 2022 年版，第 261 页。
③ ［美］白修德：《追寻历史：一个记者和他的 20 世纪》，石雨晴、柯育辰译，中信出版集团 2017 年版，第 113 页。

对于这件事，白修德起初并不在意，但"事后倒总想起来，且萦绕心头，久久不散"①。因为这表明了人民对国共两党截然不同的态度，而隐身其后的，则是国共两党不同的抗战表现。人民在实践中认识到，共产党是代表民族利益、积极抗战的中坚力量。中国共产党的影响从局部走向全国甚至世界。时任中国战区参谋长的史迪威曾说，"我根据我的所见来评判国民党与共产党"，国民党"腐败，玩忽职守，混乱"，"欺骗，黑市，与敌人做交易"；共产党"减税，减租，减息"，提高生产和生活水平，参加管理，实践诺言。②人们逐渐开始把民族的希望寄托于共产党身上。周恩来后来回顾道："一九四四年，不仅小资产阶级，连民族资产阶级也靠拢了我们。"③著名侨领陈嘉庚，曾是坚决的"拥蒋派"，在参观延安后，他断定："中国的希望在延安。"④在全民族抗战中，民心的砝码不断加在中国共产党一方，胜利的天平已经开始倾斜。

抗战时期的延安

需要明确的是，中国共产党之所以能够发挥中流砥柱作用，是因为党在这场事关民族独立和人民解放的斗争中不断加强自身建设。在内忧外患中诞生和成长起来的中国共产党，自成立之日起就把实现中华民族伟大复兴作为自己的历史使命，捍卫民族独立最坚定，维护民族利益最坚决，反抗外来侵略最勇敢。中国共产党在全民族抗战中不断成长，逐步成为政治上成熟、思想上统一、组织上团结、作风上民主的全国性马克思主义政党。在中国共产党领导下，人民军队建设得到极大加强，抗日民主根据地的政治、经济、文化、社会、科学技术等方面的建设也都取得很大进展。中国共产党与人民群众结成血肉联系，人民群众更加信任党、拥护党。

---

① [美]白修德：《追寻历史：一个记者和他的20世纪》，石雨晴、柯育辰译，中信出版集团2017年版，第113页。
② 参见[美]约瑟夫·W.史迪威：《史迪威日记》，黄加林等译，世界知识出版社1992年版，第275—276页。
③ 《周恩来传（1898—1976）》上，中央文献出版社2008年版，第643页。
④ 《华侨领袖陈嘉庚》，中央文献出版社2001年版，第16页。

四、如何理解中国人民抗日战争在世界反法西斯战争中的地位和作用？

受"西方中心主义"等影响，中国人民抗日战争对世界反法西斯战争的贡献没有得到完全公正的评价。正如英国学者拉纳·米特所说的，很多人"还没意识到中国在'二战'中所发挥的作用：即使知道中国参战的人也往往将其视为次要战场。这些人普遍认为中国在战争中所扮演的角色微不足道"①。事实上，伟大的中国人民抗日战争，开辟了世界反法西斯战争的东方主战场，为争取世界和平的伟大事业作出了彪炳史册的贡献。

（一）中国人民反法西斯战争开始最早、持续时间最长，不断挫败日本法西斯的侵华战略企图

中国人民打响了世界反法西斯战争的第一枪。发动侵华战争是日本乃至法西斯集团称霸世界图谋的一个组成部分。在法西斯肆虐、英美等国奉行绥靖主义的情况下，1931年，中国奋起抗战。美国总统罗斯福曾评论道，"中国人民在这次战争中是首先站起来同侵略者战斗的"②。直到1939年9月第二次世界大战在欧洲爆发前，中国人民一直孤军奋战。中华民族坚持抗战14年不动摇，抗战时间为世界最长。与之形成鲜明对照的是，拥有强大陆军的法国，有号称固若金汤的"马其诺防线"，却不足六个星期即战败。

七七事变后，中国的全民族抗战开辟了世界第一个大规模反法西斯战场。中华儿女同仇敌忾，正面战场和敌后战场相互支持，日军深陷人民战争的汪洋大海。这不仅使日本迅速灭亡中国的战略企图破产，还通过相持阶段大量消耗、拖住日军力量，使其"长期战"战略也遭失败。从九一八事变到日本投降，日军出国作战共伤病战死287.4万人。其中，89万余人死于太平洋战争，多达198.4万人死在中国战场。③在中国战场的巨大消耗，还拖

---

① ［英］拉纳·米特：《中国，被遗忘的盟友：西方人眼中的抗日战争全史》，蒋永强等译，新世界出版社2014年版，第15页。
② ［美］富兰克林·德·罗斯福：《罗斯福选集》，关在汉编译，商务印书馆1982年版，第361页。
③ 参见刘大年：《抗日战争时代》，中央文献出版社1996年版，第5页。

垮了日本经济。日本历史学家井上清认为："日本在第二次世界大战中不仅败于美国，而且更惨地败给了中国。正确地说，败给了中国人民。"①

（二）中国人民抗日战争有力牵制日本法西斯的全球战略步伐，铸成世界反法西斯战争胜利的坚固支撑

在事关人类前途命运的殊死搏斗中，中国的抗战是世界反法西斯战争的关键环节。日本是小国，中国是大国，日本的兵力有限是其"死穴"。中国军民用落后的武器、巨大的牺牲与忍耐长期牵制日本陆军主力，紧紧按住了日本这一"死穴"，使德、意、日法西斯不能在侵略扩张上"密切合作"，并促成了世界反法西斯力量的团结与联合，"在全世界反法西斯阵线中尽了它的伟大责任"②。

中国远征军雕塑群

中国的持久抗战成为影响日军战略决策的首要因素，不仅遏制了日本北进，还延迟了其南进。在第二次世界大战全面爆发后，英法分身乏术，日本的北进和南进均迎来了良机，但由于深陷中国战场，日本不得不采取"不介入"政策。苏德战争爆发后，苏联十分担忧日本乘机从东线夹击。面对北进良机和德国的强烈要求，日本只能叹息因大部分兵力陷于中国战场，北进有心无力。这样，苏联才能把驻守西伯利亚的军队调往西线。中国的抗战使苏联得以集中兵力对付德国，避免东西两面作战。中国的抗战推迟了日本发动太平洋战争的时间，并使之在发动和进行战争时，由于大部分兵力被拖在中国，兵力不足，不能全力南进，从而减轻了美英军队受到的压力。1941年12月，日本有35个师团在华作战，而发动太平洋战争只投入了10个师团。

中国积极支持盟军作战，保证了反法西斯同盟"先欧后亚"战略的顺利实施，为同盟国军队实施战略反攻创造了有利条件。太平洋战争爆发后，为协调反法西斯力量的全球

---

① ［日］井上清：《日本军国主义》第三册，马黎明译，商务印书馆1985年版，第280页。
② 《毛泽东选集》第二卷，人民出版社1991年版，第375页。

第六章　中华民族的抗日战争

作战，盟国确定"先欧后亚"的战略方针，"保持中国在战争中"成为该战略顺利实施的关键。美国总统罗斯福说："假如没有中国，假如中国被打坍了，你想一想有多少师团的日本兵可以因此调到其他方面来作战？"① 苏联元帅崔可夫说："甚至在我们最艰苦的战争年代里日本也没有进攻苏联，却把中国淹没在血泊中。稍微尊重客观事实的人都不能不考虑到这一明显而又无可争辩的事实。"②

中国不仅没有沦为日本所幻想的"大后方"，反而成为亚洲太平洋地区盟军对日作战的重要后方基地，并为盟国提供大量战略物资和军事情报。例如，自发动侵略战争以来，日本人一直认为没有任何外国军队能侵犯到其本土。1942年4月18日，美军杜立特中校率领16架B-25轰炸机从"大黄蜂"号航母起飞，在东京等地投下炸弹。此役虽规模不大，但严重打击了日本人的信心。这些轰炸机就降落在浙江的空军基地。拉纳·米特指出，太平洋战争爆发后四年间，"盟军在欧洲与亚洲两个战场同时作战，均获得胜利，其中中国的持久抗战功不可没"③。

中国大力倡导、推动建立国际反法西斯同盟。1935年，中国共产党在八一宣言中就提出建立抗日民族统一战线的主张。1942年1月，中国等26国共同签署《联合国家宣言》，国际反法西斯同盟的形成从根本上改变了反法西斯阵营与法西斯阵营的力量对比。1945年，中、美、英、苏四国发起召开了联合国家国际组织会议，讨论制定《联合国宪章》。同年10月24日，联合国宣告正式成立，中国成为创始国之一，并担任联合国安理会常任理事国。中国的努力，为彻底打败法西斯、建立战后世界新秩序发挥了重大作用。

---

① ［美］伊利奥·罗斯福：《罗斯福见闻秘录》，李嘉译，新群出版社1949年版，第49页。
② ［苏］瓦·伊·崔可夫：《在华使命——一个军事顾问的笔记》，万成才译、陈启民校，新华出版社1980年版，第38页。
③ ［英］拉纳·米特：《中国，被遗忘的盟友：西方人眼中的抗日战争全史》，蒋永强等译，新世界出版社2014年版，第13页。

一、"学习思考"解答思路

1. 为什么说中国的抗日战争是神圣的民族解放战争?

（1）中国人民抗日战争是近代以来中国人民争取民族独立、自身解放历史上可歌可泣的一页。抗日战争的胜利是中华民族从近代以来陷入深重危机走向伟大复兴的历史转折点。

（2）使中华民族的觉醒和团结达到前所未有的高度。

（3）开辟了世界反法西斯战争的东方主战场，为挽救民族危亡，实现民族独立和人民解放，争取世界和平的伟大事业，作出了彪炳史册的贡献。

2. 为什么说中国共产党是全民族抗战的中流砥柱?

中国共产党实行正确的抗日民族统一战线政策，坚持全面抗战路线，提出和实施持久战的战略总方针和一整套人民战争的战略战术，开辟广大敌后战场和抗日根据地，领导八路军、新四军、东北抗日联军和其他人民抗日武装英勇作战，成为全民族抗战的中流砥柱，直到取得中国人民抗日战争最后胜利。

3. 怎样评价国民党政府在抗日战争中执行的路线和正面战场的地位与作用?

（1）全民族抗战开始后，国民党政府实行片面抗战路线，不敢放手发动和武装民众，将希望单纯寄托在政府和正规军的抵抗上。

（2）片面抗战路线是蒋介石集团所代表的地主阶级、买办性的大资产阶级阶级本质的反映。

（3）在战略防御阶段，国民党指挥的正面战场，担负抗击日军战略进攻的主要任务，组织一系列大战役，但片面抗战路线使得大多数作战未能给敌人以更大的消耗，并在短时间内丧失大片国土。

（4）在战略相持阶段，国民党政府对抗战的态度在总体上逐渐趋向消极，敌后战场逐渐代替正面战场成为中国抗日战争的主战场。

4. 如何理解中国人民抗日战争对实现中华民族伟大复兴的意义?

（1）彻底粉碎了日本军国主义殖民奴役中国的图谋，有力捍卫了国家主权和领土完整，彻底洗刷了近代以来抗击外来侵略屡战屡败的民族耻辱。

（2）促进了中华民族的大团结，形成伟大的抗战精神。

（3）对世界各国夺取反法西斯战争的胜利、维护世界和平产生巨大影响，中国国际地位显著提高，中华民族赢得崇高的民族声誉。

（4）坚定了中国人民追求民族独立、自由、解放的意志，为中国共产党团结带领全国人民继续奋斗，赢得新民主主义革命胜利，奠定了重要基础。

二、延伸阅读

1. 毛泽东：《论持久战》，《毛泽东选集》第二卷，人民出版社1991年版。

2. 毛泽东：《论联合政府》，《毛泽东选集》第三卷，人民出版社1991年版。

3. 习近平：《在纪念中国人民抗日战争暨世界反法西斯战争胜利69周年座谈会上的讲话》，人民出版社2014年版。

4.《习近平在纪念中国人民抗日战争暨世界反法西斯战争胜利70周年系列活动上的讲话》，人民出版社2015年版。

5. 习近平：《在纪念中国人民抗日战争暨世界反法西斯战争胜利75周年座谈会上的讲话》，人民出版社2020年版。

三、音视频资料

1.《为了胜利》，中央新闻纪录电影制片厂、山东电影制片厂出品，2005年播出。

2.《东方主战场》第1—8集，中央电视台、中国人民解放军军事科学院联合摄制，江苏省广播电视总台、陕西广播电视台协助摄制，2015年播出。

3.《抗战回眸：1931—1945》上、下集，五洲传播中心出品，2015年播出。

4.《从胜利走向胜利》第3集《抗日中坚》，中共中央宣传部、国家新闻出版广电总局、中央军委政治工作部联合出品，2017年播出。

5.《敢教日月换新天》第 4 集《中流砥柱》，中共中央宣传部、中共中央党史和文献研究院、国家发展和改革委员会、国家广播电视总局、中国社会科学院、中央广播电视总台、中央档案馆、中央军委政治工作部联合摄制，2021 年播出。

第七章 为建立新中国而奋斗

第七章　为建立新中国而奋斗

经典论述

人民军队始终和人民同呼吸、共命运、心连心，完全彻底为人民奋斗，哪里有敌人，哪里有危难，哪里就有人民子弟兵。谁把人民放在心上，人民就把谁放在心上。"最后一碗米送去做军粮，最后一尺布送去做军装，最后一件老棉袄盖在担架上，最后一个亲骨肉送去上战场"。这首战争年代广为传唱的民谣，就是军民团结如一人的生动体现。

——习近平在庆祝中国人民解放军建军90周年大会上的讲话（2017年8月1日）

为了实现中华民族伟大复兴，中国共产党团结带领中国人民，浴血奋战、百折不挠，创造了新民主主义革命的伟大成就。我们经过北伐战争、土地革命战争、抗日战争、解放战争，以武装的革命反对武装的反革命，推翻帝国主义、封建主义、官僚资本主义三座大山，建立了人民当家作主的中华人民共和国，实现了民族独立、人民解放。

——习近平在庆祝中国共产党成立100周年大会上的讲话（2021年7月1日）

解放战争时期，面对国民党反动派悍然发动的全面内战，党领导广大军民逐步由积极防御转向战略进攻，打赢辽沈、淮海、平津三大战役和渡江战役，向中南、西北、西南胜利进军，消灭国民党反动派八百万军队，推翻国民党反动政府，推翻帝国主义、封建主义、官僚资本主义三座大山。党领导的人民军队在人民支持下，以一往无前的英雄气概同穷凶极恶的敌人进行殊死斗争，为夺取新民主主义革命胜利建立了历史功勋。

——《中共中央关于党的百年奋斗重大成就和历史经验的决议》（2021年11月11日）

1949年9月21日至30日，中国人民政治协商会议第一届全体会议召开。会议代表全国各族人民意志，代行全国人民代表大会职权，通过了具有临时宪法性质的《中国人民政治协商会议共同纲领》和《中国人民政治协商会议组织法》《中华人民共和国中央人民政府组织法》，作出关于中华人民共和国国都、国旗、国歌、纪年4个重要决议，选举中国人民政治协商会议全国委员会和中华人民共和国中央人民政府委员会，宣告中华人民共和国的成立。

——习近平在庆祝中国人民政治协商会议成立65周年大会上的讲话（2014年9月21日）

1949年9月，在中国人民争取民族独立和人民解放运动取得历史性伟大胜利之际，中国人民政治协商会议第一届全体会议召开，开启了中国共产党领导各党派团体和各族各界人士协商建国、共创伟业的新纪元，标志着中国共产党领导的多党合作和政治协商制度正式确立。

——习近平在庆祝中国人民政治协商会议成立75周年大会上的讲话（2024年9月20日）

经过二十八年浴血奋斗，党领导人民，在各民主党派和无党派民主人士积极合作下，于一九四九年十月一日宣告成立中华人民共和国，实现民族独立、人民解放，彻底结束了旧中国半殖民地半封建社会的历史，彻底结束了极少数剥削者统治广大劳动人民的历史，彻底结束了旧中国一盘散沙的局面，彻底废除了列强强加给中国的不平等条约和帝国主义在中国的一切特权，实现了中国从几千年封建专制政治向人民民主的伟大飞跃，也极大改变了世界政治格局，鼓舞了全世界被压迫民族和被压迫人民争取解放的斗争。

——《中共中央关于党的百年奋斗重大成就和历史经验的决议》（2021年11月11日）

实践充分说明，历史和人民选择了中国共产党，没有中国共产党领导，民族独立、人民解放是不可能实现的。

——《中共中央关于党的百年奋斗重大成就和历史经验的决议》（2021年11月11日）

第七章 为建立新中国而奋斗

思维导图

为建立新中国而奋斗
- 从争取和平民主到击退国民党的军事进攻
  - 中国共产党争取和平民主的斗争
  - 国民党发动全面内战和解放区军民的坚决反击
- 全国解放战争的发展和第二条战线的形成
  - 解放战争的胜利发展
  - 解放区的土地改革运动与农民的广泛发动
  - 第二条战线的形成和发展
- 中国共产党与民主党派的团结合作
  - 各民主党派的历史发展
  - 中国共产党与民主党派的合作
  - 中国共产党领导的多党合作和政治协商格局的形成
- 建立人民民主专政的新中国
  - 南京国民党政权的覆灭
  - 人民政协与《共同纲领》
  - 中国革命胜利的原因、意义和基本经验

教学目的

认识抗日战争胜利后的中国向何处去这一问题的重要性；了解国民党政权的统治迅速走向崩溃的根本原因；理解"第三条道路"幻想破灭的原因；掌握新民主主义革命胜利的原因、意义和基本经验；认识"没有共产党就没有新中国"是中国人民基于自己的切身体验所确认的客观真理。

教学思路

1. 分析抗日战争胜利后的国际国内形势，引导学生认识"抗日战争胜利后的中国向何处去"成为中国共产党和中国人民必须作出选择的重大命题。

2. 分析国民党政权迅速走向崩溃的根本原因，引导学生理解中华人民共和国的建立和中国共产党在全国范围执政地位的确立是历史和人民的选择。

3. 分析"第三条道路"幻想破灭的原因，引导学生从中认识中国共产党领导的多党合作和政治协商制度得以建立的历史积淀。

4. 简要回顾中国革命的历史进程，重点讲授解放战争胜利的原因，引导学生认识新民主主义革命胜利的原因、意义和基本经验。

5. 组织学生研读中国共产党在这一时期的重要文献，观看相关文献纪录片和优秀影视片，到相关场馆实地参观学习，或到相关虚拟纪念场馆浏览学习，在此基础上撰写心得体会、进行课堂交流，以巩固和拓展对本章教学内容的学习。

重难点解析

一、抗日战争胜利后的中国向何处去？

抗日战争胜利后，从国际形势看，美国政府继续采取扶蒋反共政策成为中国革命的严重障碍，而世界人民民主力量的壮大为中国革命提供了外部支撑；从国内形势看，中国共产党从广大人民群众的迫切愿望出发，在清醒认识蒋介石发动内战的准备日益凸显的同时，力争和平民主，与此同时，中间势力兴起。

（一）抗战胜利后的国际形势

抗战胜利后的国际形势，主要有以下几点。

第一，美国政府继续采取扶蒋反共政策成为中国革命的严重障碍。控制中国，是第二次世界大战后美国全球战略的重要组成部分。美国在中国追求的长期目标是推动建立一个亲美政权，短期目标是阻止共产党完全控制中国。为此，美国政府采取了扶蒋反共政策，主要从以下几方面着手。

帮助国民党垄断对日军的受降权，阻止中国共产党领导的人民军队接受日军投降。日本投降时，国民党当局控制的范围主要在西南、西北后方，长江以北则是其鞭长莫及的地区。而日军所控制的城市的沿线和周边，已被中国共产党领导的抗日武装所掌握，并且这些抗日武装已开始反攻。没有美国的帮助，国民党是无法迅速恢复对日军占领区的控制的。

帮助国民党运兵，占夺地盘。在日本投降之初，美国即为蒋介石集团空运军队到华东与华北，包括北平、上海、南京这些重要城市，并在以后数月间，供给水上交通工具，直到共有四五十万军队运到新阵地后才停止供给；有五万美国海军陆战队帮助国民党军队在华北登陆，占领北平、天津等地的煤矿以及该地区的重要铁道。①

美国军队在华北直接登陆，帮助国民党抢占战略要地。有的美军向冀热辽解放区推进，部分美军多次在华北与人民军队发生武装冲突。美国海军航空队还进驻青岛。抗战结束后，驻华美军总人数达到高峰。②

此外，美国还给予国民党大量的军事和经济援助，帮助国民党装备和扩建海、陆、

---

① 参见中国人民解放军历史资料丛书编审委员会：《解放战争时期过渡阶段军事斗争·回忆史料 表册 参考资料》，解放军出版社2000年版，第924页。
② 参见沙健孙主编：《中国共产党与新中国的创建（1945—1949）》上，中央文献出版社2009年版，第9—10页。

空军，派出军事顾问团帮助国民党训练军队和进行军事策划。

美国还幻想同苏联达成妥协，换取苏联对国民党政府的支持。美国当局认为，取得了苏联支持蒋介石统一中国的保证，就可以从根本上迫使中国共产党交出军队和政权。但是，正如毛泽东所指出的："美、英、法同苏联之间的这种妥协，只能是全世界一切民主力量向美、英、法反动力量作了坚决的和有效的斗争的结果。这种妥协，并不要求资本主义世界各国人民随之实行国内的妥协。各国人民仍将按照不同情况进行不同斗争。"[①]

上述情况表明，抗战胜利后中国共产党和中国人民面临的主要任务虽然是进行国内斗争，但是这个斗争既然是反对受美国支持的蒋介石统治集团的斗争，就同时具有反对帝国主义的性质，具有联合一切力量进行民族解放事业的可能性和现实性。

第二，第二次世界大战后世界人民民主力量的壮大为中国革命提供了外部支撑。美国政府支持国民党政府实行反共政策，从表面看，中国反动势力大为加强，中国革命面临严重阻碍，但从实质看，这时的中国人民已不是孤军奋战，而是得到世界人民民主力量日益广泛的同情和声援。第二次世界大战的胜利，给全世界工人阶级和被压迫民族的解放事业开辟了更加广大的可能性和更加现实的道路，为中国革命的发展提供了有力的外部支撑。这主要是指：

亚非拉人民反帝力量的空前增强和思想觉悟及组织程度的空前提高。第二次世界大战爆发后，面对全人类的共同敌人，亚非拉人民特别是中国人民积极参加了反法西斯斗争，为反法西斯战争的最后胜利作出了不可磨灭的贡献。在战争中，亚非拉的民族资本主义普遍获得了发展，民族资产阶级和无产阶级的队伍不断壮大，共产党的力量在若干地区也有了不同程度的加强。与此同时，战争使殖民地和半殖民地的大量人口脱离了封闭的生活方式，改变了保守的思想传统，并使他们进一步看到了殖民主义虚弱的本质以及自身蕴藏的巨大力量。此外，许多地区的人民在战争中直接拿起武器走上了抗击法西斯的前线，从而获得了开展武装斗争的宝贵经验，这一切使得亚非拉人民从思想上到组织上，为进一步开展反对殖民主义的民族解放运动作好了准备。

殖民主义势力严重削弱。德、意、日法西斯国家在第二次世界大战前构成了国际殖民主义势力的一个重要部分。对它们来说，第二次世界大战也是一场征服和夺取亚非拉地区的殖民战争。因此，德、意、日三个法西斯国家在战争中最后的失败，不仅意味着全世

---

① 《毛泽东选集》第四卷，人民出版社1991年版，第1185页。

界人民对法西斯主义的胜利，也是殖民地、半殖民地人民对帝国主义和殖民主义的胜利。作为战胜国的英法等老牌殖民主义国家，其经济力量和军事力量在战争中也遭到严重削弱，对殖民地和半殖民地的控制减弱。

战后初期，亚非拉人民争取和维护民族独立的斗争蓬勃兴起并迅猛发展，世界范围内的民族解放运动出现了空前高涨的大好形势。不仅范围比战前更广，规模比战前更大，而且发展水平比战前更高，取得的成果比战前更多。特别引人注目的是，一批亚洲的殖民地、半殖民地国家经过斗争，先后获得了独立。与此同时，非洲人民的反帝反殖斗争风起云涌，拉美各国的民族民主运动也渐趋活跃。

总之，战后初期亚非拉人民的反帝反殖斗争尽管具体条件各不相同，发展情况也不平衡，但是与战前相比，已经出现了新的局面，进入了一个新的阶段。民族解放运动已成为不可抗拒的历史洪流，猛烈地冲击着帝国主义的殖民体系，促使殖民体系开始趋向瓦解，日益改变着亚非拉地区乃至整个世界的面貌，给战后国际关系格局的演变带来极为深刻的影响。正如毛泽东在党的七大上所指出的："两次世界大战是两个完全不同的时代。"① 反法西斯战争的胜利，给各国民主势力的向前发展开辟了道路。"这个民主势力向前发展的规模，比起第一次世界大战以后民主势力向前发展的规模来，大得不可比拟。……民主势力必然能够战胜反民主势力，取得自己的胜利，取得巩固与持久的国际和平。"② 后来，毛泽东进一步指出："如果说，十月革命给全世界工人阶级和被压迫民族的解放事业开辟了广大的可能性和现实的道路，那末，反法西斯的第二次世界大战的胜利，就是给全世界工人阶级和被压迫民族的解放事业开辟了更加广大的可能性和更加现实的道路。"③

（二）抗战胜利后的国内形势

抗战胜利后的国内形势，主要有以下几点。

第一，蒋介石发动内战的准备日益凸显。伴随着抗日战争的胜利，和平、民主成为

---

① 《毛泽东选集》第三卷，人民出版社1991年版，第1031页。
② 《建党以来重要文献选编（一九二一——一九四九）》第二十四册，中央文献出版社2011年版，第8页。
③ 《毛泽东选集》第四卷，人民出版社1991年版，第1357—1358页。

民众共同的心声。然而，国民党统治集团逆时代潮流而动，为维护一党专政的统治，顽固坚持反共方针，且受到美国政府的支持，内战危机重重。1945年8月10日晚，蒋介石得知日本即将投降，随即电令各战区："警告辖区以内敌军，不得向我已指定之军事长官以外任何人投降缴械。"① 次日，他命令第十八集团军原地驻防待命。这一举动暴露出国民党统治集团压制、打击中国共产党的真实意图。8月17日，远东盟军最高统帅麦克阿瑟签署第一号命令，确认并授权蒋介石为除东北外中国境内、北纬16度以北法属印度支那境内受降代表，声明"日军只能向各该司令官或其代表投降"②。1945年9月至1946年6月，美国以军用飞机和军舰，将国民党军队14个军共41个师、8个交通警察总队共54万多人，运送到华北、华东、东北、华南各地。此外，美国海军陆战队9万多人在上海、青岛、天津、北平、秦皇岛等地登陆，协助国民党军队控制这些战略要地。③

在美国的支持下，1945年重庆谈判期间，蒋介石密令各战区印发《剿匪手本》。从8月中旬开始，国民党军队开始沿平绥、同蒲、平汉、津浦等铁路由西向东、由南向北进逼华北。"双十协定"墨迹未干，蒋介石又发布进攻解放区的密令，企图完全占领长江以南地区，着重夺取华北战略要地和交通线，占领东北。

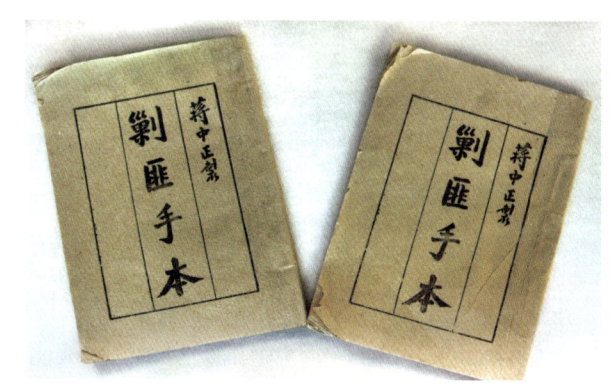

《剿匪手本》

1946年1月至2月，政治协商会议召开期间和闭幕之初，国民党制造了沧白堂事件和较场口事件，企图破坏政协会议和政协协议。当时，社会舆论都对国家大乱表示担忧。同年3月，国民党六届二中全会在重庆举行，蒋介石在会上明确"就其荦荦大端，妥筹补

---

① 中国第二历史档案馆编：《中华民国史档案资料汇编》第五辑第三编军事（一），江苏古籍出版社1999年版，第716页。
② ［英］F. C. 琼斯、休·博顿、B. R. 皮尔恩：《1942—1946年的远东》下册，复旦大学外文系英语教研组译，上海译文出版社1979年版，第742页。
③ 参见中共中央党史和文献研究院：《中国共产党的一百年（新民主主义革命时期）》，中共党史出版社2022年版，第275页。

救"①。这表明,代表大地主、大资产阶级利益的国民党政权,既不能容忍又经受不住任何的民主改革。4月1日,蒋介石在国民参政会上发表演说称,"政治协商会议在本质上不是制宪会议,政治协商会议关于政府组织的协议案,在本质上更不能够代替约法。……如政治协商会议果真成为这样一个性质的会议,我们政府与全国人民是决不能承认的"②,从而公开否定了政协协议的合法性。

第二,中国共产党在清醒认识内战危险严重存在和做好自卫反击的同时,力争和平民主。由于国民党坚持反共方针,且受到美国政府的支持,内战危机重重,引发广大民众的深切担忧。中国共产党深知人民的愿望,深知抗日战争胜利后,中国最广大的人民群众迫切需要休养生息,需要有一个和平的环境。对此,1945年9月27日,毛泽东在对英国路透社驻重庆记者甘贝尔书面提出问题的回答中写道:"目前中国只需要和平建国一项方针,不需要其他方针,因此中国内战必须坚决避免。"③从顺应人民呼声、维护和平与民主大局出发,中国共产党虽然清楚地认识到与美、蒋的关系是一个长期的麻烦,内战危险随着日本战败而增加,但依然明确提出"和平、民主、团结"的方针,坚决反对内战。毛泽东指出:"中国今天只有一条路,就是和,和为贵,其他的一切打算都是错的。……在和平、民主、团结的基础上实现统一,这个方针,符合于全国人民的要求,也符合全世界人士与同盟国政府的要求。和平与合作应该是长期的。大家一条心,不作别的打算,作长期合作的计划。"④为揭穿"中国反动派的内战阴谋",毛泽东不顾个人安危,亲赴重庆与国民党当局进行谈判。

毛泽东此举在社会上激起了巨大反响,令中国民众感到"在阴暗的天空中忽然放出来一道光明"⑤。政治协商会议达成五项协议后,中国共产党随即着手履行政协协议。1946

---

① 转引自中共中央党史和文献研究院:《中国共产党的一百年(新民主主义革命时期)》,中共党史出版社2022年版,第274页。
② 重庆市政协文史资料研究委员会、中共重庆市委党校编:《政治协商会议纪实》上卷,重庆出版社1989年版,第671页。
③ 《毛泽东文集》第四卷,人民出版社1996年版,第25页。
④ 《建党以来重要文献选编(一九二一——一九四九)》第二十二册,中央文献出版社2011年版,第719页。
⑤ 《团结在望 国家之光——欣闻毛泽东先生抵达重庆》,西安《秦风日报、工商日报联合版》1945年8月29日。

年 2 月 6 日，中共中央政治局专门召开会议研究参加政府问题，决定毛泽东、林伯渠、董必武、吴玉章、周恩来、刘少奇、范明枢（如范不能去则提彭真）、张闻天参加国民政府委员会；周恩来、林伯渠、董必武、王若飞"分任行政院副院长、两部长及不管部"[①]。2 月 25 日，国共美三方签署了《关于军队整编及统编中共部队为国军之基本方案》(即"整军方案")，中国共产党基本接受了马歇尔提出的按照国共军队 5∶1 的比例，实行先分编后统编，最后全国保留 60 个师，余者全部复员的整军方案，被时人公认为继停战协定和政协协议之后，中国走向"和平民主新阶段"的又一里程碑。随后，中共各大区都根据中央指示精神，召开了复员整编工作会议，颁发复员条例，组织复员委员会，进行复员工作。

第三，中间势力兴起。在中国走向何方的关键时刻，中间势力的勃兴使得中国的未来走向似乎多了一种选择。中间势力久已存在。从 1919 年到 1949 年，在国共两党、大地主大资产阶级和无产阶级"两极中间，还有一大片。……这就是中间势力"[②]，"国民党的人只是一小撮，我们的人也很少，实际上是第三种人占大多数"[③]。不过，在国民党一党专政的政治高压下，中间势力长期处于边缘状态。抗战胜利后，这种状况得到根本改变。在短时间内，涌现出形形色色 100 多个政党。其中既有此前秘密活动的中国民主同盟、中国青年党、中国国家社会党、民主宪政党等，也有新成立的如中国民主建国会、中国民主促进会、九三学社、三民主义同志联合会等。为数众多的政党的涌现，标志着中间势力开始公开出现在中国政治舞台上，对中国政治的影响越来越大。

重庆谈判期间，中间势力认为"这将是具有决定性的一次谈判，其结果的成败对我们国家前途将立刻发生好坏的影响"[④]。因此，他们不仅关心谈判进展，而且努力对谈判施加影响。在中间势力的强烈要求下，国共双方随时将谈判情况向他们通报。重庆谈判期间中共为争取国内和平的实现所做的种种努力，促进了社会各界对中国共产党的认识与理解。中共中央在给各地的第二次通知中说，"三星期来，我方调子低，让步大（允逐步退

---

① 中共中央党史和文献研究院编：《毛泽东年谱》第三卷，中央文献出版社 2023 年版，第 57 页。
② "从五四运动到人民共和国成立"课题组：《胡绳论"从五四运动到人民共和国成立"》，社会科学文献出版社 2001 年版，第 3 页。
③ "从五四运动到人民共和国成立"课题组：《胡绳论"从五四运动到人民共和国成立"》，社会科学文献出版社 2001 年版，第 3 页。
④ 《迫切的期待》，重庆《新民报》1945 年 8 月 29 日。

出陇海路以南），表示委曲求全，彼方乘机高压，破坏联合公报。因此我方政治上处于有利地位，一切中间派均为我抱不平，认为我们已做到仁至义尽，同情我们主张（提议各党派参加谈判）"①。

中国共产党与中间势力的互相理解、相互支持，形成了结束国民党一党专政、实现政治民主化的推动力。在1946年1月10日至31日召开的政治协商会议上，中国民主同盟、中国青年党、无党派人士与国共代表共38人共商国是，成为中国政治舞台上的重要力量。从政治协商会议的结果看，政府组织案、国民大会案、和平建国纲领、军事问题案、宪法草案案五项协议的形成，也基本上体现了中间势力的政治诉求。因此，政协会议后，参会的民盟代表罗隆基在美国"调停"特使马歇尔将军面前不无兴奋地吐露了内心的感想，认为政治协商会议意味着"共产党的让步多，蒋介石的苦恼大，民盟的前途好"②。

上述情况说明，抗日战争胜利后，中国出现了三种政治力量和三种建国方案。一是地主阶级和买办性的大资产阶级，之前的政治代表是北洋军阀政府，现在是国民党统治集团，主张实行地主阶级、买办性的大资产阶级的军事独裁统治，使中国继续走半殖民地半封建的道路；二是民族资产阶级，其政治代表是民主党派的某些领导人和若干无党派民主人士，主张建立名副其实的资产阶级共和国，使中国成为一个独立的资本主义国家；三是工人阶级、农民阶级和城市小资产阶级，其政治代表是中国共产党，主张进行彻底的反帝反封建的新民主主义革命，建立工人阶级领导的人民共和国，逐步到达社会主义和共产主义。

上述三种政治力量和三种建国方案的交汇，交织出抗战胜利之初中国错综复杂的政治格局。中国该何去何从，成为中国共产党和中国人民必须作出选择的重大命题。

二、南京国民党政权是如何从发动内战到走向覆灭的？

正确看待南京国民党政权统治的失败，是正确认识中国共产党领导的人民解放战争

---

① 《建党以来重要文献选编（一九二一——一九四九）》第二十二册，中央文献出版社2011年版，第696页。
② 转引自许纪霖：《无穷的困惑——黄炎培、张君劢与现代中国》，上海三联书店1998年版，第206页。

的正义性和必要性不可回避的重大问题。

（一）抗战胜利之初国共实力的对比

抗战胜利之初，国共双方实力悬殊，国民党占绝对优势。当时，它占有 3.39 亿以上人口、730 万平方公里的国土，控制着几乎所有的大城市和绝大部分铁路交通线；它不仅接收了 100 余万日军和数十万伪军的装备，而且美国还为它训练和装备了 50 万军队，军队的总兵力达到 430 万人。人民解放军的总兵力为 127 万人，装备基本上是缴自日军的步兵武器；解放区的人口为 1.36 亿，面积约 230 万平方公里，而且在物质上得不到任何外援。

抗战胜利后一段时间，蒋介石的声望一度达到顶点。然而不到一年，蒋介石在国内的声望一落千丈，其主要原因：一是在抗战胜利后的接收中，暴露出了国民党官员从上到下普遍的贪婪和腐败；二是冒全国人民之大不韪，悍然发动了全面内战。这就证明了一个道理，"失民心者失天下，得民心者得天下"，民心向背是根本因素。

（二）解放战争时期民心的转换

中国共产党是在解放战争中成长壮大的，在这个过程中，民心的转换就出现了。得了民心，就可以壮大，这是斗争的过程，不是自然的过程。

首先，共产党的清正廉洁与国民党的贪污腐化形成了鲜明对照。

在中国共产党及其领导的解放区，从毛泽东到普通共产党员都能够严格要求自己，发扬艰苦奋斗的精神，努力实践全心全意为人民服务的宗旨。在抗战时期，陕甘宁边区的"十没有"就成为美谈，"一没有贪官污吏，二没有土豪劣绅，三没有赌博，四没有娼妓，五没有小老婆，六没有叫化子，七没有结党营私之徒，八没有萎靡不振之气，九没有人吃磨擦饭，十没有人发国难财"[①]。这种优良作风在解放战争中继续弘扬，正如歌中所唱，"解放区的天是明朗的天，解放区的人民好喜欢"，这是对中国共产党领导的解放区的真实写照。

---

① 《毛泽东选集》第二卷，人民出版社 1991 年版，第 718 页。

第七章 为建立新中国而奋斗

但是，抗战胜利后，国民党许多党、政、军大员趁接收之机，贪污盗窃，敲诈勒索，贪赃枉法，中饱私囊。收复区的群众称这种现象为"三洋开泰"（爱东洋、捧西洋、要现洋）、"五子登科"（竞相抢金子、房子、票子、车子、女子）。魏德迈在给美国政府的报告中尖锐地指出，"国民政府的胡作非为已经引起接管区当地人民的不满，此点甚至在对日战事一结束后，国民政府即严重地失去大部分的同情"①。接收官员邵毓麟不得不向蒋介石进言："像这样下去，我们虽已收复了国土，但我们将丧失了民心！"② "在一片胜利声中，早已埋下了一颗失败的定时炸弹。"③ 此外，国民党还利用接收之便，将巨额敌伪资产转归官僚资本集团控制的部门占有，其中很大部分被官员个人侵吞。国民党内的信仰危机和组织机构瘫痪，使其政治无力、行政失效、贪污腐化成风。蒋介石也不得不承认：自抗战胜利以来，国民党在社会上的信誉，已经一落千丈。

其次，国共两党对和平、民主时代潮流的态度，使民心转向中国共产党。

抗日战争胜利后，中共中央就提出了"和平、民主、团结"的方针，力求通过和平途径实现中国社会的改革。1945年8月23日，毛泽东主持中共中央政治局扩大会议，指出："中国的局面，现在是独裁加若干民主，并将有相当长的时期。我们还是钻进去给蒋介石'洗脸'，而不是'砍头'。……我们要准备有所让步以取得合法地位，利用国会讲坛去进攻。"④ 蒋介石发动内战的方针早已确定，只是因需要一段准备的时间而对立刻发动全面内战有所顾忌。8月，蒋介石三次电邀毛泽东到重庆谈判。为了争取和平民主，毛泽东不顾个人安危，于8月28日偕周恩来、王若飞赴重庆与国民党当局进行谈判。10月10日，双方正式签署《政府与中共代表会谈纪要》（即"双十协定"），确认和平建国的基本方针，同意长期合作，坚决避免内战。然而，国民党统治集团却顽固坚持独裁和内战的方针，一俟时机成熟，就不仅破坏了双十协定，还撕毁了1946年1月达成的政协协议，于同年6月底挑起全国性内战。正是国民党统治集团为达到消灭中国共产党、维护一党专政的目的而发动内战，将自己推到了全国人民的对立面，这是它走向失败的关键一步。

1946年9月，储安平在《观察》杂志上发表《失败的统治》一文，称："国民党执

---

① 《中美关系资料汇编》第一辑，世界知识出版社1957年版，第192页。
② 邵毓麟：《胜利前后》，（中国台湾）传记文学出版社1967年版，第87页。
③ 邵毓麟：《胜利前后》，（中国台湾）传记文学出版社1967年版，第76页。
④ 中共中央党史和文献研究院编：《毛泽东年谱》第三卷，中央文献出版社2023年版，第11页。

政失败的主要原因，在他所采用以维护其政权的方法"，那就是"只知以加强'政治的控制'来维护其既得的政权"，究其原因，"历观往史，没有一个政府能够不顾人民而犹能长久维持其政权者。不顾人民苦乐的政府，必然失去人心；不为人民福利打算的施政，必然不能使国家社会得到健全的发展"。①

再次，国民党的军事失败直接引发财政金融危机，为支持内战又进一步加剧对广大人民的横征暴敛，从而导致全面的统治危机。

共产党在广大解放区开展土地改革运动，激发了广大民众支援人民解放战争的空前热潮，加速了国民党政权反动统治的覆亡。国民党发动内战，不仅把中国重新投入战火的深渊，还导致了其财政因军费沉重而陷入危机。曾任江西省政府主席的王陵基说，他的很大任务就是征粮送东北内战战场，不问丰歉，都征到九成以上。由于征粮任务重，江西省田粮处处长被逼跳水。国民党内战政策的实施，致使经济出现严重危机，造成恶性通货膨胀，物价狂涨。

为了支持内战，筹措军费，挽救财政危机，国民党政府采取了发行内外债、征收捐税和增发纸币等各种措施。单就征税来说，国民党政府不仅调整原来的征税办法，而且大量开征全国统一新税和地方性新税，导致各地税项五花八门，"漫无标准，毫无预算，官吏上下其手，层层剥削。比如专员、县长下乡之招待费，官吏用之一分，民间负担十分，怨声载道，忍痛忍受，失去民心，莫此为甚"②。

国民党中央财政完全被军费所绑架，为筹措内战经费，只能采取滥发钞票的办法。1947年，法币发行量共计30多万亿元，为1946年的10倍，比1945年则增加25倍。到1948年第二季度，发行的法币是660万亿元。大量滥发钞票引发了严重的通货膨胀。1948年8月，国民政府改组内阁，宣布停用法币，进行金圆券改革，全国物价一律冻结在8月19日水平，是为"八一九限价"。为了防止权贵和投机商人囤积居奇，扰乱改革，蒋经国亲自督阵上海，宣誓"打虎"。可是，国民党的党纪国法已经彻底败坏。11月1日，行政院公开承认经济改革失败，内阁总辞职，物价呈现报复性的上涨，经济极度混乱。恶性通货膨胀和物价飞涨，使广大人民一次又一次遭到洗劫，他们对国民党由失望进而发展到绝望。

---

① 参见储安平：《失败的统治》，《观察》1946年第1卷第3期。
② 中国第二历史档案馆编：《中华民国史档案资料汇编》第五辑第三编财政经济（一），江苏古籍出版社2000年版，第559页。

第七章 为建立新中国而奋斗

1948年3月至5月，国民党为挽救统治危机召开所谓的"行宪国大"，宣称"还政于民"，企图打出最后一张王牌——"民主牌"。而结果，除了少数死心塌地追随国民党的政客外，响应者寥寥。蒋介石集团陷入四面楚歌、空前孤立的境地。傅斯年说："古今中外有一个公例，凡是一个朝代，一个政权，要垮台，并不由于革命的势力，而由于他自己的崩溃！"①

与此相反，中国共产党一切从人民的利益出发。众所周知，农民问题是中国革命的基本问题，农民问题的中心是土地问题。毛泽东指出："土地制度的彻底改革，是现阶段中国革命的一项基本任务。如果我们能够普遍地彻底地解决土地问题，我们就获得了足以战胜一切敌人的最基本的条件。"②1946年5月4日，中共中央发布《关于土地问题的指示》（五四指示）。1947年7月至9月召开全国土地会议，制定和通过《中国土地法大纲》，实行"耕者有其田"的土地制度，第十一条明确规定："分配给人民的土地，由政府发给土地所有证，并承认其自由经营、买卖及在特定条件下出租的权利。"③《中国土地法大纲》还规定："家居乡村的国民党军队官兵、国民党政府官员、国民党党员及敌方其他人员，其家庭分给与农民同样的土地及财产。"④广大农村迅速形成土地制度改革的热潮。而国民党在土地改革上却无所作为，输给了共产党。在"保田参战"的口号下，成千上万的农民参军参战，组建民兵，支援前线，保卫解放区。这就使中国共产党获得了足以战胜敌人的人力、物力资源。淮海战役集中体现了人民战争的巨大威力。据统计，除在后方动员的碾米、磨面和做军鞋的人力外，共出动包括随军、二线转运常备民工和临时民工在内的支前民工达543万人，为参战部队的9倍。共动用担架20.6万副、大小车88万余辆、挑子35.5万副、牲畜76.7万头、汽车257辆、船8500余只，前送弹药7300余吨、粮食近44万吨，后运伤病员11万余人，并组织民兵团130余个，担负警卫物资、看押俘虏和打扫战场等任务。⑤陈毅对此感慨地说，淮海战役的胜利是

---

① 林文光选编：《傅斯年文选》，四川文艺出版社2010年版，第182页。
② 《毛泽东选集》第四卷，人民出版社1991年版，第1252页。
③ 《建党以来重要文献选编（一九二一——一九四九）》第二十四册，中央文献出版社2011年版，第419页。
④ 《建党以来重要文献选编（一九二一——一九四九）》第二十四册，中央文献出版社2011年版，第419页。
⑤ 参见《中国人民解放军军史》编写组：《中国人民解放军军史》第三卷，军事科学出版社2010年版，第309页。

人民群众用小车推出来的。其实，何止淮海战役，离开广大人民群众的支援，整个解放战争的胜利都是不可想象的。

最后，国民党统治集团仰仗美帝国主义势力支持内战，不惜丧权辱国；而共产党面对帝国主义干涉中国革命的行径，敢于斗争、善于斗争，坚决维护中国的主权与尊严。

大量事实表明，蒋介石集团敢于撕毁政协协议发动内战，是同美国政府对其支持和援助分不开的。1945年12月20日，马歇尔刚刚抵达中国，就向蒋介石施压，表示除非有确切证据证明和平解决中国内争的努力取得成功，否则美国将不会对中国提供军事和经济援助。但就在此时，美国政府将美军在华的大量剩余军事装备折价卖给国民党政府，完全抵消了马歇尔对国民党施加的压力，其促和努力变得越来越弱。1946年6月全面内战爆发后，为了向蒋介石施加压力，马歇尔决定对国民党政府暂时实行武器弹药禁运，以示惩戒。但实际上，美国一方面宣布停止向中国政府提供可能与内战有关的部分货品，另一方面却以民用物资如车船、食品、被服等名义将第二次世界大战后的剩余物资折价卖给国民党。这种情况使得国民党相信，"不管他们如何发牢骚、批评或碍事"，美国不会抛弃他们。[①] 1948年，在国民党陷入政治、军事、经济全面危机之际，美国国会通过《援华法案》，规定在12个月内向中国国民党政府提供4.63亿美元的援助，力图以大规模全面援蒋挽回颓势。

对于美国的支持和援助，蒋介石集团以出卖国家主权作为回报。为此，国民党政府和美国签订了一系列公开或秘密的丧权辱国的协定和条约。其中，1946年11月签订的《中美友好通商航海条约》就是一个典型。凭借这些条约，美国对华商品输出和资本输出都取得了独占地位，当时人们形容说"无货不美，有美皆备"。这使得本来就处于困境的中国民族资本遭到毁灭性打击，人们说美货就是"美祸"。中美之间的不平等条约还规定，驻华美军肇事只能由美国宪警处理，这就更加纵容了美军在华的暴行。1946年12月24日，美国军人强暴北京大学先修班一名女生，就是其中的典型事件。这些事实逐渐使广大人民群众认识到蒋介石发动这场内战的反动实质，也认识到美国政府的扶蒋反共政策是中国人民遭受苦难的重要根源之一。

中国共产党曾经希望第二次世界大战后能在平等的基础上同美国等西方国家发展关

---

① 参见《马歇尔使华（美国特使马歇尔出使中国报告书）》，中国社会科学院近代史研究所翻译室译，中华书局1981年版，第8页。

系，也曾告诫美英政府，"不要使他们自己的外交政策违反中国人民的意志，因而损害同中国人民之间的友谊"①。当美国政府无视中国人民的警告，奉行扶蒋反共政策的时候，中国共产党为了争取民族独立和人民解放，毫不犹豫地对美帝国主义进行坚决的揭露和斗争。

1949年4月20日至21日，英国的"紫石英号"等四艘军舰侵入中国内河长江，并开炮打死打伤人民解放军200余人，企图阻止人民解放军打过长江。解放军坚决反击，击伤"紫石英号"军舰。此事震动了英伦三岛。英国首相艾德礼和前首相丘吉尔发表威胁性讲话，扬言派航空母舰到中国进行报复。对此，中国人民解放军总部发表声明指出："中国的领土主权，中国人民必须保卫，绝对不允许外国政府来侵犯。"②这表明，自鸦片战争以来外国侵略者依靠船坚炮利在中国领土上横行不法的时代一去不复返了。中国共产党敢于坚决反对帝国主义侵略，使中国人民看到了中国的未来与希望。

（三）南京国民党政权的覆灭

1946年6月，国民党军凭仗美国的支持，向中原解放区大举进攻，挑起了全国性内战，其势汹汹，气焰极为嚣张。毛泽东不为所动，胸有成竹地指出："一切反动派都是纸老虎。看起来，反动派的样子是可怕的，但是实际上并没有什么了不起的力量。从长远的观点看问题，真正强大的力量不是属于反动派，而是属于人民。……蒋介石和他的支持者美国反动派也都是纸老虎。……拿中国的情形来说，我们所依靠的不过是小米加步枪，但是历史最后将证明，这小米加步枪比蒋介石的飞机加坦克还要强些。虽然在中国人民面前还存在着许多困难，中国人民在美国帝国主义和中国反动派的联合进攻之下，将要受到长时间的苦难，但是这些反动派总有一天要失败，我们总有一天要胜利。这原因不是别的，就在于反动派代表反动，而我们代表进步。"③这就是历史的逻辑，也是全国解放战争为什么胜利发展、国民党政权为什么陷入全民的包围中、中国人民为什么选择中国共产党的根本原因。

事实正如毛泽东所预言的，经过艰苦的战略防御与积极有效的战略进攻，到1948年

---

① 《毛泽东选集》第三卷，人民出版社1991年版，第1085页。
② 《毛泽东选集》第四卷，人民出版社1991年版，第1460页。
③ 《毛泽东选集》第四卷，人民出版社1991年版，第1195页。

秋，人民解放战争进入夺取全国胜利的决定性阶段。

这时，人民解放军已由战争开始时的 127 万人发展到 280 万人，解放区面积达到 235.5 万平方公里、拥有 1.68 亿人口，并且基本完成了土地制度改革，广大农民的革命和生产积极性空前高涨，解放军的后方进一步巩固。与此相反，国民党军队则由 430 万人下降为 365 万人，其中可用于第一线的兵力仅 174 万人，而且士气低落，战斗力不强，由于遭到各阶层人民的强烈反对，处境十分孤立。它在军事上不得不放弃"全面防御"，转而实行"重点防御"。国民党政权濒临崩溃。人民解放军同国民党军队进行战略决战的时机已经成熟。

在毛泽东和中共中央军委的领导和指挥下，在人民群众的热烈支援下，中国人民解放军先后发动了辽沈、淮海、平津三大战役。三大战役前后历时 4 个月零 19 天，共歼灭国民党军队的有生力量 154 万余人。加上 1948 年 7 月至 1949 年 1 月期间在济南战役和其他战役中的损失，国民党军队共丧失兵力 230 余万人。国民党赖以维持其反动统治的军事力量基本上被摧毁。

1949 年元旦，蒋介石发表"求和"声明，企图借"和平谈判"之机争取喘息时间，布置长江防线，以便卷土重来。1 月 14 日，毛泽东以中共中央主席的名义发表关于时局的声明，严正指出：虽然中国人民解放军具有充足的力量和充足的理由，确有把握，在不要很久的时间之内，全部地消灭国民党反动政府的残余军事力量，但是，为了迅速结束战争，实现真正的和平，减少人民的痛苦，中国共产党愿意在惩办战争罪犯、废除伪宪法和伪法统、改编一切反动军队等八项条件的基础上，同南京国民党政府及国民党地方政府和军事集团进行和平谈判。[①] 谈判从 4 月 1 日开始。由于国民党政府拒绝在《国内和平协定》上签字，1949 年 4 月 21 日，毛泽东、朱德发布《向全国进军的命令》。人民解放军在东起江阴、西至湖口的千里战线上强渡长江天险，一举摧毁国民党苦心经营了 3 个半月的长江防线。4 月 23 日，人民解放军占领南京，宣告延续了 22 年的国民党反动统治的覆灭。随后，解放军第一、第二、第三、第四野战军所部各路大军继续向中南、西北、西南各省举行胜利大进军，分别以战斗方式或和平方式，迅速解决残余敌人，解放广大国土。国民党蒋介石集团从大陆逃往台湾。

---

① 参见《毛泽东选集》第四卷，人民出版社 1991 年版，第 1389 页。

三、"第三条道路"幻想是如何破灭的？

国民党执政失败以及中国民主革命能够取得成功，中间势力放弃"第三条道路"幻想并接受中国共产党领导是重要原因之一。

（一）中国共产党的正确政策

抗日战争胜利后，各民主党派加入争取和平民主斗争的行列。当时，中国共产党在坚持新民主主义革命基本路线和纲领的前提下，对民主党派的一些不同于新民主主义革命纲领、但有利于反对独裁内战的政治主张给予肯定，支持他们积极参加争取和平民主的斗争；尊重和维护民主党派的地位，帮助解决国民党当局给他们制造的实际困难；关心和保护他们的生命安全；对他们中少数人在重大问题上的严重政治错误进行严肃的批评，做必要的斗争。毛泽东在重庆谈判期间，专门赴"特园"看望民盟主席张澜，长谈 3 个多小时，就国共谈判、民盟和中共配合等问题交换了意见。对有着反共历史的国社党，毛泽东也做了一些工作。他在同国社党成员交谈时幽默而辛辣地说，"君劢先生当初劝我交出军队，交出边区，实话说，幸亏得我们几十万支枪杆存在，不然你们恐怕只能被蒋委员长扔在一边，无人理睬啰"[①]。所有这些，巩固和扩大了共产党领导的人民民主统一战线，有力推动着民主党派朝着新民主主义革命的方向转变。

人民解放军经过一年的战略防御后，晋冀鲁豫野战军主力于 1947 年 6 月强渡黄河，挺进大别山，揭开了人民解放战争战略进攻的序幕。半年间，人民解放军以摧枯拉朽之势打到国民党统治区域。在这一历史转折关头，中共中央适时提出了"打倒蒋介石，解放全中国"的口号，公开宣布成立民主联合政府。新的联合政府将是一个中国共产党主导的、有工农兵学商各被压迫阶级、各人民团体、各民主党派、各少数民族、各地华侨和其他爱国分子参加的带有统一战线性质的新民主主义的联合政府。

1948 年 4 月 30 日，中共中央在纪念"五一"国际劳动节的口号中提出："各民主党派、各人民团体、各社会贤达迅速召开政治协商会议，讨论并实现召集人民代表大会，成立民

---

① 转引自许纪霖：《无穷的困惑——黄炎培、张君劢与现代中国》，上海三联书店 1998 年版，第 201 页。

主联合政府。"① 这一口号得到各民主党派和社会各界的热烈响应,揭开了中国共产党同各党派、各团体、各族各界人士协商建国的序幕,奠定了中国共产党领导的多党合作和政治协商制度的基础。各民主党派接受了中国共产党的领导,走上了新民主主义革命道路。

(二)国民党当局对民主党派的迫害

民主党派之所以最终接受中国共产党领导,也与国民党统治集团内战独裁的倒行逆施及其对民主党派的政治迫害有关。

是否遵守1946年政协协议,是民主党派人士衡量国民党所作所为的重要依据。政协会议召开前,柳亚子就提出:"执政党到底要不要有一个和平、民主、团结的新中国,要不要有一个独立、自由、富强的新中国,要不要真正从事建国的工作,要不要真正奉行国父孙先生的三民主义的遗教,都可以把这次政治会议的成功与否来做一种考验,都可以把这次政治会议内容的充实与否来做一块试金石。"② 政协会议的召开及政协协议的通过,使民主党派一度对国民党政府抱有幻想。但随后发生的沧白堂事件、较场口事件、"反苏、反共"游行示威活动等,说明国民党无意遵守政协协议。1946 年 7 月 11 日,国民党特务在昆明暗杀民盟中央委员李公朴;7 月 15 日,又公然杀害民盟中央委员闻一多。

血的教训使民盟深刻认识到在当时的中国,和平民主的政治团体得不到合法保障,没有生存的机会。由此,民主人士开始重新考虑斗争的方式与中国前途问题。在李公朴、闻一多逝世周年之际,更多的民主人士喊出了:"我们应该加倍地努力,为两先生复仇,为民主自由而奋斗。"③

被国民党特务暗杀的李公朴(左)、闻一多

---

① 《建党以来重要文献选编(一九二一——一九四九)》第二十五册,中央文献出版社 2011 年版,第 283—284 页。
② 柳亚子:《解决国是问题的最后方案》,重庆《新华日报》1945 年 10 月 27 日。
③ 何华:《在闻一多的衣冠塚前》,《观察》1947 年第 2 卷第 23 期。

1947年10月,国民党政府以民主同盟"勾结共匪,参加叛乱""公然作叛乱宣传掩护共匪之间谍活动"之名,将民主同盟宣布为非法团体,迫使民盟解散,民盟很多领导人被迫出走海外。① 民盟的被迫解散,客观上宣告了民主党派中一些人主张的"第三条道路"的破产,唤醒了那些对国民党统治集团存有幻想、主张走"中间路线"的人们,使他们中的绝大多数人认识到中国共产党领导的新民主主义革命的正义性和必要性,从而更加靠近共产党,最终走上了中国共产党领导的新民主主义革命道路。

(三)民主党派的自我觉醒

民主党派曾经希图引导中国走"第三条道路",认为"在今天中国的客观条件之下,只有中间派的政治路线,在客观上才足以代表全国人民的共同要求和整个国家的真实利益;所以中间派的政治路线,是今天中国最可能为多数人民所拥护的政治路线"②。血的事实教育了民主党派,使他们最终认识到"第三条道路"在中国只能是幻想,从而促使民主党派在中国革命的关键时刻,实现了自我觉醒。

民盟被迫解散后,中共中央领导人同民主党派领导人继续保持着密切联系,鼓励和支持他们坚持反对国民党独裁统治的斗争。这帮助了民主党派中的左派,加强了他们在政治上的地位。作为走"中间路线"的倡导者,施复亮(施存统)的态度转变具有代表性。1948年1月,他在《观察》上发表《论自由主义者的道路》,明确提出"假使中国当前政治斗争的结果,只有两个可能的前途:不是殖民地化的法西斯蒂的前途,便是社会主义革命胜利的前途,那末自由主义者自然只有选择后一个前途而不能有所迟疑"③。

民主党派的历史性转折,集中体现在中国民主同盟一届三中全会的召开和中国国民党革命委员会的成立这两件大事上。

1948年1月,民盟领导人沈钧儒等在香港组织召开民盟一届三中全会,宣布不接受解散民盟的任何决定,并恢复民盟总部。会议明确宣告,民盟"决不能够在是非曲直之

---

① 参见中国民主同盟中央文史资料委员会编:《中国民主同盟历史文献(1941—1949)》,文史资料出版社1983年版,第360页。
② 施复亮:《中间派的政治路线》,《时与文》1947年创刊号。
③ 施复亮:《论自由主义者的道路》,《观察》1948年第3卷第22期。

间有中立的态度",指出独立的中间路线不符合中国的现实环境,是"行不通"的。民盟必须站在人民的、民主的、革命的立场,为彻底推翻国民党统治集团、消灭封建土地所有制、驱逐美帝国主义出中国、实现人民的民主而奋斗。这次会议标志着民盟从此走上与中国共产党全面合作的光明大道,在实际上接受了中国共产党的领导。[①]

1947年11月12日至1948年1月1日,三民主义同志联合会、中国国民党民主促进会、中国民主革命同盟及国民党其他爱国民主人士的代表在香港召开中国国民党民主派第一次联合代表大会,实现了国民党民主派革命的联合。会议宣言指斥蒋介石背叛孙中山、廖仲恺的革命事业,指出"蒋介石及其劫持下的党中央机关与政府,其反动性与日俱增,已成为全国人民的公敌"[②]。中国国民党革命委员会明确表态:坚持同共产党合作,与全国各民主党派、民主人士携手并进,赞同成立联合政府的主张,同意新民主主义纲领的基本原则。与此同时,中国民主建国会、中国民主促进会、中国农工民主党、中国致公党、九三学社、台湾民主自治同盟等都明确表示了参加新民主主义革命的立场。

中国共产党发布纪念"五一"国际劳动节的口号后,各民主党派纷纷响应。从1948年8月开始,各民主党派负责人和无党派民主人士陆续摆脱国民党的阻挠,从世界各地回到国内,通过各种渠道陆续进入东北、华北解放区,在中国共产党的领导下积极参与筹备召开新政协、建立新中国的工作。1949年1月22日,李济深、沈钧儒等民主党派领导人和著名无党派民主人士共55人联合发表《我们对于时局的意见》,一致认定中国共产党提出的关于召开政治协商会议、成立联合政府的主张符合全国人民大众的要求,恳切表示:"愿在中共领导下,献其绵薄,共策进行,以期中国人民民主革命之迅速成功,独立、自由、和平、幸福的新中国之早日实现。"[③]

在新政协的筹备工作中,中国共产党就新政协的召集、参加者、会议时间地点、新民主主义国家纲领、步骤等诸问题,向各民主党派、民主人士广泛征求意见,充分进行民主协商,达成一致意见。各民主党派最终走上了中国共产党领导的夺取新民主主义革命彻

---

① 参见中共中央党史和文献研究院:《中国共产党的一百年(新民主主义革命时期)》,中共党史出版社2022年版,第309页。
② 郑建邦主编、陈紫云副主编:《中国共产党领导的多党合作制度》,中国人民大学出版社1991年版,第54页。
③ 中共中央文献研究室编,逄先知、金冲及主编:《毛泽东传》第二册,中央文献出版社2011年版,第925页。

底胜利、创建新中国的正确道路。

四、中国革命胜利的原因和基本经验有哪些?

随着国民党反动统治的覆灭和中华人民共和国的成立,中国新民主主义革命赢得了基本胜利。正确认识中国革命胜利的原因和基本经验,对我们进一步认识"没有共产党,就没有新中国"的深刻道理十分必要。

(一)中国革命胜利的原因

第一,中国革命的胜利,是在马克思列宁主义指导下取得的。中国共产党创造性地运用马克思列宁主义基本原理,把它同中国革命的具体实际结合起来,创立了伟大的毛泽东思想,找到了夺取中国革命胜利的正确道路。

第二,中国共产党是无产阶级的先锋队,是全心全意为人民服务的不谋任何私利的政党,是敢于并善于团结带领人民群众百折不挠地向敌人作斗争的政党。中国各族人民从亲身经历中看到了这个事实,从而在党的周围结成广泛的统一战线,实现了我国历史上空前强大的政治团结。

第三,中国革命的胜利,主要是依靠中国共产党所领导的完全新型的与人民血肉相连的人民军队,通过长期人民战争战胜强大敌人取得的。没有这样一支人民的军队,就不可能有人民的解放和国家的独立。

第四,中国革命在各个阶段都曾得到世界革命力量的援助,这是中国人民永远不会忘记的。但是中国革命的胜利,从根本上说是中国共产党坚持独立自主、自力更生的原则,依靠中国各族人民自身的力量,历经千辛万苦,战胜许多艰难险阻才取得的。

第五,新民主主义革命的胜利是无数先

1949年9月,中国人民政治协商会议第一届全体会议在北平举行

烈和全体共产党员、全国各族人民长期牺牲奋斗的结果。其中，革命领袖群体发挥了十分重要的作用。在中国共产党的许多杰出领袖中，毛泽东居于首要地位。"如果没有毛泽东同志多次从危机中挽救中国革命，如果没有以他为首的党中央给全党、全国各族人民和人民军队指明坚定正确的政治方向，我们党和人民可能还要在黑暗中摸索更长时间。"①

（二）中国革命胜利的基本经验

对中国共产党在领导人民革命过程中积累的基本经验，毛泽东在《〈共产党人〉发刊词》一文中将其概括为"三个主要的法宝"。他指出："统一战线，武装斗争，党的建设，是中国共产党在中国革命中战胜敌人的三个法宝，三个主要的法宝。"②

第一，建立广泛的统一战线。由于中国革命面对的敌人异常强大，单靠任何一个阶级单枪匹马进行斗争都是不可能赢得革命胜利的，因此必须建立中国共产党领导的最广泛的统一战线，以团结一切可以团结的力量，使敌人逐步陷入政治上的孤立。在领导中国革命的过程中，中国共产党注重阶级分析，在分清敌友关系的基础上，实现和不同阶级、阶层、政党等社会力量的政治联盟，形成广泛的统一战线。统一战线的主题是大团结大联合，根本职能是凝聚人心、汇聚力量。因此，统一战线成为中国共产党克敌制胜的重要法宝。

建立广泛的统一战线，首要的问题是分清敌友。由于中国社会的复杂性，敌我友的情况是随着中国革命发展阶段的变化而变化的。在中国革命的不同阶段，中国共产党先后领导建立革命统一战线、工农民主统一战线、抗日民族统一战线和人民民主统一战线。虽然它们的形式和性质有所不同，但都是无产阶级领导的人民大众的反帝反封建的统一战线。在领导统一战线过程中，中国共产党根据统一战线中各阶级、各种社会力量的不同特点，规定和实行了不同的政策和策略。

坚持工人阶级及其政党的领导权，是巩固和扩大统一战线的关键。中国共产党对统一战线的领导，主要是政治领导。1948年1月，在《关于目前党的政策中的几个重要问题》一文中，毛泽东阐释了如何实现党对革命统一战线的领导权，即"领导的阶级和政

---

① 《中国共产党中央委员会关于建国以来党的若干历史问题的决议》，人民出版社1981年版，第6页。
② 《毛泽东选集》第二卷，人民出版社1991年版，第606页。

党，要实现自己对于被领导的阶级、阶层、政党和人民团体的领导，必须具备两个条件：（甲）率领被领导者（同盟者）向着共同敌人作坚决的斗争，并取得胜利；（乙）对被领导者给以物质福利，至少不损害其利益，同时对被领导者给以政治教育。没有这两个条件或两个条件缺一，就不能实现领导"①。

总之，统一战线是各种社会力量的政治联盟。建立最广泛的统一战线，是中国共产党的巨大政治优势，是中国共产党领导中国革命取得胜利的重要原因。

第二，坚持革命的武装斗争。在半殖民地半封建的中国，革命只能以长期的武装斗争作为主要形式。其他形式的斗争虽然也是重要的，但它们都是直接或间接配合武装斗争的。"在中国，离开了武装斗争，就没有无产阶级的地位，就没有人民的地位，就没有共产党的地位，就没有革命的胜利。"②

中国的武装斗争实质上是中国共产党领导的农民战争。党必须深入农村，发动和武装农民，在农村建立革命根据地，以农村包围城市，才能逐步争取革命的胜利。1927年大革命失败后，中国共产党团结带领中国人民正是沿着农村包围城市、武装夺取政权的道路，经过22年的浴血奋战，终于赢得伟大的历史性胜利。

为了坚持和发展中国革命，必须建立一支在中国共产党绝对领导下的、具有严格纪律的、同人民群众保持亲密联系的新型人民军队。这支军队必须以全心全意为人民服务为唯一宗旨，实行政治、经济、军事三大民主和军民一致、军政一致、官兵一致等原则，贯彻落实一系列具有中国特点的人民战争的战略战术。由于这种战略战术是建立在人民战争基础之上的，因此它也是任何反动军队所不能使用也无法应对的。没有一支人民的军队，便没有人民的一切。正是这支人民军队，在中国革命的历史上写下了极其光辉的篇章，成为一支敢打必胜的坚强铁军。

上海解放后解放军战士席地而睡

---

① 《毛泽东选集》第四卷，人民出版社1991年版，第1273页。
② 《毛泽东选集》第二卷，人民出版社1991年版，第610页。

第三，加强党的自身建设。这是由中国国情和中国革命的特殊规律所决定的，中国共产党是在农民占主体的环境下进行党的自身建设的。因此，克服各种非无产阶级思想影响，发挥思想建党的独特优势，始终保持党的先进性和纯洁性，以自我革命精神推动中国革命不断走向胜利，就成为党克敌制胜的重要法宝。

着重从思想上建党，把思想建设放在党的建设的首位，强调共产党员不仅要在组织上入党，更要在思想上入党，这是中国共产党建设的一个突出特点。党的理论建设是党的思想建设的根本。毛泽东思想是马克思主义中国化第一次历史性飞跃。党的七大把毛泽东思想确立为指导思想，从根本上保证了中国革命的胜利。民主集中制是马克思主义政党的根本组织原则。1938年11月，党的扩大的六届六中全会通过的《关于各级党部工作规则与纪律的决定》，首次概括了民主集中制的基本原则：个人服从组织，少数服从多数，下级服从上级，全党服从中央，党的一切工作由中央集中领导。[①] 这一原则被写进党的七大通过的党章。

对上述经验，毛泽东在《论人民民主专政》一文中做了进一步的总结。他指出："我们有许多宝贵的经验。一个有纪律的，有马克思列宁主义的理论武装的，采取自我批评方法的，联系人民群众的党。一个由这样的党领导的军队。一个由这样的党领导的各革命阶级各革命派别的统一战线。这三件是我们战胜敌人的主要武器。这些都是我们区别于前人的。"[②] 他还指出："总结我们的经验，集中到一点，就是工人阶级（经过共产党）领导的以工农联盟为基础的人民民主专政。这个专政必须和国际革命力量团结一致。这就是我们的公式，这就是我们的主要经验，这就是我们的主要纲领。"[③] 毛泽东之所以把新民主主义革命的基本经验与人民民主专政紧密联系在一起，其原因在于，革命的根本问题是国家政权问题，而随着人民解放战争的胜利进行，资产阶级共和国让位给人民共和国正是中国人民进行历史性选择的结果。

中国新民主主义革命的胜利，是中国共产党团结带领广大人民群众浴血奋战、百折不挠取得的。正因为如此，党的十九届六中全会通过的《中共中央关于党的百年奋斗重

---

① 参见《建党以来重要文献选编（一九二一—一九四九）》第十五册，中央文献出版社2011年版，第773页。
② 《毛泽东选集》第四卷，人民出版社1991年版，第1480页。
③ 《毛泽东选集》第四卷，人民出版社1991年版，第1480页。

大成就和历史经验的决议》，把"坚持党的领导"作为中国共产党百年奋斗积累的十条经验之首。而中国共产党之所以能够把革命引向胜利，一条重要的经验就是，必须坚持把马克思主义基本原理同中国具体实际相结合，必须不断推进马克思主义中国化时代化。正是在马克思主义中国化的第一个理论成果——毛泽东思想指引下，中国共产党制定了正确的纲领和路线方针政策，找到了适合本国国情的革命道路。

一、"学习思考"解答思路

1. 抗日战争胜利后，国民党政府为什么会陷入全民的包围中并迅速走向崩溃？

（1）抗战胜利后，国民党统治集团违背人民要求和平、民主的意愿，代表大地主、大资产阶级和帝国主义在华势力的利益，坚持独裁统治和内战政策，把广大人民群众推到了饥饿和死亡的边缘，迫使中国人民不得不奋起反抗。

（2）抗战胜利后，国民党以在收复区的大肆掠夺为起点，贪污腐化之风迅速呈现出愈演愈烈之势。这一方面致使其反动统治基础严重动摇，另一方面则使其丧尽民心，最终只能被人民所抛弃。

（3）为反对国民党的黑暗统治，以学生运动为先导的人民民主运动迅速发展起来，成为配合人民解放战争的第二条战线。

2. 如何认识民主党派的历史作用？中国共产党领导的多党合作、政治协商格局是怎样形成的？

（1）解放战争时期的中国各民主党派主要由民族资产阶级、城市小资产阶级以及同这些阶级相联系的知识分子和其他爱国分子组成，主张爱国、反对卖国，主张民主、反对独裁，是中国政治生活中的一支重要力量，是中国共产党领导的爱国统一战线的重要组成部分。

（2）中国共产党对各民主党派采取了积极争取和团结的政策，建立了互相信任的合作关系，这是促使民主党派最终接受中国共产党领导的决定性因素。国民党当局对民主党派的倒行逆施，促使民主党派放弃"第三条道路"幻想，转向新民主主义革命的立场。民主党派参加新政协和新中国的筹备工作，标志着民主党派地位的根本变化，中国共产党领导的多党合作、政治协商格局形成。

3. 为什么说"没有共产党，就没有新中国"？中国共产党领导中国革命取得胜利的基本经验是什么？

（1）"没有共产党，就没有新中国"是中国人民基于自身实践所确认的客观真理，是中国人民依据近代以来中国革命的历史经验所得出的科学结论。具体而言，主要是：中国共产党从诞生之日起，就把为中国人民谋幸福、为中华民族谋复兴确立为自己的初心使命；坚持把马克思主义基本原理同中国具体实际相结合，创立了毛泽东思想；为中国人民指明了斗争的目标，找到了中国革命走向胜利的道路；把被人视为"一盘散沙"的中国人民团结凝聚了起来；发挥了先锋模范作用，进行了前仆后继的不懈奋斗，付出了巨大牺牲。

（2）中国共产党在领导人民革命过程中，积累了丰富经验。第一，必须坚持把马克思主义基本原理同中国具体实际相结合，不断推进马克思主义中国化时代化；第二，建立广泛的统一战线、坚持革命的武装斗争、加强党的自身建设。这些经验集中到一点，就是工人阶级（经过共产党）领导的以工农联盟为基础的人民民主专政。这个专政必须和国际革命力量团结一致。

二、延伸阅读

1. 毛泽东：《中共中央关于同国民党进行和平谈判的通知》，《毛泽东选集》第四卷，人民出版社1991年版。

2. 毛泽东：《和美国记者安娜·路易斯·斯特朗的谈话》，《毛泽东选集》第四卷，人民出版社1991年版。

3. 毛泽东：《在新政治协商会议筹备会上的讲话》，《毛泽东选集》第四卷，人民出版社1991年版。

4. 毛泽东：《论人民民主专政》，《毛泽东选集》第四卷，人民出版社1991年版。

5. 习近平：《在庆祝中国人民政治协商会议成立 75 周年大会上的讲话》，人民出版社 2024 年版。

三、音视频资料

1.《从胜利走向胜利》第 4 集《砥定神州》，中共中央宣传部、国家新闻出版广电总局、中央军委政治工作部联合出品，2017 年播出。

2.《淮海战役启示录》第 1—5 集，江苏省广播电视总台出品，2019 年播出。

3.《敢教日月换新天》第 5 集《命运对决》，中共中央宣传部、中共中央党史和文献研究院、国家发展和改革委员会、国家广播电视总局、中国社会科学院、中央广播电视总台、中央档案馆、中央军委政治工作部联合摄制，2021 年播出。

4.《人民的选择》第 13—20 集，中央广播电视总台出品，2021 年播出。

5.《百炼成钢：中国共产党的 100 年》第 22—26 集，中共中央党史和文献研究院、国家广播电视总局、中共江苏省委联合出品，2021 年播出。

第八章 中华人民共和国的成立与中国社会主义建设道路的探索

第八章　中华人民共和国的成立与中国社会主义建设道路的探索

经典论述

中华人民共和国的成立，使中国人民成为国家、社会和自己命运的主人，实现了中国向人民民主制度的伟大跨越，实现了中国高度统一和各民族空前团结，彻底结束了旧中国半殖民地半封建社会的历史，彻底结束了旧中国一盘散沙的局面，彻底废除了外国列强强加给中国的不平等条约和帝国主义在中国的一切特权。

中国人从此站立起来了！中国人民从此把命运牢牢掌握在自己手中！中华民族发展进步从此开启了新纪元！

——习近平在纪念毛泽东同志诞辰120周年座谈会上的讲话（2013年12月26日）

新中国成立后，以毛泽东同志为核心的党的第一代中央领导集体带领人民，在迅速医治战争创伤、恢复国民经济的基础上，不失时机提出了过渡时期总路线，创造性地完成了由新民主主义革命向社会主义革命的转变，使中国这个占世界四分之一人口的东方大国进入了社会主义社会，成功实现了中国历史上最深刻最伟大的社会变革。新民主主义革命的胜利，社会主义基本制度的确立，为当代中国一切发展进步奠定了根本政治前提和制度基础。

——习近平在纪念毛泽东同志诞辰120周年座谈会上的讲话（2013年12月26日）

为了实现中华民族伟大复兴，中国共产党团结带领中国人民，自力更生、发愤图强，创造了社会主义革命和建设的伟大成就。我们进行社会主义革命，消灭在中国延续几千年的封建剥削压迫制度，确立社会主义基本制度，推进社会主义建设，战胜帝国主义、霸权主义的颠覆破坏和武装挑衅，实现了中华民族有史以来最为广泛而深刻的社会变革，实现了一穷二白、人口众多的东方大国大步迈进社会主义社会的伟大飞跃，为实现中华民族伟大复兴奠定了根本政治前提和制度基础。中国共产党和中国人民以英勇顽强的奋斗向世界庄严宣告，中国人民不但善于破坏一个旧世界、也善于建设一个新世界，只有社会主义才能救中国，只有社会主义才能发展中国！

——习近平在庆祝中国共产党成立100周年大会上的讲话（2021年7月1日）

新民主主义革命时期，以毛泽东同志为主要代表的中国共产党人团结带领人民，浴血奋战、百折不挠，打败日本帝国主义，推翻国民党反动统治，完成新民主主义革命，建立了中华人民共和国，实现了近代以来中国人梦寐以求的民族独立、人民当家作主。新中国成立后，团结带领人民自力更生、发愤图强，进行社会主义革命，消灭延续几千年的封建剥削压迫制度，确立社会主义基本制度，推进社会主义建设，实现了中华民族有史以来最为广泛而深刻的社会变革，取得了社会主义建设的伟大成就，使中国成为在世界上有重要影响的大国，积累起在中国这样一个社会生产力水平十分落后的国家进行社会主义建设的重要经验。

——习近平在纪念毛泽东同志诞辰130周年座谈会上的讲话（2023年12月26日）

毛泽东同志带领人民创建了先进的社会主义制度。只有社会主义才能救中国、才能发展中国。毛泽东同志指出："社会主义制度的建立给我们开辟了一条到达理想境界的道路。"在中央苏区和延安时期，毛泽东同志为建立人民民主主义的制度，进行了大量的理论和实践探索。新中国成立后，毛泽东同志领导制定《中国人民政治协商会议共同纲领》、《中华人民共和国宪法》，确定了我国的国体、政体、国家结构形式，建立了新中国国家政权组织体系，建立起人民代表大会制度、中国共产党领导的多党合作和政治协商制度、民族区域自治制度。1956年，我国基本完成对生产资料私有制的社会主义改造，基本上实现生产资料公有制和按劳分配，建立起社会主义经济制度。在开展大规模社会主义建设中，还探索建立了社会主义科技、教育、文化、医疗卫生等方面的具体制度。毛泽东同志领导建立的植根中华大地、符合中国国情、体现人民愿望的社会主义制度具有无比优越性，不仅在推进社会主义革命和建设中发挥了重要作用，并且为当代中国的一切发展进步奠定了根本政治前提和制度基础。

——习近平在纪念毛泽东同志诞辰130周年座谈会上的讲话（2023年12月26日）

毛泽东同志对当时我国阶级形势以及党和国家政治状况作出完全错误的估计，发动和领导了"文化大革命"，林彪、江青两个反革命集团利用毛泽东同志的错误，进行了大量祸国殃民的罪恶活动，酿成十年内乱，使党、国家、人民遭到新中国成立以来最严重的挫折和损失，教训极其惨痛。

——《中共中央关于党的百年奋斗重大成就和历史经验的决议》（2021年11月11日）

以毛泽东同志为主要代表的中国共产党人,把马克思列宁主义的基本原理同中国革命的具体实践结合起来,创立了毛泽东思想。毛泽东思想是马克思列宁主义在中国的运用和发展,是被实践证明了的关于中国革命和建设的正确的理论原则和经验总结,是中国共产党集体智慧的结晶。在毛泽东思想指引下,中国共产党领导全国各族人民,经过长期的反对帝国主义、封建主义、官僚资本主义的革命斗争,取得了新民主主义革命的胜利,建立了人民民主专政的中华人民共和国;新中国成立以后,顺利地进行了社会主义改造,完成了从新民主主义到社会主义的过渡,确立了社会主义基本制度,发展了社会主义的经济、政治和文化。

——《中国共产党章程》(中国共产党第二十次全国代表大会部分修改,2022年10月22日通过)

我们党领导人民进行社会主义建设,有改革开放前和改革开放后两个历史时期,这是两个相互联系又有重大区别的时期,但本质上都是我们党领导人民进行社会主义建设的实践探索。中国特色社会主义是在改革开放历史新时期开创的,但也是在新中国已经建立起社会主义基本制度并进行了二十多年建设的基础上开创的。

——习近平在新进中央委员会的委员、候补委员学习贯彻党的十八大精神研讨班上的讲话(2013年1月5日)

教学指南

◎ 思维导图

中华人民共和国的成立与中国社会主义建设道路的探索

- 中华人民共和国的成立和新生人民政权的巩固
  - 中国人民站立起来了
  - 捍卫巩固新政权的斗争

- 党在过渡时期的总路线及其实施
  - 党提出过渡时期总路线
  - 社会主义工业化的起步
  - 改造个体农业和手工业
  - 改造资本主义工商业

- 初步确立社会主义基本制度
  - 建立社会主义经济制度
  - 确立社会主义政治制度
  - 社会主义基本制度确立的伟大意义

- 全面建设社会主义的良好开端
  - 探索适合中国国情的社会主义建设道路
  - 开始全面建设社会主义

- 社会主义道路的艰辛探索和曲折发展
  - "大跃进"和初步纠正"左"的错误
  - 国民经济调整和"四个现代化"战略目标的制定
  - "文化大革命"内乱及其历史教训
  - 全面建设社会主义的成就

第八章　中华人民共和国的成立与中国社会主义建设道路的探索

教学目的

认识新中国成立和社会主义制度确立的重大意义；认识中国共产党团结带领中国人民实现从新民主主义到社会主义的转变，进行社会主义革命，确立社会主义基本制度，推进社会主义建设，自力更生、发愤图强，创造了社会主义革命和社会主义建设的伟大成就，实现了中华民族有史以来最为广泛而深刻的社会变革，实现了一穷二白、人口众多的东方大国大步迈进社会主义社会的伟大飞跃，为实现中华民族伟大复兴奠定了根本政治前提和制度基础。

教学思路

1. 立足近代以来中国社会的历史发展，阐明新民主主义革命胜利、中华人民共和国成立的重大意义和深远影响。

2. 讲授党在过渡时期的总路线的制定及实施情况时，注意"中国近现代史纲要"课与"毛泽东思想和中国特色社会主义理论体系概论"课的区别，阐明社会主义制度确立的重大意义和深远影响。

3. 通过讲授马克思主义基本原理同中国具体实际"第二次结合"的提出、《论十大关系》的发表、党的八大的召开、《关于正确处理人民内部矛盾的问题》的发表等，阐明全面建设社会主义的良好开端。

4. 通过讲授"大跃进"和人民公社化运动、初步纠"左"的努力、国民经济调整和"四个现代化"战略目标的提出、"文化大革命"内乱及其历史教训、全面建设社会主义的成就，阐述社会主义建设道路的艰辛探索和曲折发展，引导学生加深对改革开放前后两个历史时期不能相互否定的认识。

5. 通过主题研讨、组织学生观看反映社会主义革命和建设时期党和国家事业发展和成就的纪录片、参观相关纪念场所，引导学生加深对这一时期历史的了解和感悟。

重难点解析

一、为什么说新中国的成立开辟了中国历史的新纪元？

1949年10月1日下午，首都北京30万军民在天安门广场隆重举行开国大典。中央人民政府主席毛泽东庄严宣告："中华人民共和国中央人民政府今天成立了。"他按动电钮，升起新中国第一面五星红旗。54门礼炮齐鸣28响，象征中国共产党领导中国人民奋斗28年的历程。随后举行阅兵仪式和群众游行庆祝活动。全国已经解放的各大中城市都举行了热烈的庆祝活动。10月1日成为中华人民共和国国庆日。新中国的成立，开辟了中国历史的新纪元。

🎧 换了人间

（一）新中国的成立，彻底结束了旧中国半殖民地半封建社会的历史

1840年鸦片战争后，中国逐步成为半殖民地半封建社会。资本－帝国主义的侵略、掠夺和剥削，造成了近代中国的贫穷和落后。资本－帝国主义控制了中国的经济命脉和中国的政治。从经济上看，外国资本主义的侵入对中国封建社会的自然经济基础起了破坏作用，从而促进了商品经济和资本主义因素的发展。但是，从19世纪中叶以后出现的中国民族资本处于极其艰难的条件下，不可能发展壮大起来。它不但遭到具有种种特权的外国资本的排挤，而且无力抗拒在中国社会中仍然居于统治地位的前资本主义的剥削制度。从政治上看，帝国主义使清王朝变成它们所利用的驯服工具，在清王朝覆灭以后，又支持一个个代表地主阶级和买办官僚资本利益的军阀官僚势力。封建的土地关系、商业高利贷资本和一切前资本主义的剥削制度及其上层建筑，由于受到帝国主义的维护而得以继续存在，帝国主义利用它们作为统治和剥削中国人民的工具。这样，帝国主义的侵略阻断了中国的工业化、民主化的独立发展的道路，使中国在成为半殖民地的同时又处于半封建的境地。①

为了改变国家蒙辱、人民蒙难、文明蒙尘的悲惨命运，无数仁人志士为之前仆后继，

---

① 参见《胡绳文集（1979—1994）》，中国社会科学出版社1994年版，第70—71页。

英勇奋斗，但都以失败而告终，都没有改变中国半殖民地半封建社会的性质。中国共产党成立后，坚持把马克思主义基本原理同中国具体实际相结合，带领人民进行新民主主义革命，经过 28 年不屈不挠、艰苦卓绝的浴血奋战，终于推翻了帝国主义、封建主义、官僚资本主义三座大山，建立了工人阶级领导的、以工农联盟为基础的人民民主专政的共和国，中华民族来了一个大翻身，中国人民来了一个大解放，从而彻底结束了旧中国半殖民地半封建社会的历史，并由此造成独立、统一、自由、民主、和平的局面，"造成由农业国变为工业国的先决条件，造成由人剥削人的社会向着社会主义社会发展的可能性"[①]。

（二）新中国的成立，彻底废除了列强强加给中国的不平等条约和帝国主义在中国的一切特权

近代资本－帝国主义迫使弱小国家签订不平等条约，是资本主义体系中恶劣的国际关系准则。"帝国主义列强侵入中国的目的，决不是要把封建的中国变成资本主义的中国。帝国主义列强的目的和这相反，它们是要把中国变成它们的半殖民地和殖民地。"[②] 帝国主义列强为了这个目的，对中国采用了一切军事的、政治的、经济的和文化的压迫手段，使中国一步一步地成为半殖民地国家。积贫积弱的近代中国被迫同列强签订一系列不平等条约，这是导致中国变成半殖民地半封建社会的重要因素之一。这个不平等条约体系，内容涉及许多方面，后果十分严重：一是极大破坏了中国的领土和主权完整，包括割让领土、出让领土管制权、租借地和租界、引水权、军舰驻泊权、内河航行权、驻军权等；二是单方面开放通商口岸；三是破坏了中国的关税自主权；四是破坏了中国司法主权的完整；五是规定片面最惠国待遇，其他任何国家都可以沿用这种规定，从中国索取利益；六是规定鸦片自由贸易；七是规定自由传教；八是涉及大量对外赔款。列强对中国的侵略战争，给中国造成极大损害。在这些战争中，列强是加害的一方，中国是受害的一方，中国理应向列强索取赔偿，但战争结果却是列强迫使中国付出昂贵的赔偿代价。对外赔款是近代中国的一项沉重负担。除了战争赔款之外，还有教案赔款等其他名目的赔款，赔款情况实际更为复杂。为了赔款，中国向西方银行大量借款，付出大量利息、回扣以及

---

① 《毛泽东选集》第四卷，人民出版社 1991 年版，第 1375 页。
② 《毛泽东选集》第二卷，人民出版社 1991 年版，第 628 页。

其他权益。在不平等条约体系下，中国的独立、主权已经降到不可能再低的程度，中国人受到了无比的欺凌和盘剥。① 显然，废除不平等条约，取消帝国主义在华特权，是中华民族和中国人民实现民族独立、恢复国家领土主权的前提条件。

新中国明确了独立自主的外交政策，这就是，"不承认国民党时代的任何外国外交机关和外交人员的合法地位，不承认国民党时代的一切卖国条约的继续存在，取消一切帝国主义在中国开办的宣传机关，立即统制对外贸易，改革海关制度"②，收回驻军权和内河航行权。这一外交政策，清楚地体现了一个负责任的独立的主权国家的本质特点。只要同意上述外交政策，按照平等、互利及互相尊重领土主权等原则，新中国可以与任何国家建立正常的外交关系。对于与资本主义各国建立外交关系，要求各国"无条件承认中国，废除旧约，重订新约"③，这就叫做"另起炉灶""打扫干净屋子再请客"。通过有步骤地彻底清除帝国主义在中国的控制权，包括政治上、经济上、文化上的控制权，中国人、中国这个国家就在世界面前站起来了，中国作为一个独立的主权国家的国际地位就确定了。这是整个中国近代史上所有志士仁人所梦寐以求的，"是一百多年来旧中国的政府所没有做到的"④。从此，中国人重新找回了自己的尊严，扬眉吐气，满怀信心地憧憬着美好明天；中华民族洗刷了百年耻辱，开始以崭新的姿态屹立于世界民族之林。

（三）新中国的成立，实现了中国从几千年封建专制政治向人民民主的伟大飞跃

在中国建立什么样的政治制度，是近代以后中国人民面临的一个历史性课题。为解决这一历史性课题，中国人民进行了艰辛探索。鸦片战争后，为了挽救民族危亡、实现民族振兴，中国人民和无数仁人志士孜孜不倦寻找着适合国情的政治制度模式。辛亥革命之前，太平天国运动、洋务运动、戊戌变法、义和团运动、清末新政等都未能取得成功。辛

---

① 参见中国史学会：《中华人民共和国成立的伟大历史意义》，《人民日报》2009年9月1日。
② 《毛泽东选集》第四卷，人民出版社1991年版，第1434页。
③ 《毛泽东文集》第六卷，人民出版社1999年版，第40页。
④ 《建国以来重要文献选编》第三册，中央文献出版社2011年版，第144—145页。

亥革命之后,中国出现过君主立宪制、帝制复辟、议会制、多党制、总统制等各种形式,各种政治势力及其代表人物纷纷登场,都没能找到正确答案,中国依然是山河破碎、积贫积弱,列强依然在中国横行霸道、攫取利益,中国人民依然生活在苦难和屈辱之中。事实证明,不触动旧的社会根基的自强运动,各种名目的改良主义,旧式农民战争,资产阶级革命派领导的民主主义革命,照搬西方政治制度模式的各种方案,都不能完成中华民族救亡图存和反帝反封建的历史任务,都不能让中国的政局和社会稳定下来,也都谈不上为中国实现国家富强、人民幸福提供制度保障。①

在中国人民顽强前行的伟大斗争中,中国共产党诞生了。自成立之日起,中国共产党就以实现中国人民当家作主和中华民族伟大复兴为己任,就致力于建设人民当家作主的新社会,为"索我理想之中华"矢志不渝,"唤起工农千百万",进行艰苦卓绝的革命斗争,终于彻底推翻了帝国主义、封建主义、官僚资本主义三座大山,建立了人民当家作主的新中国,亿万中国人民从此成为国家和社会的主人。这一伟大历史事件,从根本上改变了近代以后中国内忧外患、任人宰割的悲惨命运。②

毛泽东强调,"我们是人民民主专政,各级政府都要加上'人民'二字,各种政权机关都要加上'人民'二字"③。新中国的成立,实现了中国从几千年封建专制政治向人民民主的伟大跨越,掌握了自己命运的中国人民通过各种途径参与管理国家事务,管理经济、文化和社会事务。毛泽东指出:"中国的命运一经操在人民自己的手里,中国就将如太阳升起在东方那样,以自己的辉煌的光焰普照大地,迅速地荡涤反动政府留下来的污泥浊水,治好战争的创伤,建设起一个崭新的强盛的名副其实的人民共和国。"④在中国共产党的领导下,新生的人民政权实现和巩固全国各族人民的大团结,实现和巩固全国工人、农民、知识分子和其他各阶层人民的大团结;大力推动经济建设,奋力改变一穷二白的落后面貌,有力保障了人民的基本生活需要;不断发展社会主义文化,提高人民群众的思想道德和科学文化素质;建立和发展了包括"两弹一星"在内的强大国防力量,彻底结束了旧

---

① 参见习近平:《在庆祝全国人民代表大会成立60周年大会上的讲话》,人民出版社2014年版,第2—3页。
② 参见习近平:《在庆祝全国人民代表大会成立60周年大会上的讲话》,人民出版社2014年版,第3页。
③ 《毛泽东文集》第五卷,人民出版社1996年版,第135页。
④ 《毛泽东选集》第四卷,人民出版社1991年版,第1467页。

中国屡遭外敌入侵的历史，我国国防力量走在世界前列；坚持独立自主的和平外交政策，坚定维护国家独立主权尊严，彻底结束了旧中国的屈辱外交，中国作为一个独立的、具有完整主权的国家屹立于世界东方。古老的中国在人民的手中换了人间，中国人民扬眉吐气，新中国的国际地位日益提高。①

（四）新中国的成立，彻底结束了旧中国一盘散沙的局面，实现了中国高度统一和各民族空前团结

鸦片战争以后，资本-帝国主义不断侵略中国，瓜分、分化中国，培植其代理人，致使新旧军阀各霸一方，互相争斗，各地战乱频仍，匪患不断，造成严重的四分五裂的局面，国家长期处于不统一、不团结的分裂状况。此外，长期的封建统治和帝国主义的挑拨离间，也导致中国各民族之间的不团结。从晚清到民国，国家的行政体制始终未能一致，中央政府始终不能有效地号令全国。旧中国常被讥笑为"一盘散沙"。

新中国成立后，中国共产党成为执掌全国政权的执政党，成为团结全国各族人民的核心力量。在中国共产党坚强领导下，新中国迅速实现和巩固了全国范围（除台湾等岛屿以外）的国家统一，建立起各级人民政府，新中国一改旧观，全国行政区划归于统一。在全国范围内将社会各阶层人民以空前规模组织起来，建立了工会、共青团、妇联，以及城镇街道居民委员会等，深入到社会基层，随时可以将民众动员起来协助人民政府完成各项工作，这就根本改变了过去那种散漫的、无组织状态，彻底结束了旧中国一盘散沙的局面，分裂割据的局面已经一去不复返。党中央的决策部署和中央政府的政令能够迅速到达全国各地，各级党组织团结带领人民群众坚决贯彻落实，把全国各族人民的力量凝聚起来，万众一心建设新社会新国家。"这不仅是近代中国不曾有的，也是中国几千年历史上不曾真正出现过的。"②

新中国的成立，结束了旧中国由于帝国主义列强的分裂剥削政策，封建军阀势力争斗、割据、混战，以及其他阶级矛盾和民族矛盾等各种原因而造成的四分五裂状态的历

---

① 参见习近平：《在纪念毛泽东同志诞辰130周年座谈会上的讲话》，人民出版社2023年版，第8—9页。
② 中国史学会：《中华人民共和国成立的伟大历史意义》，《人民日报》2009年9月1日。

史;结束了旧中国长期存在的民族分裂、民族歧视的历史,通过实行正确的民族政策,我们伟大的祖国成为各民族平等互助、团结友爱、共同进步的大家庭。新中国成立前夕,中国人民政治协商会议第一届全体会议通过的、起临时宪法作用的《中国人民政治协商会议共同纲领》规定了新的民族政策,在第一章总纲中规定,"中华人民共和国境内各民族,均有平等的权利和义务"①。在第六章民族政策中规定,"中华人民共和国境内各民族一律平等,实行团结互助,反对帝国主义和各民族内部的人民公敌,使中华人民共和国成为各民族友爱合作的大家庭。反对大民族主义和狭隘民族主义,禁止民族间的歧视、压迫和分裂各民族团结的行为"②。

新中国成立后,经过短短几年的努力,"我国已经结束了长期的混乱局面,实现了国内和平,造成了我国全部大陆空前统一的局面。我国各民族之间已经结束了过去那种互相歧视和互不信任的情况,而在反对帝国主义和反对各民族内部的人民公敌的基础上,在民族平等和友爱互助的基础上,亲密地团结起来了"③。

1954年召开的第一届全国人民代表大会通过的《中华人民共和国宪法》明确规定:"我国各民族已经团结成为一个自由平等的民族大家庭。在发扬各民族间的友爱互助、反对帝国主义、反对各民族内部的人民公敌、反对大民族主义和地方民族主义的基础上,我国的民族团结将继续加强。国家在经济建设和文化建设的过程中将照顾各民族的需要,而在社会主义改造的问题上将充分注意各民族发展的特点。"④ "中华人民共和国是统一的多民族的国家。各民族一律平等。禁止对任何民族的歧视和压迫,

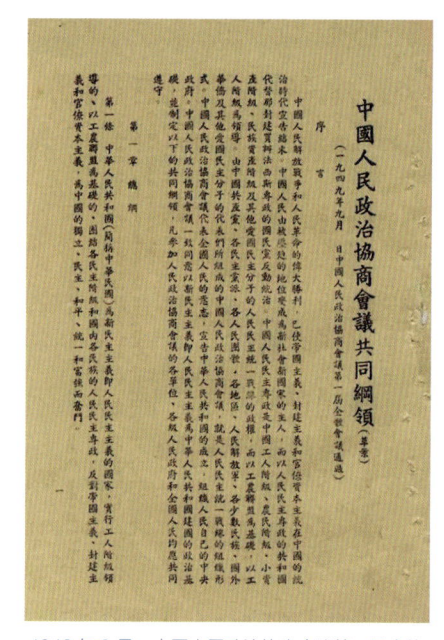

1949年9月,中国人民政治协商会议第一届全体会议通过的《中国人民政治协商会议共同纲领》

---

① 《建党以来重要文献选编(一九二一——一九四九)》第二十六册,中央文献出版社2011年版,第760页。
② 《建党以来重要文献选编(一九二一——一九四九)》第二十六册,中央文献出版社2011年版,第767页。
③ 《刘少奇选集》下卷,人民出版社1985年版,第140页。
④ 《建国以来重要文献选编》第五册,中央文献出版社2011年版,第450页。

禁止破坏各民族团结的行为。各民族都有使用和发展自己的语言文字的自由，都有保持或者改革自己的风俗习惯的自由。各少数民族聚居的地方实行区域自治。各民族自治地方都是中华人民共和国不可分离的部分。"[①]《中华人民共和国宪法》为国家的统一、各族人民的团结提供了根本大法的保障。我国各族人民在中国共产党的领导下团结起来，共同致力于国家各项事业的发展进步，致力于人民幸福美好生活的创造。

新中国的成立，宣告中国人民从此站起来了！中国人民从此把命运牢牢掌握在自己手中，成为国家、社会和自己命运的主人，中华民族发展进步从此开启了新纪元。

二、新中国为什么走上社会主义道路？

1949年新中国成立后，中国共产党团结带领中国人民在完成民主革命遗留任务和恢复国民经济的基础上，进行社会主义革命，确立社会主义制度，推进社会主义建设，走上社会主义道路，开始了社会主义现代化建设的伟大征程。新中国为什么走上社会主义道路？又是怎样走上社会主义道路的？新中国走上社会主义道路对中国意味着什么？这需要从当时的社会历史条件及后来的实践检验中加以考察。

（一）走社会主义道路是近代中国历史和人民的选择

中国是一个具有悠久历史的文明古国。在很长一段时间里，中国曾经走在世界的前列，创造了辉煌灿烂的古代文明，为人类的发展作出了不可磨灭的重大贡献。1840年鸦片战争后，由于西方列强入侵和封建统治腐败，具有5000多年文明历史的中国逐步成为半殖民地半封建社会，中华民族遭受了前所未有的劫难。为了捍卫民族的独立，中国人民进行了英勇的反侵略斗争，前仆后继，不屈不挠。与此同时，先进的中国人开始向西方寻找救国救民的真理，探索国家的出路，各种救国方案轮番出台，但都以失败告终。

在人类社会发展史上，资本主义制度尽管是一种剥削劳动人民的制度，但以资本主

[①]《建国以来重要文献选编》第五册，中央文献出版社2011年版，第451页。

义制度取代封建制度毕竟是一种历史进步，也确实有一些实行资本主义制度的国家走向了富强而成为发达国家。但在近代中国社会历史条件下，资本主义道路却总是行不通。这是因为近代中国的社会经济政治状况不允许中国走资本主义道路。

第一，中国民族资产阶级的软弱性决定了它没有能力独立发展资本主义。中国的民族资本主义逐步发展成为中国社会经济中的一支新的重要力量，但由于帝国主义和封建主义的压迫，它的发展是畸形的、非常有限的，因而始终没有能够在社会经济中占据优势地位。作为民族资本主义在政治上的代表，中国的民族资产阶级具有两重性。一方面，它希望摆脱帝国主义和封建主义的压迫，因而具有反帝反封建的革命性；另一方面，它在经济上未完全断绝同帝国主义和封建主义的联系，在政治上没有彻底的反帝反封建的勇气和力量，因而具有对于革命敌人的软弱性、妥协性和在革命斗争中的动摇性。其革命性，决定了它可以参加革命，是中国革命的动力之一；其软弱性、妥协性和动摇性，则决定了它没有彻底推翻封建统治、推翻帝国主义、争取民族独立和独立发展资本主义的勇气和能力，只能依附于国际资本主义来寻求生存和发展。

第二，中国的反动统治阶级严重阻碍中国民族资本主义的发展。以清王朝为代表的封建势力本来就是阻碍中国民族资本主义发展的力量。在继之而起的北洋军阀统治时期，"民国"也只是封建军阀手中的一块招牌。1924年至1927年的大革命沉重打击了北洋军阀的统治，但在大革命失败后取代北洋军阀掌握政权的国民党既没有兑现它所许诺的"平均地权"，也没实现它所声称的"发展民族工商业"，而是大力扶植依附于帝国主义、具有封建性的官僚资本，"四大家族"聚敛了大量财富，使中国在半殖民地半封建社会的泥潭中越陷越深。民族资本主义除了受到封建势力和帝国主义的压迫外，又受到以"四大家族"为首的官僚资本主义的剥削，在内外交困的夹缝中艰难生存。民族资本主义既没有国家强有力的支持，也缺乏和平安定的社会环境，自身又有着无法弥补的缺陷，最终只能在曲折中前行。在这种情况下，先天不足的中国民族资本主义根本没有可能得到正常发展，也不可能成为中国社会经济的主要因素。

第三，中国的工农大众和知识分子对国民党政权失去信心，转而支持中国共产党的主张。国民党政府由于专制独裁统治和官员的贪污腐败、大发国难财，在抗战后期便已在大后方严重丧失人心。在抗战胜利后曾对它抱有很大期望的原沦陷区人民，也很快对它感到极度失望。因为它违背全国人民迫切要求休养生息、和平建国的意愿，执行反人民的内战政策。为了筹措内战经费，国民党政府除了对人民征收苛重的捐税外，更无限制地发行纸币，导致物价暴涨，造成恶性通货膨胀，这实际上是对国统区人民的普遍掠夺。与此同时，官僚资本极度膨胀，工业生产严重萎缩，大批民族工商业企业濒于倒闭，城市失业人数陡增，农村饿殍遍地。全国各阶层人民在饥饿和死亡线上挣扎。在这种情况下，中国的普通民众和知识界对国民党政权完全失望，转而坚定地站在了中国共产党一边。主要代表民族资产阶级和上层小资产阶级利益的各民主党派，纷纷明确表态支持中国共产党改造旧中国、开辟新道路、建立新中国的政治、经济主张。一些曾经主张在国共两党之间走"第三条道路"的知识分子也不反对在中国实行社会主义的经济制度。可以说，中国经过新民主主义革命走上社会主义道路，求得民族独立和人民解放，继而实现国家富强和人民幸福，这一主张不仅得到了工农大众的支持，也得到了知识分子的赞同，得到了各民主党派的拥护。正因为如此，社会主义的原则和人民民主的原则一起，被写入了1954年一届全国人大一次会议通过的《中华人民共和国宪法》之中。

第四，中国革命的领导力量决定了中国必然走社会主义道路。完成中国近代以来的两大历史任务，首要的是进行反帝反封建的民主革命。从中国社会各个阶级、阶层的特性来看，农民阶级是中国民主革命的最大力量，是中国民主革命的主力军，但由于他们的经济和文化条件而带有分散性和某些落后性；民族资产阶级有发展资本主义经济的强烈愿望，但由于同帝国主义和封建主义有着千丝万缕的联系，缺乏彻底的反帝反封建的勇气和能力；工人阶级是中国最先进、最革命、最有组织性的阶级，是中国民主革命的天然领导阶级。加上中国工人阶级在作为一支独立的政治力量登上政治舞台后不久，就组织起自己的先锋队——中国共产党，从此作为一个阶级整体来行动，因此，中国的反帝反封建的资产阶级民主革命不再是旧式的民主主义革命，而只能是无产阶级领导的新式的民主主义革命，即新民主主义革命。中国共产党作为无产阶级先锋队，理所当然地成为新民主主义革命的领导者。在中国，只有中国共产党而没有其他哪个政治力量能够提出正确的纲领，团结一切进步力量，从根本上解决中国反帝反封建的问题，解决中国实现人民民主和维护国家统一的问题。无产阶级作为中国新民主主义革命的领导阶级，中国共产党作为中国新民主主义革命的领导核心力量，在完成新民主主义革命后，必然要把这一革命引向社会主义方向。正如毛泽东所指出的，在这两个阶段中间，"不容横插一个资产阶级专政的阶段"[①]。

[①]《毛泽东选集》第二卷，人民出版社1991年版，第685页。

中国没有走资本主义道路，而选择了社会主义道路，是历史的选择、人民的选择，反映了近代以来中国社会历史发展的必然要求。

（二）时代条件和国际环境的新特点促使中国人民选择走社会主义道路

中国对社会主义道路的选择，与当时的时代背景和国际形势密切关联。在19世纪末20世纪初一些主要资本主义国家完成自由资本主义向垄断资本主义的过渡之后，整个世界处于帝国主义和无产阶级革命的时代，各种矛盾异常尖锐，各国人民的革命斗争风起云涌。在这样一种时代背景和国际形势面前，中国要完成近代以来两大历史任务，实现自己的发展，必须摆脱帝国主义的束缚，必须同时代进步潮流相适应。

帝国主义列强侵入中国的目的，就是要占领中国的市场，掠夺中国的资源，使中国保持殖民地半殖民地状况。因而它们绝不会支持中国民族资本主义的独立发展，反而支持中国的封建势力，成为封建统治势力的靠山。而中国的封建统治势力虽然在太平天国农民运动和各种斗争中遭受了沉重打击，却因成为帝国主义统治中国的社会基础而得到帝国主义侵略势力的支持。帝国主义侵略势力与中国的封建统治相互勾结起来，联合绞杀包括辛亥革命在内的中国人民革命斗争，这就使得中国不仅不可能像西方国家那样独立地走上资本主义发展道路，进而在资本主义制度下实现国家的现代化，反而遭受帝国主义国家残酷的军事侵略、经济剥削和政治压迫。帝国主义对中国的侵略，决定了中国人民对资本主义没有任何好感，这促使他们抛弃资本主义道路，转而艰难探索救国救民的新道路。

第一次世界大战的爆发，是资本主义内在矛盾激化的产物，引起包括俄国十月社会主义革命在内的世界革命风潮，出现了第一个社会主义国家。十月革命是一个具有划时代意义的世界性历史事件，它昭示了资本主义制度不是永恒的，无产阶级和其他劳动群众一旦觉醒起来、组织起来，可以创造出维护绝大多数人利益的崭新社会制度。十月革命发生在中国学习西方的努力遭到失败、中国的先进分子陷于苦闷彷徨之际，因而使中国人受到深刻启发，看到了新的希望，从而将目光从西方转向东方，从资产阶级民主主义转向社会主义。

20世纪30年代席卷全球的经济危机，引发资本主义世界的经济、政治、信仰恐慌，资本主义的吸引力不断下降。在经济危机打击下，资本主义国家加紧对华经济掠夺，日本更是悍然发动侵华战争。与此同时，社会主义苏联为中国提供了一种崭新的制度选择和新的社会样板。尽管苏联的社会主义建设也出现过这样那样的问题，但是，苏联从来没有发生过生产过剩性质的经济危机。即使在1929—1933年资本主义世界经济危机时期，苏联不仅没有跟着出现危机，而且也没有受到多大消极影响。相反，苏联抓住时机发展社会主义经济，通过同美国等资本主义国家的贸易往来，取得了大量的设备和技术，促进以五年为周期的计划经济建设，社会主义经济建设取得辉煌成就。当时的苏联经济迅速发展、工人充分就业，呈现出一派欣欣向荣、蒸蒸日上的景象，这同当时的美国等资本主义国家经济下滑、工人大量失业、设备闲置、产品积压的萧条景象正好形成了鲜明的对照，显示出社会主义制度的巨大优越性，吸引了全世界劳动人民的目光。中国不少知识分子把苏联的成功归因于苏联的社会主义制度的优越性和马克思主义的指导，因此，走苏联的路，成为许多先进分子的共识。社会主义思潮在中国的影响力迅速扩大，选择社会主义道路成为人心所向、大势所趋。

（三）新中国具备了走社会主义道路的国内外条件

中国革命的历史条件和发展趋势，包括共产党的领导和没收官僚资本，使得中国的"新民主主义阶段"包含了很多的社会主义因素，当社会主义因素不断增长并最终居于领导地位，加上当时有利于发展社会主义的国际条件，中国社会就必然要经过社会主义革命实现从新民主主义到社会主义的转变。在新中国成立后，经过三年的国民经济恢复时期，我国经济、政治和社会发生了深刻变化，并且已经具备了走社会主义道路的社会历史条件。从国内条件看，经济上，社会主义性质的国营经济在国家经济生活中相对强大和迅速发展，奠定了走社会主义道路的经济基础；政治上，无产阶级及其政党在全国的领导和执政地位以及人民民主专政的国家政权不断巩固，奠定了走社会主义道路的政治基础；文化上，马克思主义在意识形态领域的指导地位确立，奠定了走社会主义道路的思想文化基础。从国际环境看，一方面，苏联社会主义发展树立了榜样，世界社会主义充满向上发展的活力，世界社会主义力量大为增强，这些为新中国走向社会主义提供了国际条件；另一方面，新中国是在同西方国家所支持的国民党统治的激烈斗争中产生出来的，1950年爆发的朝鲜战争使中国与西方已经很紧张的关系更加紧张。中国长期受到外交上、经济上和军事上的严密封锁，不但不可能从资本主义大国得到什么援助，而且连普通的贸易和交往都很困难。因此，中国人只能从自己受侵略受歧视的记忆中和受敌视受威胁的感受中认识资本主义。当时只有社会主义国家和第二次世界大战后为独立而斗争的国家同情中国，只有苏联能够援助中国，这种援助在中国的第一个五年计划中占有十分重要的地位。尽管中国在制定具体的经济政策和工作方法时坚持从中国的具体情况出发，苏联的社会主义制度仍然对中国具有重大的榜样作用。①

正是在这样的社会历史条件下，中共中央在1952年年底开始酝酿并于1953年正式提出党在过渡时期的总路线，明确规定："从中华人民共和国成立，到社会主义改造基本完成，这是一个过渡时期。党在这个过渡时期的总路线和总任务，是要在一个相当长的时期内，逐步实现国家的社会主义工业化，并逐步实现国家对农业、对手工业和对资本主义工商业的社会主义改造。"② 这条总路线的主要内容概括为"一化三改"，又称"一体两翼"。"一化"是"主体"，"三改"是"两翼"，二者相辅相成、相互促进。过渡时期总路线体现了社会主义工业化和社会主义改造的同时并举、紧密结合，体现了解放生产力与发展生产力、变革生产关系与发展生产力的有机统一。过渡时期总路线反映了历史的必然性。

过渡时期总路线的制定，是党依据新中国成立后的经济、政治条件的新变化作出的重大决策，是党的总路线、总任务及发展战略上的重大转变，是符合新中国社会发展的实际和规律的。过渡时期总路线为实现从新民主主义到社会主义的转变指明了方向。在过渡时期总路线的指引下，党领导全国人民在实施"一五"计划、

上海市工人代表会议代表庆祝社会主义改造胜利

建设工业化国家的同时，基本上完成了对农业、手工业和资本主义工商业的社会主义改造，在中国这个世界上人口最多的国家建立起社会主义制度。

---

① 参见《胡乔木文集》第二卷，人民出版社2012年版，第270页。
② 《毛泽东文集》第六卷，人民出版社1999年版，第316页。

（四）历史证明只有社会主义才能救中国和发展中国

中国走上社会主义道路，实现了中国历史上最深刻最伟大的社会变革，为当代中国一切进步和发展奠定了根本的政治前提和制度基础。社会主义给中国带来了天翻地覆的变化。新中国成立之初，面对的是一个一穷二白、千疮百孔的烂摊子，工业几乎等于零，粮食不够吃，通货恶性膨胀，经济十分混乱。一位西方记者曾武断地说："这个国家太大了，又穷又乱，不会被一个集团统治太久，不管他是天使、猴子，还是共产党人。"[1] 但新中国成立后，中国人民以前所未有的主人翁姿态和高涨的创造热情投入到社会主义改造和国家建设中，使社会生产力以前所未有的速度快速发展，迅速将一个贫穷落后、满目疮痍的旧中国，建设成为一个蒸蒸日上、阔步走向繁荣富强的新中国。"一五"计划期间工业生产所取得的成就，远远超过了旧中国的100年。[2] 从社会主义制度建立，到"文化大革命"结束，中国共产党在领导社会主义建设的实践中，尽管在一段时间，指导思想上犯了"左"的错误，经历了严重挫折，但所取得的巨大成就，是中国以往历史上任何一个时期都无法比拟的。党领导人民在一穷二白的基础上，独立自主，自力更生，艰苦创业，建立了比较完整的工业体系和国民经济体系，为社会主义现代化建设奠定了坚实基础。党的十一届三中全会作出了把工作重点转移到社会主义现代化建设上来的战略决策，实现了党和国家历史上具有深远意义的伟大转折，并逐步开辟了建设中国特色社会主义的道路，迎来了国家现代化和中华民族伟大复兴的光明前景。事实充分证明，在中国，除了社会主义道路，没有任何其他道路能够给中国带来这样的发展，能够改变中华民族的前途和命运。

关于新中国走上社会主义道路所取得的伟大成就及其重大意义，邓小平指出："建国以后，我们从旧中国接受下来的是一个烂摊子……我们解决吃饭问题，就业问题，稳定物价和财经统一问题，国民经济很快得到恢复，在这个基础上进行了大规模经济建设。靠的是什么？靠的是马克思主义，是社会主义。人们说，你们搞什么社会主义！我们说，中国搞资本主义不行，必须搞社会主义。如果不搞社会主义，而走资本主义道路，中国的混乱状态就不能结束，贫困落后的状态就不能改变。所以，我们多次重申，要坚持马克思

---

[1] 任仲平：《五十年探索 五十年辉煌》，《人民日报》1999年10月8日。
[2] 参见中共中央党史研究室：《中国共产党的七十年》，中共党史出版社1991年版，第364页。

主义，坚持走社会主义道路。"[①] "在中国现在落后的状态下，走什么道路才能发展生产力，才能改善人民生活？这就又回到是坚持社会主义还是走资本主义道路的问题上来了。如果走资本主义道路，可以使中国百分之几的人富裕起来，但是绝对解决不了百分之九十几的人生活富裕的问题。而坚持社会主义，实行按劳分配的原则，就不会产生贫富过大的差距。再过二十年、三十年，我国生产力发展起来了，也不会两极分化。"[②] 这就是一代伟人向世人昭示的真理：只有社会主义才能救中国和发展中国。

当然，由于社会主义的发展历史比资本主义的发展历史短暂，还处于实践和发展的初期，我国社会主义制度的全面建立也才几十年的历史。所以，相比资本主义来说，社会主义的发展目前还不完善，还不充分，还处于初级阶段，其应有的优越性还没有完全显现出来。随着社会主义的不断发展和完善，社会主义的优越性必将进一步展现出来。同时我们也要看到，新社会制度代替旧社会制度，或者建立和完善一种社会制度，从来不会是历史的瞬间，它需要经历一个漫长的历史发展过程，其前进途中也不可避免地会遇到许多难以预料和想象的困难与风险，不会也不可能是一帆风顺的。正如邓小平所说的："巩固和发展社会主义制度，还需要一个很长的历史阶段，需要我们几代人、十几代人，甚至几十代人坚持不懈地努力奋斗，决不能掉以轻心。"[③] 我们要充分估计到建设和发展社会主义事业的长期性和艰巨性，不断总结社会主义建设的经验教训，坚定不移地坚持和发展中国特色社会主义，为强国建设、民族复兴而团结奋斗。

三、如何认识探索适合中国国情的社会主义建设道路和全面建设社会主义的良好开端？

随着社会主义改造在1956年年底基本完成，社会主义基本制度在中国初步建立起来，但是中国的生产力发展水平还很落后，在政治、经济、文化等各领域应该怎样建设和发展社会主义是党面临的全新课题。以毛泽东同志为主要代表的中国共产党人提出了

---

① 《邓小平文选》第三卷，人民出版社1993年版，第63页。
② 《邓小平文选》第三卷，人民出版社1993年版，第64页。
③ 《邓小平文选》第三卷，人民出版社1993年版，第379—380页。

"第二次结合"的任务,开始了对适合中国国情的社会主义建设道路的艰辛探索。

(一)《论十大关系》:调动一切积极因素建设强大的社会主义国家

社会主义改造基本完成后,党和国家工作面临着新的内外形势。就国内形势而言,生产关系的完善、生产力的发展、社会矛盾的处理等问题亟待解决;就国际形势而言,1956年2月苏共二十大尖锐地揭露了斯大林的错误和苏联社会主义建设的问题,对斯大林作出了全盘否定的评价,在社会主义阵营引起了极大震动和混乱。中国共产党先后发表《关于无产阶级专政的历史经验》和《再论无产阶级专政的历史经验》,对斯大林问题进行客观评价。在讨论《关于无产阶级专政的历史经验》一文时,毛泽东提出:"最重要的是要独立思考,把马列主义的基本原理同中国革命和建设的具体实际相结合。民主革命时期,我们吃了大亏之后才成功地实现了这种结合,取得了新民主主义革命的胜利。现在是社会主义革命和建设时期,我们要进行第二次结合,找出在中国怎样建设社会主义的道路。"① 在提出实行"第二次结合"这个命题时,考虑到以往经济建设中有过照搬苏联办法的倾向,毛泽东强调,现在我们"应当更加强调从中国的国情出发,强调开动脑筋,强调创造性,在结合上下功夫"②。"第二次结合"的提出,实际上是以毛泽东同志为主要代表的中国共产党人为找到中国建设社会主义的具体道路进行的深刻思考。

与此同时,为了筹备党的八大的召开,中国共产党领导人进行了大规模的系统调查研究。1955年12月至1956年3月,刘少奇为准备起草党的八大的政治报告,分别与中央和国务院37个部门的负责人座谈了解各条战线工作的情况。1956年2月至4月,毛泽东分别听取国务院35个部委的工作汇报,看了许多大工厂的书面汇报。在充分调研的基础上,毛泽东于4月25日在中共中央政治局扩大会议上作了《论十大关系》的讲话。之后,中共中央政治局连续讨论,根据讨论中提出的意见,毛泽东进行修改补充,于5月2日向最高国务会议作了报告。《论十大关系》的基本思想是要以苏联经验为鉴戒,总结我国的经验,"调动一切直接的和间接的力量,为把我国建设成为一个强大的社会主

---

① 中共中央党史和文献研究院编:《毛泽东年谱》第五卷,中央文献出版社2023年版,第557页。
② 吴冷西:《十年论战:1956—1966中苏关系回忆录》上,中央文献出版社1999年版,第24页。

义国家而奋斗"①。十大关系中的前五大关系主要讲经济问题,从经济工作的各个方面来调动各种积极因素;后五大关系主要讲政治等问题,从政治生活和思想文化生活各方面调动各种积极因素。十大关系的提出,表明毛泽东对中国的社会主义建设已经有了初步的系统思考,反映了当时经济发展的客观规律和社会稳定的需要,对当时和后来的社会主义建设具有很强的针对性和指导性。正如毛泽东所言:"前八年照抄外国的经验。但从一九五六年提出十大关系起,开始找到自己的一条适合中国的路线。"②

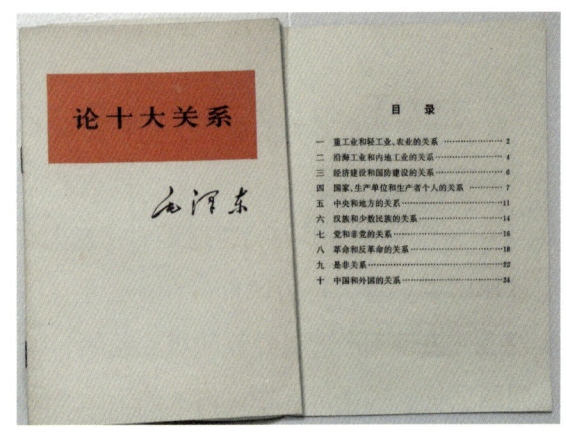

《论十大关系》

(二)党的八大路线的制定及其重大意义

1956年9月15日至27日,中国共产党第八次全国代表大会在北京举行。大会正确分析了国内外形势和国内主要矛盾的变化,明确指出,社会主义改造已经取得决定性的胜利,我国无产阶级同资产阶级之间的矛盾已经基本上解决,国内的主要矛盾,"已经是人民对于建立先进的工业国的要求同落后的农业国的现实之间的矛盾,已经是人民对于经济文化迅速发展的需要同当前经济文化不能满足人民需要的状况之间的矛盾"③。党和全国人民当前的主要任务,就是要集中力量解决这个矛盾,把我国尽快地从落后的农业国变为先进的工业国。这些论述,是社会主义制度在我国建立起来以后党确定正确路线的基本依据。

中国共产党第八次全国代表大会

党的八大在经济、政治、文化、外交、党的建设等方面作出一系列重要决策。在经济方面,党的八大坚持了1956年5月党中央提出的既反保守又反冒进,即在综合平衡中稳步前进的经济建设方针,随时注意防止和纠正保守主义和冒险主义两种错误倾向。大

---

① 《建国以来重要文献选编》第八册,中央文献出版社2011年版,第206—207页。
② 中共中央党史和文献研究院编:《毛泽东年谱》第七卷,中央文献出版社2023年版,第419页。
③ 《建国以来重要文献选编》第九册,中央文献出版社2011年版,第293页。

会通过的关于"二五"计划建议的各项指标，比较符合当时中国经济发展的客观实际。在政治方面，强调继续巩固以工农联盟为基础的人民民主统一战线，开展反对官僚主义的斗争，加强对各级国家机关的监督，建立共产党同民主党派和无党派民主人士的合作共事关系，着手系统地制定比较完备的法律，健全国家的法制。在文化方面，提出大力发展文化教育科技事业，确认"百花齐放、百家争鸣"为繁荣科学和文化艺术工作的指导方针。在外交方面，作出"世界局势正在趋向和缓，世界的持久和平已经开始有了实现的可能"①的判断，强调坚持以和平共处五项原则为基础的外交政策。在党的建设方面，通过新修改的《中国共产党章程》，根据执政党的特点提出了党领导全面建设社会主义的任务，突出反对官僚主义、宗派主义和主观主义，批评那种脱离实际、脱离群众的思想作风，强调坚持民主集中制和集体领导制度，反对突出个人和个人崇拜。

党的八大是党取得全国执政地位后召开的第一次全国代表大会。这次大会是对中国社会主义建设道路的重大探索，提出和初步解决了中国社会主义建设中的许多重大问题。"党的八大是一次成功的大会。它宣告了社会主义革命的基本完成和社会主义制度的基本确立，并明确提出了党在今后的根本任务。大会制定的党的路线是正确的，提出的许多新方针和新设想是富于创造精神的。"②党的八大为社会主义事业的发展和党的建设指明了方向。

（三）党的八大后各领域的进一步探索与"一五"计划的完成

党的八大擘画了中国社会主义建设道路的蓝图，但如何坚持和完善既定的正确方针还需要党领导人民在实践中进一步探索。党的八大以后各领域的进一步探索，为社会主义建设的全面展开奠定了良好基础。

在理论探索方面，以毛泽东同志为主要代表的中国共产党人对于如何看待资本主义、社会主义发展阶段等问题有了进一步的认识。1956年12月，毛泽东针对社会主义改造后出现的"地下工厂""地下商店"明确提出："可以消灭了资本主义，又搞资本主义。当然

---

① 《建国以来重要文献选编》第九册，中央文献出版社2011年版，第302页。
② 中共中央党史和文献研究院：《中国共产党的一百年（社会主义革命和建设时期）》，中共党史出版社2022年版，第469页。

要看条件，只要有原料，有销路，就可以搞。现在国营、合营企业不能满足社会需要，如果有原料，国家投资又有困难，社会有需要，私人可以开厂。"①1959年年底至1960年春，毛泽东在《读苏联〈政治经济学教科书〉的谈话》中指出："社会主义这个阶段，又可能分为两个阶段，第一个阶段是不发达的社会主义，第二个阶段是比较发达的社会主义。后一阶段可能比前一阶段需要更长的时间。经过后一阶段，到了物质产品、精神财富都极为丰富和人们的共产主义觉悟极大提高的时候，就可以进入共产主义社会了。"②

党在经济建设、党的建设等方面也进行了初步探索。在经济建设方面，中央按照"三个主体，三个补充"的方针来调整经济关系，在有计划地引进市场调节机制的基础上，自由市场一度活跃，个体工商户有明显增长，与人民衣食住行密切相关的市场生产和销售有了初步改善。与此同时，党对农业集体经济的内部关系进行调整，在四川、安徽、浙江、广东、河北等地的农村进行了实行农业生产责任制的创造性尝试。在体制改革方面，以简政放权为内容的国家行政体制改革和经济体制改革方案逐步酝酿和出台，调整中央和地方、国家和企业的关系，以进一步发挥地方和企业的积极性和主动性。在党的建设方面，根据党的八大通过的新党章关于党的地方各级代表大会实行常任制的规定，中共中央发布文件，对在八大以前召开的地方各级党的代表大会实行常任制的问题作出具体部署。党中央关于调整经济关系和搞活经济的新思路、关于实行农业生产责任制、国家行政管理体制和经济体制改革、关于党的建设等方针政策，为社会主义制度的发展与完善提供了宝贵经验。

1953年，中国借鉴苏联建设经验开始实施"一五"计划，一场大规模的工业化建设全面展开。"一五"计划的主要任务有两点：一是集中力量进行工业化建设，二是加快推进各经济领域的社会主义改造。在工业化建设方面，集中主要力量，开展以苏联帮助中国设计的156个建设项目为中心的工业建设，建立社会主义工业化的初步基础；在社会主义改造方面，建立对农业、手工业和资本主义工商业社会主义改造的基础，根据过渡时期的总路线，通过三大改造把私有经济纳入计划轨道，支持和保证国家工业化建设。经过全国人民的共同努力，到1957年年底，除个别产品外，"一五"计划的各项指标大多大幅度超额实现，第一个五年计划提前完成。1953年至1957年，汽车制造业、飞机制造业等一些

---

① 《毛泽东文集》第七卷，人民出版社1999年版，第170页。
② 《毛泽东文集》第八卷，人民出版社1999年版，第116页。

现代工业部门从无到有地建设起来，独立的工业体系已初步建成，工业布局也有所改善。五年间，工业总产值年均增长18%、共增长128.6%，邮电业务总增长率为79.3%，铁路运输货物周转量增长123.6%。[1]交通运输业发展迅速，宝成、鹰厦铁路，武汉长江大桥和康藏、青藏、新藏公路相继建成通车。1957年全国铁路营运里程2.67万公里，比1952年增加16.6%；公路里程25.46万公里，增加一倍。[2]"一五"计划是中国大规模现代经济建设的开端，"一五"计划的顺利完成使中国的工业生产能力和技术水平有了显著提升，奠定了中国工业化发展的坚实基础，为社会主义建设积累了宝贵经验。

（四）《关于正确处理人民内部矛盾的问题》的发表及其意义

苏共二十大的召开和波匈事件的爆发，给国际共产主义运动带来巨大冲击，也把社会主义社会的各种矛盾暴露了出来。与此同时，由于社会主义改造的迅速完成，未能完全消除经济建设冒进的影响，加之官僚主义作风的影响，一些地方出现少数群众闹事等不稳定情况。面对纷繁复杂的国际国内形势，毛泽东敏锐地紧紧抓住如何正确认识和处理社会主义社会的矛盾这个重大课题，反复地进行思考和研究。

在1956年11月召开的党的八届二中全会上，毛泽东提出要从苏联和波匈事件中吸取教训。他指出："以后凡是人民内部的事情，党内的事情，都要用整风的方法，用批评和自我批评的方法来解决，而不是用武力来解决。"[3] 12月4日，毛泽东在给民主建国会主任委员黄炎培的信中，对社会主义社会两类不同性质的矛盾形成了若干重要判断，指出"社会总是充满着矛盾。即使社会主义和共产主义社会也是如此，不过矛盾的性质和阶级社会有所不同罢了。既有矛盾就要求揭露和解决。有两种揭露和解决的方法：一种是对敌（这说的是特务破坏分子）我之间的，一种是对人民内部的（包括党派内部的，党派与党派之间的）。前者是用镇压的方法，后者是用说服的方法，即批评的方法。我们国家内部

---

[1] 参见中国社会科学院、中央档案馆编：《1953—1957中华人民共和国经济档案资料选编·工业卷》，中国物价出版社1998年版，前言第3页。

[2] 参见中共中央党史和文献研究院：《中国共产党的一百年（社会主义革命和建设时期）》，中共党史出版社2022年版，第472页。

[3] 中共中央党史和文献研究院编：《毛泽东年谱》第六卷，中央文献出版社2023年版，第34页。

的阶级矛盾已经基本上解决了（即是说还没完全解决，表现在意识形态方面的，还将在一个长时期内存在。另外，还有少数特务分子也将在一个长时间内存在），所有人民应当团结起来。但是人民内部的问题仍将层出不穷，解决的方法，就是从团结出发，经过批评与自我批评，达到团结这样一种方法"①。

经过一段时间的观察和思考，毛泽东关于人民内部矛盾的理论逐渐成熟和完善。1957年2月27日，毛泽东在最高国务会议第十一次（扩大）会议上，作了《如何处理人民内部的矛盾》的讲话，运用对立统一规律，总结了我国社会主义革命和建设的经验，全面分析了社会主义社会的矛盾，指出了在社会主义制度下存在敌我矛盾和人民内部矛盾这两种性质不同的矛盾，提出了正确区分和解决两类不同性质的矛盾的方法。与此同时，讲话提出了正确处理人民内部矛盾的一系列正确方针，包括关于统筹兼顾、适当安排的战略方针，关于处理统一战线内部各项矛盾的根本原则和方法，对处理知识分子问题、民主党派工作、少数民族问题等的原则和方针，并把正确处理人民内部矛盾作为我国政治生活的主题提了出来。经过多次修改和补充，同年6月19日，讲话以《关于正确处理人民内部矛盾的问题》为题在《人民日报》正式公开发表。

《关于正确处理人民内部矛盾的问题》是毛泽东关于社会主义社会矛盾学说的集中体现。毛泽东深入研究社会主义社会的矛盾问题，形成一套系统的关于社会主义社会矛盾学说，科学揭示了社会主义社会发展的动力，以独创性的内容丰富了马克思主义的理论宝库，为正确处理社会主义社会各种矛盾、创造良好的社会政治环境提供了基本的理论依据，对党和社会主义建设事业具有长远的指导意义。

四、如何认识中国社会主义建设道路的艰辛探索和曲折发展？

党的八大的召开及一系列符合当时党和国家实际情况的方针政策的出台，使得党对社会主义建设道路的探索有了一个良好开端。但是随着国内外、党内外形势的变化，中国社会主义建设面临着诸多新问题和新挑战，在应对这些问题和挑战的过程中，党对中国社会主义建设道路的艰辛探索在曲折中发展。

---

① 中共中央党史和文献研究院编：《毛泽东年谱》第六卷，中央文献出版社2023年版，第42—43页。

（一）从整风运动到反右派斗争

根据党的八大精神和党内外出现的新情况、新问题，党中央决定从整顿党的作风入手，克服官僚主义、宗派主义和主观主义，正确处理人民内部矛盾。1957年4月27日，中共中央发出的《关于整风运动的指示》强调："这次整风运动，应该是一次既严肃认真又和风细雨的思想教育运动，应该是一个恰如其分的批评和自我批评的运动。"[①] 这次整风运动采取"开门"整风的形式，既在党内进行批评和自我批评活动，也欢迎党外人士对党和政府、党员领导干部存在的缺点和问题提出批评。毛泽东后来还指出，整风运动的目标"是想造成一个又有集中又有民主，又有纪律又有自由，又有统一意志、又有个人心情舒畅、生动活泼，那样一种政治局面"[②]。

然而，随着整风运动的开展，许多始料未及的复杂情况出现了。整风运动进行仅半个月，各方面人士通过各种渠道广泛而集中地对党的工作提出了一些批评意见。极少数人乘机鼓吹所谓"大鸣""大放""大民主"，向党和社会主义制度发动进攻。他们把中国共产党在国家政治生活中的领导地位攻击为"党天下"，要求"轮流坐庄"；把人民民主专政制度说成是产生官僚主义、宗派主义和主观主义的根源。这种异常现象引起党中央的警觉，党中央对形势的认识和判断也发生了变化。

1957年5月中旬，毛泽东在《事情正在起变化》一文中指出："最近这个时期，在民主党派中和高等学校中，右派表现得最坚决最猖狂。"[③] 该文标志着党中央和毛泽东对形势的判断出现了变化，运动的重点开始从整风转向反右派斗争。6月8日，中共中央发出《关于组织力量准备反击右派分子进攻的指示》，要求各省市级机关、高等学校和各级党报都要积极准备反击右派分子的进攻。同日，《人民日报》发表题为《这是为什么？》的社论，指出有人向拥护共产党的人写恐吓信是"某些人利用党的整风运动进行尖锐的阶级斗争的信号"[④]。7月，中共中央在青岛召开省市委书记会议，毛泽东认为"在我国社会主义革命时期，反共反人民反社会主义的资产阶级右派和人民的矛盾是敌我矛盾，是对抗性的

[①] 《建国以来重要文献选编》第十册，中央文献出版社2011年版，第198页。
[②] 《建国以来重要文献选编》第十册，中央文献出版社2011年版，第429—430页。
[③] 《建国以来重要文献选编》第十册，中央文献出版社2011年版，第235页。
[④] 《建国以来重要文献选编》第十册，中央文献出版社2011年版，第257页。

不可调和的你死我活的矛盾"①。到 1958 年夏，整风运动和反右派斗争完全结束，全国共有 55 万多人被划为"右派分子"。

对极少数右派分子的进攻进行反击，对反对党的领导、反对社会主义道路的思潮进行批判，是必要的，也是正确的。②但是，由于对阶级斗争的形势作了过于严重的估计，整风运动开始时强调的不要用对敌斗争的方式来处理人民内部矛盾的原则没有得到有效坚持，大量思想认识问题被当作政治问题来处理。一批知识分子、爱国人士和党内干部被错划为"右派分子"，反右派斗争被严重扩大化，造成了不幸的后果，这是党的历史上的一大教训。

（二）"大跃进"、人民公社化运动与初步纠"左"

1957 年 9 月至 10 月召开的党的八届三中全会结束不久，中共中央公布了《一九五六年到一九六七年全国农业发展纲要（修正草案）》。1957 年 10 月，《人民日报》对此发表社论，指出"有关农业和农村的各方面工作在十二年内都按照必要和可能，实现一个巨大的跃进"③。中共中央在 1957 年冬提出了 15 年赶超英国钢产量的发展目标，1958 年 5 月召开的党的八大二次会议通过了社会主义建设总路线。"大跃进"和人民公社化运动在全国范围内大规模开展起来。

"大跃进"的发动有着复杂的国内和国际背景。就国内来说，中国共产党力图抓住当时有利于国内和平建设的宝贵历史机遇，开创中国社会主义现代化建设的跨越式发展局面。就国际来说，社会主义阵营掀起的赶超浪潮也对中国"大跃进"的发动起了推动作用。1957 年 11 月，在莫斯科举行的各国共产党和工人党代表会议上，苏联提出 15 年赶上和超过美国的目标。毛泽东在莫斯科表示："苏联在十五年后，将会在总产量方面和按人口平均的产量方面超过美国。中国在十五年后将超过英国。"④

"大跃进"的"主要标志是片面追求工农业生产和建设的高速度，不断地大幅度提高

---

① 《建国以来重要文献选编》第十册，中央文献出版社 2011 年版，第 429 页。
② 参见中共中央党史和文献研究院：《中国共产党的一百年（社会主义革命和建设时期）》，中共党史出版社 2022 年版，第 484 页。
③ 《建国以来重要文献选编》第十册，中央文献出版社 2011 年版，第 582 页。
④ 中共中央党史和文献研究院编：《毛泽东年谱》第六卷，中央文献出版社 2023 年版，第 242 页。

计划指标和缩短完成时间"①。在工业方面，提出"以钢为纲"的口号，开展大炼钢铁运动，制定严重脱离实际的钢产量目标，是高指标、瞎指挥的集中表现。在农业方面，提出"以粮为纲"的口号，频频"放卫星"，屡屡夸大产量，甚至弄虚造假而出现所谓"高产田"，引发严重的浮夸风。初期的人民公社带有浓厚的平均主义和军事共产主义色彩，严重脱离中国社会生产力发展水平，片面追求提高公有化程度，违背了经济社会发展的客观规律，造成严重不良影响。

1958年秋冬，"大跃进"和人民公社化运动的严重后果开始凸显。党中央和毛泽东对"左"倾错误初步觉察，并从1958年11月第一次郑州会议到1959年7月庐山会议前期，积极领导全党作了初步纠正"左"倾错误的努力。1958年11月28日至12月10日召开的党的八届六中全会通过的《关于人民公社若干问题的决议》，集中体现了党对初步纠正人民公社化运动中"左"倾错误的思想认识。党的八届六中全会后，全国各地相继开展整顿和调整工作，进一步纠正"共产风"，刹住急于向全民所有制和共产主义过渡的势头。在农业方面，毛泽东以通俗易懂的语言写了一封《党内通信》，对包产、密植、节约粮食、播种面积、机械化等问题进行分析，并强调要讲真话，指出："同现在流行的一些高调比较起来，我在这里唱的是低调，意在真正调动积极性，达到增产的目的。"② 在工业方面，大幅度调整钢产量指标，综合平衡国民经济发展情况。

经过近九个月的紧张努力，"共产风"、浮夸风、高指标、瞎指挥的势头得到遏制，纠正"左"倾问题取得一定的成效。然而由于党当时对"什么是社会主义"的认识仍存在局限，并且初步纠"左"依旧是在"大跃进"和人民公社化运动的大框架内进行的，因此"左"倾错误没有得到彻底纠正，初步好转的形势不够稳固。

（三）"调整、巩固、充实、提高"方针的制定及其实施

1959年7月2日至8月1日，中共中央政治局扩大会议在江西庐山召开。会议期间，彭德怀给毛泽东写了一封长信，在肯定1958年成绩的基础上指出"大跃进"以来工作中

---

① 中共中央党史和文献研究院：《中国共产党的一百年（社会主义革命和建设时期）》，中共党史出版社2022年版，第490页。
② 《毛泽东文集》第八卷，人民出版社1999年版，第50页。

发生的一些严重问题及其原因。在小组会上的发言中，黄克诚、张闻天、周小舟等人支持彭德怀的基本观点。彭德怀的信和张闻天等人的发言使毛泽东认为党内外的右倾活动已经增长，庐山会议的主题由纠"左"转为反右。8月2日至16日，党的八届八中全会在庐山召开，全会通过了《关于以彭德怀同志为首的反党集团的错误的决议》《为保卫党的总路线、反对右倾机会主义而斗争》等文件。会后，"反右倾"斗争在全党全国进一步展开，全国掀起继续"大跃进"的高潮。庐山会议对彭德怀等人的错误批判打断了纠"左"进程，使已经被初步纠正的"左"的错误进一步发展，导致国民经济比例失调的问题进一步加剧。1959年至1961年期间，由于"大跃进"运动以及牺牲农业发展重工业的政策所导致的全国性的粮食和副食品短缺危机，以及严重自然灾害和苏联政府背信弃义撕毁合同，党和人民面临着新中国成立以来最严重的经济困难。

在此情况下，党中央和毛泽东逐步意识到党内国内面临严重问题，并着手开展广泛的调查研究，纠正错误、调整政策。1960年11月，中共中央发出《关于农村人民公社当前政策问题的紧急指示信》，规定了12条措施对"共产风"等问题进行纠正。1961年1月，党的八届九中全会正式决定对国民经济实行"调整、巩固、充实、提高"的方针：以调整为中心，调整国民经济各部门之间失衡的比例关系，巩固生产建设取得的成果，充实新兴产业短缺产品的项目，提高产品质量和经济效益。在会上，毛泽东号召全党恢复实事求是的作风，并提出："希望今年这一年，一九六一年成为一个调查年，大兴调查研究之风。调查要在实际中去调查，在实践中间才能认识客观事物。"① 会议结束后，毛泽东、刘少奇、周恩来、朱德、陈云、邓小平等中央领导人纷纷下到基层开展调查研究，为集思广益、发现问题、调整政策提供了一手数据和资料。

在工业领域，调整工作围绕降低钢产量等指标和整顿企业秩序展开。1961年9月，中共中央作出《关于当前工业问题的指示》，强调必须当机立断，把工业生产和工业基本建设的指标降到确实可靠、留有余地的水平上。同时，中共中央发布试行《国营工业企业工作条例（草案）》（即"工业七十条"），对于恢复和建立企业正常生产秩序发挥了积极作用。在农业领域，出台《农村人民公社工作条例（草案）》（即"农业六十条"），纠正了人民公社化以来一直存在的若干错误，解决了当时群众意见最大最紧迫的一些问题，在遏制"共产风"、恢复农业生产发展方面起到了积极作用。在科学、教育、文化等领域，调整党

---

① 中共中央党史和文献研究院编：《毛泽东年谱》第七卷，中央文献出版社2023年版，第526页。

和知识分子的关系，落实知识分子政策，坚持"百花齐放、百家争鸣"的方针，健全必要的规章制度以恢复正常秩序，保证各方面工作的顺利进行。

从1960年下半年开始国民经济调整，经过半年的努力，农村困难形势有所缓解，"左"倾错误得到初步纠正。到1962年，经济逐步得到恢复和发展，工农业生产得到进一步发展，国家财政收支基本平衡，市场商品供应有所缓和，城乡人民生活水平有了一定提高，国民经济的调整取得了积极效果。1962年1月11日至2月7日，党中央在北京召开扩大的中央工作会议。参加会议的有中央各部门、各中央局、各省市自治区党委以及地委、县委、重要工矿企业和部队的负责干部，共7118人，通常称为"七千人大会"。这次会议的目的是进一步总结"大跃进"以来的经验教训，统一思想，增强团结，切实贯彻调整国民经济的方针。毛泽东主持大会并作长篇讲话，刘少奇代表中共中央作了书面报告和讲话，周恩来、邓小平分别代表国务院和中央书记处作自我批评，林彪也在会上作了发言。七千人大会发扬党内民主，实质上是党内关系的一次调整。虽然会议仍肯定"三面红旗"，没能从根本指导思想上清理"大跃进"和"反右倾"的错误，但对待缺点错误的比较实事求是的态度，以及发扬民主和进行自我批评的精神，给全党以鼓舞，增强了党的凝聚力，在动员全党团结奋斗战胜困难方面起了积极作用。1964年12月，周恩来在政府工作报告中明确指出："调整国民经济的任务已经基本完成，工农业生产已经全面高涨，整个国民经济已经全面好转，并且将要进入一个新的发展时期。"①

（四）"文化大革命"十年内乱及干部群众对内乱的抵制与抗争

1966年，正当我国克服了国民经济的严重困难、完成经济调整任务、开始执行"三五"计划的时候，"文化大革命"爆发了。毛泽东发动"文化大革命"的出发点是防止资本主义复辟、维护党的纯洁性和寻求中国自己的建设社会主义的道路。但他对党和国家政治状况的错误估计这时已经发展到非常严重的程度，认为党中央出了修正主义，党内走资本主义道路的当权派在中央形成了一个资产阶级的司令部，党和国家面临资本主义复辟的现实危险。过去的各种斗争都不能解决问题，只有实行"文化大革命"，公开地、全面地、自上而下地发动广大群众来揭发上述问题的阴暗面，才能把被走资派篡夺

---

① 《建国以来重要文献选编》第十九册，中央文献出版社2011年版，第401页。

的权力重新夺回来。

1966年中共中央政治局扩大会议和党的八届十一中全会的召开，是"文化大革命"全面发动的标志。此后，在全国掀起了"打倒一切、全面内战"的狂潮，全面内乱的局面形成。为稳定局势，毛泽东采取了一系列非常措施，如派人民解放军实行"三支两军"（支左、支工、支农、军管、军训），派"工人毛泽东思想宣传队"进入学校等，使全面内乱的局面得到控制。1969年4月召开的党的九大在思想上、政治上和组织上的指导方针都是错误的。这次大会使"文化大革命"的错误理论和实践合法化，提升了林彪、江青、康生等人在党中央的地位。

党的九大闭幕后，按照毛泽东的部署，全国开展了"斗、批、改"运动，并着手准备召开第四届全国人民代表大会。此时，发生了林彪反革命集团阴谋夺取最高权力、策动反革命武装政变的事件。毛泽东在周恩来等人协助下领导全党进行了粉碎林彪反革命集团的斗争。林彪事件是"文化大革命"推翻党的一系列基本原则的结果，客观上宣告了"文化大革命"的理论和实践的失败。随后，周恩来在毛泽东支持下主持中共中央日常工作，开始推动落实干部政策，并进行整顿，提出批判极左思潮，努力恢复国家的正常秩序，使各方面的工作有了转机。1973年8月召开的党的十大继续了党的九大的"左"倾错误方针，江青反革命集团的势力又得到加强。

党的十大后，毛泽东希望实现安定团结的政治局面，尽快把国民经济搞上去。在1974年初开始的"批林批孔"运动中，江青等人把矛头指向周恩来，还企图利用筹备第四届全国人民代表大会之机，达到由他们"组阁"的目的。毛泽东觉察并挫败了他们的"组阁"野心，还多次点名批评江青。1975年1月，四届全国人大一次会议后，邓小平在毛泽东、周恩来支持下主持中共中央和国务院的日常工作，着手对许多方面的工作进行整顿，使形势开始有了明显好转。但随后又发生了所谓"批邓、反击右倾翻案风"运动，全国再度陷入混乱。1976年9月9日，毛泽东逝世，江青反革命集团加紧夺取党和国家最高领导权的阴谋活动。"一九七六年十月，中央政治局执行党和人民的意志，毅然粉碎了'四人帮'，结束了'文化大革命'这场灾难。"[①]

"文化大革命"是党和国家发展进程中的一个重大曲折。毛泽东发动"文化大革命"的主要论点，既不符合马克思列宁主义，也不符合中国实际。在思想方面，"文化大革

[①] 《中共中央关于党的百年奋斗重大成就和历史经验的决议》，人民出版社2021年版，第14页。

命"中形而上学猖獗、唯心主义盛行,封建主义、资产阶级、小资产阶级思想趁机活跃起来,无政府主义、极端个人主义甚嚣尘上。这些错误的思想观点与马克思主义基本原理相悖,严重扰乱了人们的思想。在组织方面,各级党、政、军、群等组织和部门普遍受到冲击,大批领导干部被批判打倒,党内正常的组织生活处于停滞的状态。在社会生活方面,宪法、法律、党章成为一纸空文,党纪、政纪、军纪废弛,武斗不止、派仗不断、打砸成风,社会经济生活秩序遭到严重破坏。"历史已经判明,'文化大革命'是一场由领导者错误发动,被反革命集团利用,给党、国家和各族人民带来严重灾难的内乱。"[①]"文化大革命"在理论和实践上是完全错误的,它不是也不可能是任何意义上的革命或社会进步。

需要指出的是,"文化大革命"期间,党、人民政权、人民军队和整个社会的性质都没有改变,党和人民对"左"的错误的斗争一直没有停止过,党和国家在各项事业的发展中取得了一定成就。因此,作为政治运动的"文化大革命"应予以彻底否定,但必须区分作为政治运动的"文化大革命"与"文化大革命"历史时期这两个不同的概念。"文化大革命"和作为时间概念的"'文化大革命'的十年",这是不同的。这一时期的成就主要体现在以下几方面。

首都群众庆祝粉碎"四人帮"

在经济发展方面,1969年2月至3月,中断两年的全国计划会议在北京举行,经过努力,1969年基本刹住了前两年生产下降的趋势,经济开始回升。70年代初,在毛泽东、周恩来的支持下,"文化大革命"时期最大的引进工程"四三方案"启动,在当时特定背景下引进西方资本主义国家的技术和设备,前后共兴建了26个大型工业项目,为以后的经济发展打下了基础。在农业发展方面,除了粮食产量持续增长以外,农业生产条件也有了很大的改善,农田水利基本建设是新中国成立以来成就最大的时期,农业机械化程度有了很大的提高。在工业交通方面,三线建设取得显著成就,建造起了攀枝花钢铁公司、六盘水工业基地等一大批钢铁、机器制造、能源、飞机、汽车、航天、电子工业基地,建成成昆、湘黔、襄渝等重要铁路干线,使国家

[①] 《中国共产党中央委员会关于建国以来党的若干历史问题的决议》,人民出版社1981年版,第25页。

的基础工业和国防工业得到了长足的进展。在国防和科技建设方面，1967年中国第一颗氢弹爆炸成功，1970年中国成功发射第一颗人造地球卫星"东方红一号"，1971年中国第一艘核潜艇首次进行航行试验，1972年中国成功提取出一种新型抗疟疾药青蒿素。在外交方面，"乒乓外交"的开展和1972年美国总统尼克松访华，开启了中美两国关系正常化的进程，1971年中华人民共和国在联合国的合法席位得到恢复，中国发展了同亚非拉许多国家的友好关系，形成了一个更大范围的建交高潮。这些成就的取得增强了我国的综合国力和国防战略防御能力，具有重大意义。

需要说明的是，"文化大革命"期间党和人民取得的成就，"决不是'文化大革命'的成果，如果没有'文化大革命'，我们的事业会取得大得多的成就"①。

（五）如何看待社会主义革命和建设时期取得的历史成就

社会主义革命和建设时期，党和人民自力更生，艰苦奋斗，发愤图强，取得了举世瞩目的巨大成就。

第一，独立的比较完整的工业体系和国民经济体系得以建立。新中国成立初期，我国主要工业产品全部依赖进口。新中国成立后，我国建立了一批门类比较齐全的基础工业项目，主要工业指标保持了较快发展速度。从1952年到1976年，全国工业总产值指数增长了近12倍。主要工业产品的产量，如布、原煤、原油、钢、水泥、硫酸、化肥等都保持了较快的增长速度（见表8-1）。

表8-1　1952、1956、1966、1976年全国主要工业产品产量

年份	布/亿米	原煤/亿吨	原油/万吨	钢/万吨	水泥/万吨	硫酸/万吨	化肥/万吨
1952	38.3	0.66	44	135	286	19	3.9
1956	57.7	1.10	116	447	639	51.7	11.1
1966	73.1	2.52	1455	1532	2015	290.9	240.9
1976	88.4	4.83	8716	2046	4670	450.8	524.0

资料来源：国家统计局国民经济综合统计司编，《新中国五十年统计资料汇编》，中国统计出版社1999年版，第39—42页。

---

① 《中国共产党中央委员会关于建国以来党的若干历史问题的决议》，人民出版社1981年版，第30页。

这一时期铁路、交通运输等基础设施建设同样得到了较快发展。从国防和国家安全考虑出发，这一时期还开展了大规模的三线建设。人民解放军通过抗美援朝战争和中印边境自卫反击作战、珍宝岛自卫反击作战、西沙群岛自卫反击作战等重大作战任务，为国内和平建设创造了安定的环境。

第二，人民生活水平的提高与文化、教育、医疗、体育、科技事业的发展。这一时期通过兴修水利、开展农田基本建设、培育推广良种、提倡科学种田等，全国农林牧渔业总产值除少数年份呈现下降趋势外，总体呈现出稳定增长态势（见图8-1）。主要农产品产量均有较快增长，其中粮食总产量由1952年的16392万吨，增长到1976年的28631万吨（见表8-2）。① 尽管人民群众生活逐年改善的幅度比较有限，但初步满足了约占世界1/4人口的基本生活需求，这在当时被世界公认是一个奇迹。

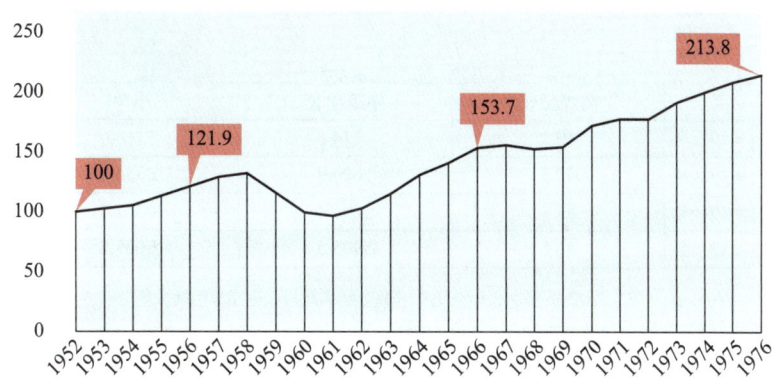

图8-1　1952—1976年全国农林牧渔业总产值指数（1952年=100）

资料来源：国家统计局国民经济综合统计司编，《新中国五十年统计资料汇编》，中国统计出版社1999年版，第31页。

表8-2　1952、1956、1966、1976年全国主要农产品产量

年份	粮食/万吨	棉花/万吨	水产品产量/万吨
1952	16392	130.4	167.0
1956	19275	144.5	265.0
1966	21400	233.7	310.0
1976	28631	205.5	448.0

资料来源：国家统计局国民经济综合统计司编，《新中国五十年统计资料汇编》，中国统计出版社1999年版，第33—34页。

---

① 参见国家统计局国民经济综合统计司编：《新中国五十年统计资料汇编》，中国统计出版社1999年版，第33页。

提高人民的文化素质和健康水平。在教育方面，努力扫除文盲、推广普通话；加大了对基础教育和高等教育的投入，学生人数明显增加（见图8-2），为国家培养了大批现代化建设人才。在医疗卫生方面，建立了各级各类卫生机构，其中医院和卫生院的数量增长尤为迅速，由1952年的3540所增长到1976年的63184所，增长了近17倍。[①]除建立正式医疗机构外，爱国卫生运动的持续开展和卫生制度的建立，对保障人民身体健康发挥了比较明显的作用。物质生活和医疗卫生条件的改善保障了人民的生命健康，人均预期寿命由1949年的35岁增长到1975年的63.8岁。

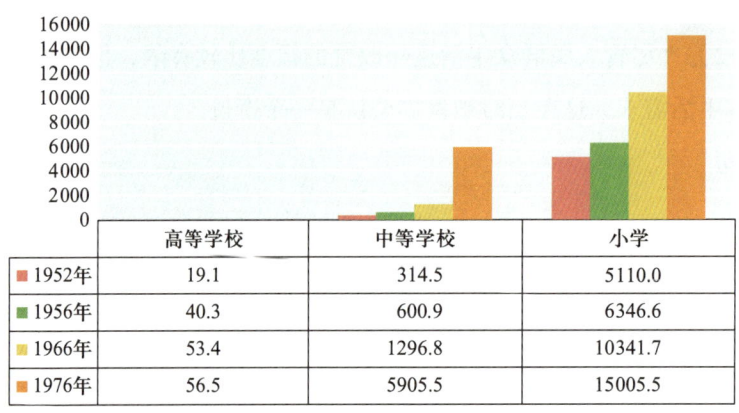

图8-2　1952、1956、1966、1976年全国各级各类学校在校学生数（单位：万人）

资料来源：国家统计局国民经济综合统计司编，《新中国五十年统计资料汇编》，中国统计出版社1999年版，第81—82页。

高度重视发展文艺和体育事业。这一时期的文艺工作尽管受到"左"的干扰，但依然涌现出大批优秀作品和优秀社会科学家、文学艺术家等。群众体育事业开始发展，提出了"发展体育运动，增强人民体质"的指导方针。从1956年到1976年，中国运动员先后有123人次打破世界纪录。[②]

取得一批重要的科技成果。这一时期我国在核技术、人造地球卫星、运载火箭等尖端科学技术领域取得了一系列重要成就，奠定了新中国在国际上的大国地位。邓小平指

[①] 参见国家统计局国民经济综合统计司编：《新中国五十年统计资料汇编》，中国统计出版社1999年版，第107页。

[②] 参见中国国家博物馆：《新的伟大革命——中国改革开放30年》，上海教育出版社2008年版，第46页。

出:"如果六十年代以来中国没有原子弹、氢弹,没有发射卫星,中国就不能叫有重要影响的大国,就没有现在这样的国际地位。这些东西反映一个民族的能力,也是一个民族、一个国家兴旺发达的标志。"①

第三,国际地位的提高与国际环境的改善。新中国从成立之日起,就努力为国内和平建设创造良好的外部环境,在外交领域取得了不小的成就。

1964年10月16日,中国第一颗原子弹爆炸成功

恢复联合国合法席位。1971年10月25日,第26届联合国大会以76票赞成、35票反对、17票弃权的压倒性多数通过第2758号决议,恢复中华人民共和国在联合国的一切合法权利,并立即把蒋介石集团的"代表"从联合国及其所属一切机构中驱逐出去。毛泽东得知消息之后说:"主要是第三世界兄弟把我们抬进去的。"② 11月1日,中华人民共和国国旗第一次在联合国升起。

中美关系开始正常化。1972年2月,美国总统尼克松访华,中美双方在上海签订了《中美联合公报》,标志着中美关系开始正常化,为中美建交奠定了基础。尼克松在他的回忆录中写道:"当我们的手相握时,一个时代结束了,另一个时代开始了。"③

掀起建交高潮。1955年年底,同中国建交的国家只有23个,到1976年,与中国建交的国家增至111个。邓小平曾指出:"我们能在今天的国际环境中着手进行四个现代化建设,不能不铭记毛泽东同志的功绩。"④

第四,形成了建设社会主义的若干正确理论原则和方针政策。以毛泽东同志为主要

---

① 《邓小平文选》第三卷,人民出版社1993年版,第279页。
② 中共中央党史和文献研究院编:《毛泽东年谱》第九卷,中央文献出版社2023年版,第412页。
③ [美]理查德·尼克松:《尼克松回忆录》中册,裘克安等译、马清槐等校,商务印书馆1979年版,第248页。
④ 《邓小平文选》第二卷,人民出版社1994年版,第172页。

代表的中国共产党人在全面建设社会主义的进程中，围绕什么是社会主义、怎样建设社会主义进行了艰辛探索。在此基础上，毛泽东等作出了一系列重要的理论创造。在探索刚刚起步时，毛泽东就论述了必须实行马克思主义同中国实际"第二次结合"的基本思想，提出了社会主义社会矛盾的学说，阐明了调动一切积极因素建设社会主义的基本方针。此后，以毛泽东同志为主要代表的中国共产党人进一步总结经验，阐明社会主义可以分为发达的和不发达的两个阶段，提出中国实现现代化的目标、步骤，并且提出了关于社会主义建设的一系列重要思想，"包括社会主义社会是一个很长的历史阶段，严格区分和正确处理敌我矛盾和人民内部矛盾，正确处理我国社会主义建设的十大关系，走出一条适合我国国情的工业化道路，尊重价值规律，在党与民主党派的关系上实行'长期共存、互相监督'的方针，在科学文化工作中实行'百花齐放、百家争鸣'的方针等"[①]。这些理论创造为探索中国特色社会主义道路奠定了坚实的理论基础。

第五，形成了历久弥新的时代精神。在抗美援朝战争中，英雄的中国人民志愿军始终发扬祖国和人民利益高于一切、为了祖国和民族的尊严而奋不顾身的爱国主义精神，英勇顽强、舍生忘死的革命英雄主义精神，不畏艰难困苦、始终保持高昂士气的革命乐观主义精神，为完成祖国和人民赋予的使命、慷慨奉献自己一切的革命忠诚精神，为了人类和平与正义事业而奋斗的国际主义精神，锻造了伟大抗美援朝精神。在面对重重困难艰辛探索适合中国国情的社会主义建设道路过程中，涌现出大量集体先进典型和英雄模范人物，抒写了无数改天换地的壮丽诗篇，形成了诸多跨越时空、历久弥新的时代精神。这些时代精神主要包括热爱祖国、无私奉献、自力更生、艰苦奋斗、大力协同、勇于登攀的"两弹一星"精神，亲民爱民、艰苦奋斗、科学求实、迎难而上、无私奉献的焦裕禄精神，爱国、创业、求实、奉献的大庆精神（铁人精神），自力更生、艰苦创业、团结协作、无私奉献的红旗渠精神等。自力更生、发愤图强，是社会主义革命和建设时期所形成的伟大精神的时代特征，也是这一时期伟大奋斗的历史特点。这些时代精神具有鲜明的民族特征和时代印记，已经成为中国共产党人精神谱系的重要组成部分，激励着一代又一代中华儿女不信邪、不怕鬼、不怕压，知难而进、迎难而上，敢于斗争、善于斗争，全力战胜前进道路上各种困难和挑战，依靠顽强斗争打开事业发展新天地。

[①] 《中共中央关于党的百年奋斗重大成就和历史经验的决议》，人民出版社2021年版，第12—13页。

一、"学习思考"解答思路

1. 如何理解过渡时期总路线的历史必然性？

（1）国家工业化的需要：国家的工业化是确保国家独立和富强的基础和先决条件。

（2）社会主义改造的需要：对资本主义工商业进行社会主义改造，是迅速实现国家工业化和建设社会主义强国的迫切需要。

（3）国际环境的影响：新中国成立后，受到西方资本主义国家的经济、外交和军事上的封锁和遏制，而苏联等社会主义国家给予了支持和援助。这促使中国选择社会主义道路，以获得援助、发展经济。

（4）新中国成立后，随着新生人民政权的巩固，没收接管官僚资本等一系列重大举措的实施，事实上社会主义改造已经在进行，向社会主义过渡已经开始。

2. 请结合当代中国发展进步的事实，谈谈你是如何认识建立社会主义制度的重大意义的。

（1）为中国式现代化建设创造了基本制度条件。

（2）人民代表大会制度这一根本政治制度，中国共产党领导的多党合作和政治协商制度、民族区域自治制度和基层群众自治制度这些基本政治制度的确立，为实现国家富强、民族振兴、人民幸福提供了根本政治保障。

（3）中国共产党成功领导了生产资料私有制的社会主义改造，建立了社会主义的经济制度，这是中国进入社会主义社会的最主要标志。广大劳动人民真正成为国家的主人和社会生产资料的主人。

（4）进一步改变了世界政治经济格局，增强了社会主义的力量，对维护世界和平产生了积极影响。

（5）证明了马克思主义的真理性，中国的实践以其独创性的理论原则和经验总结，丰富和发展了马克思主义的科学社会主义理论。

3. 中国社会主义建设道路经历了怎样的艰辛探索？你是如何认识其中的经验教训的？

（1）艰辛探索

第一，《论十大关系》提出调动一切积极因素为社会主义建设事业服务的基本方针，为党的八大的召开奠定了理论基础。

第二，党的八大正确分析了社会主义改造完成后我国社会的主要矛盾和主要任务，进一步明确了实现社会主义工业化任务的基本构想，确立了一系列经济政策，为我国社会主义事业的发展指明了方向。

第三，《关于正确处理人民内部矛盾的问题》创造性地阐述了社会主义社会矛盾学说，准确区分了敌我矛盾和人民内部矛盾，提出了正确处理人民内部矛盾的原则和方法，是对科学社会主义理论的重要发展。

第四，开展了全党整风并转向反右派斗争，经历了反右派斗争扩大化、"大跃进"和人民公社化运动、纠"左"，过程曲折。

第五，"调整、巩固、充实、提高"方针的提出。

第六，国民经济调整任务的完成和十年建设成就。

第七，"文化大革命"十年内乱及干部群众对内乱的抵制与抗争。

（2）经验教训

第一，社会主义经济建设必须遵循经济发展的客观规律，反对片面追求经济建设的高速度。

第二，生产关系的变革一定要适应生产力的发展。

第三，始终坚持以经济建设为中心，妥善处理好经济建设与阶级斗争之间的关系。

第四，坚持以人民为中心的发展理念，健全民主和法治。

4. 请结合当前中国面临的国际局势，谈谈我国建设独立的比较完整的工业体系和国民经济体系的重大意义。

（1）从根本上解决了我国工业化"从无到有"的问题。国家工业化建设为建立起独立的比较完整的工业体系开了好头。

（2）为我国的发展奠定了牢固的物质技术基础。

（3）在赢得政治上的独立之后，赢得了经济上的独立，为我国同包括西方发达国家在内的世界各国的平等交往创造了前提。

5. 作为新时代的青年，我们应当如何弘扬社会主义革命和建设时期形成的历久弥新的时代精神？

社会主义革命和建设时期形成了抗美援朝精神、"两弹一星"精神、雷锋精神、焦裕禄精神、大庆精神（铁人精神）、红旗渠精神、北大荒精神、塞罕坝精神、"两路"精神、老西藏精神（孔繁森精神）、西迁精神、王杰精神等历久弥新的时代精神。作为新时代的青年，我们必须继续弘扬这些时代精神。

（1）坚守中国共产党的初心使命，始终保持为人民服务的本色，以人民为中心，为实现中华民族伟大复兴而努力奋斗。

（2）弘扬爱国主义精神，积极学习国家的历史、文化和传统，传承民族的优秀传统和文化，热爱自己的国家和民族，为国家的繁荣和进步贡献自己的力量。

（3）学习先进人物的模范事迹，从雷锋、焦裕禄、王进喜、王杰等英雄人物和时代楷模的身上感受道德风范，培养自己的社会责任感和时代使命感。

（4）学习和弘扬社会主义革命和建设时期自力更生、艰苦奋斗、发愤图强的精神，坚定自身的意志和勇往直前的决心，不怕艰难困苦，勇于担当作为，为强国建设、民族复兴而奋斗。

二、延伸阅读

1.《中国共产党中央委员会关于建国以来党的若干历史问题的决议》，人民出版社1981年版。

2.《中共中央关于党的百年奋斗重大成就和历史经验的决议》，人民出版社2021年版。

3. 习近平:《在纪念毛泽东同志诞辰130周年座谈会上的讲话》，人民出版社2023年版。

4. 中共中央党史研究室:《中国共产党历史·第二卷（1949—1978）》上册，中共党史出版社2011年版。

5. 中共中央党史和文献研究院:《中国共产党的一百年（社会主义革命和建设时期）》，中共党史出版社2022年版。

三、音视频资料

1.《毛泽东》第8集《放眼世界》、第12集《晚年岁月》，中共中央文献研究室、中国人民武装警察部队政治部、中国电影资料馆、中南海西苑出版社、辽宁人民出版社、中央电视台联合制作，1993年播出。

2.《东方巨响——中国"两弹一星"实录》，八一电影制片厂、总装备部政治部出品，1999年上映。

3.《大庆魂》第1—10集，大庆油田、大庆市政府、中央电视台联合制作，2009年播出。

4.《红旗渠》第1—4集，中央新闻纪录电影制片厂（集团）、河南电视台联合制作，2015年播出。

5.《我们走在大路上》第1—7集，中共中央宣传部、中共中央党史和文献研究院等联合制作，2019年播出。

第九章 改革开放与中国特色社会主义的开创和发展

第九章　改革开放与中国特色社会主义的开创和发展

经典论述

一九七八年十二月，党召开十一届三中全会，果断结束"以阶级斗争为纲"，实现党和国家工作中心战略转移，开启了改革开放和社会主义现代化建设新时期，实现了新中国成立以来党的历史上具有深远意义的伟大转折。

——《中共中央关于党的百年奋斗重大成就和历史经验的决议》（2021年11月11日）

我们党作出实行改革开放的历史性决策，是基于对党和国家前途命运的深刻把握，是基于对社会主义革命和建设实践的深刻总结，是基于对时代潮流的深刻洞察，是基于对人民群众期盼和需要的深刻体悟。

——习近平在庆祝改革开放40周年大会上的讲话（2018年12月18日）

党的十一届三中全会以后，以邓小平同志为主要代表的中国共产党人，团结带领全党全国各族人民，深刻总结新中国成立以来正反两方面经验，围绕什么是社会主义、怎样建设社会主义这一根本问题，借鉴世界社会主义历史经验，创立了邓小平理论，解放思想，实事求是，作出把党和国家工作中心转移到经济建设上来、实行改革开放的历史性决策，深刻揭示社会主义本质，确立社会主义初级阶段基本路线，明确提出走自己的路、建设中国特色社会主义，科学回答了建设中国特色社会主义的一系列基本问题，制定了到二十一世纪中叶分三步走、基本实现社会主义现代化的发展战略，成功开创了中国特色社会主义。

——《中共中央关于党的百年奋斗重大成就和历史经验的决议》（2021年11月11日）

党的十三届四中全会以后，以江泽民同志为主要代表的中国共产党人，团结带领全党全国各族人民，坚持党的基本理论、基本路线，加深了对什么是社会主义、怎样建设社会主义和建设什么样的党、怎样建设党的认识，形成了"三个代表"重要思想，在国内外形势十分复杂、世界社会主义出现严重曲折的严峻考验面前捍卫了中国特色社会主义，确立了社会主义市场经济体制的改革目标和基本框架，确立了社会主义初级阶段公有制为主体、多种所有制经济共同发展的基本经济制度和按劳分配为主体、多种分配方式并存的分配制度,开创全面改革开放新局面,推进党的建设新的伟大工程,成功把中国特色社会主义推向二十一世纪。

——《中共中央关于党的百年奋斗重大成就和历史经验的决议》(2021年11月11日)

党的十六大以后,以胡锦涛同志为主要代表的中国共产党人,团结带领全党全国各族人民,在全面建设小康社会进程中推进实践创新、理论创新、制度创新,深刻认识和回答了新形势下实现什么样的发展、怎样发展等重大问题,形成了科学发展观,抓住重要战略机遇期,聚精会神搞建设,一心一意谋发展,强调坚持以人为本、全面协调可持续发展,着力保障和改善民生,促进社会公平正义,推进党的执政能力建设和先进性建设,成功在新形势下坚持和发展了中国特色社会主义。

——《中共中央关于党的百年奋斗重大成就和历史经验的决议》(2021年11月11日)

对改革开放前的历史时期要正确评价,不能用改革开放后的历史时期否定改革开放前的历史时期,也不能用改革开放前的历史时期否定改革开放后的历史时期。改革开放前的社会主义实践探索为改革开放后的社会主义实践探索积累了条件,改革开放后的社会主义实践探索是对前一个时期的坚持、改革、发展。对改革开放前的社会主义实践探索,要坚持实事求是的思想路线,分清主流和支流,坚持真理,修正错误,发扬经验,吸取教训,在这个基础上把党和人民事业继续推向前进。

——习近平在新进中央委员会的委员、候补委员学习贯彻党的十八大精神研讨班上的讲话(2013年1月5日)

建立中国共产党、成立中华人民共和国、推进改革开放和中国特色社会主义事业,是五四运动以来我国发生的三大历史性事件,是近代以来实现中华民族伟大复兴的三大里程碑。

——习近平在庆祝改革开放40周年大会上的讲话(2018年12月18日)

第九章　改革开放与中国特色社会主义的开创和发展

40年的实践充分证明，改革开放是党和人民大踏步赶上时代的重要法宝，是坚持和发展中国特色社会主义的必由之路，是决定当代中国命运的关键一招，也是决定实现"两个一百年"奋斗目标、实现中华民族伟大复兴的关键一招。

——习近平在庆祝改革开放40周年大会上的讲话（2018年12月18日）

为了实现中华民族伟大复兴，中国共产党团结带领中国人民，解放思想、锐意进取，创造了改革开放和社会主义现代化建设的伟大成就。我们实现新中国成立以来党的历史上具有深远意义的伟大转折，确立党在社会主义初级阶段的基本路线，坚定不移推进改革开放，战胜来自各方面的风险挑战，开创、坚持、捍卫、发展中国特色社会主义，实现了从高度集中的计划经济体制到充满活力的社会主义市场经济体制、从封闭半封闭到全方位开放的历史性转变，实现了从生产力相对落后的状况到经济总量跃居世界第二的历史性突破，实现了人民生活从温饱不足到总体小康、奔向全面小康的历史性跨越，为实现中华民族伟大复兴提供了充满新的活力的体制保证和快速发展的物质条件。中国共产党和中国人民以英勇顽强的奋斗向世界庄严宣告，改革开放是决定当代中国前途命运的关键一招，中国大踏步赶上了时代！

——习近平在庆祝中国共产党成立100周年大会上的讲话（2021年7月1日）

教学指南

思维导图

改革开放与中国特色社会主义的开创和发展

- 历史性的伟大转折和改革开放的起步
  - 伟大转折和成功开创中国特色社会主义
  - 拨乱反正任务的基本完成
  - 改革开放的起步

- 改革开放和社会主义现代化建设新局面
  - 改革开放的全面展开
  - 加强和改善党的领导
  - 改革开放和现代化建设的深入推进
  - 国防战略的转变、"一国两制"方针的形成和外交方针政策的调整
  - 经受严重政治风波的考验
  - 邓小平南方谈话

- 把中国特色社会主义推向21世纪
  - 新的中央领导集体与捍卫中国特色社会主义
  - 社会主义市场经济体制改革目标和基本框架的确立
  - 改革开放和现代化建设的跨世纪发展
  - 香港、澳门回归祖国与两岸交流扩大
  - 推进党的建设新的伟大工程

- 在新形势下坚持和发展中国特色社会主义
  - 全面建设小康社会宏伟目标的提出
  - 全面建设小康社会新部署和改革开放的深化
  - 推进"一国两制"实践与祖国和平统一大业
  - 提高党的建设科学化水平

第九章 改革开放与中国特色社会主义的开创和发展

教学目的

理解改革开放和社会主义现代化建设新时期党继续探索适合中国国情的社会主义建设道路、开创和接续发展中国特色社会主义的历程；认识这一时期的实践探索为实现中华民族伟大复兴提供了体制保证和物质条件；认识改革开放是决定当代中国前途命运的关键一招；认识中国特色社会主义道路是指引中国发展繁荣的正确道路，坚定在党领导下走中国特色社会主义道路的信念，增强自觉担当中华民族伟大复兴重任的责任感和使命感。

教学思路

1. 注意"中国近现代史纲要"与"毛泽东思想和中国特色社会主义理论体系概论"等课程的区别，从改革开放和社会主义现代化建设新时期中国共产党面临的主要任务入手，从史论结合上讲清楚党的十一届三中全会到党的十八大期间党如何领导人民实现从生产力相对落后的状况到经济总量跃居世界第二的历史性突破，实现人民生活从温饱不足到总体小康、奔向全面小康的历史性跨越，引导学生准确把握改革开放和社会主义现代化建设新时期党和国家取得的伟大成就和宝贵经验，充分认识只有中国特色社会主义才能发展中国。

2. 结合中华民族伟大复兴这一主题准确把握开创、坚持、捍卫、发展中国特色社会主义在党史、新中国史、改革开放史、社会主义发展史、中华民族发展史中的重要意义，引导学生深刻理解中国特色社会主义是实现中华民族伟大复兴的必由之路。

3. 针对社会上存在的把改革开放前后两个历史时期割裂开来、对立起来的错误倾向，澄清模糊认识，通过讲清楚习近平提出"不能用改革开放后的历史时期否定改革开放前的历史时期，也不能用改革开放前的历史时期否定改革开放后的历史时期"的重要意义和主要原因，引导学生树立正确的历史观。

4. 通过主题研讨、组织学生观看反映改革开放和社会主义现代化建设新时期党和国家事业发展重大成就的纪录片等形式开展实践教学，加深对课堂教学内容的理解和掌握。

重难点解析

一、如何理解党的十一届三中全会实现了新中国成立以来党的历史上具有深远意义的伟大转折？

1978年12月18日，在中华民族历史上，在中国共产党历史上，在中华人民共和国历史上，都是值得永远铭记的重要时刻。这一天，党的十一届三中全会在北京召开。这次全会是划时代的，开启了改革开放和社会主义现代化建设新时期，实现了新中国成立以来党的历史上具有深远意义的伟大转折。

（一）党的十一届三中全会是在党和国家面临向何处去的重大历史关头召开的

从国际来看，世界经济快速发展，科技进步日新月异，中国亟需赶上时代。1978年7月至9月，国务院召开务虚会，国务院领导同志和有关部委负责人参加会议。会上，许多部委负责人提出改革僵化的经济管理体制、引进国外先进技术和资金的建议。刚刚率代表团赴西欧五国考察回国的国务院副总理谷牧在会上作报告提出："我国要老老实实承认落后了，与世界先进水平拉开了很大的差距。……国际形势提供了可以利用资本主义世界的科技成果来发展我们自己的机会，一定要抓住它。"[1] 李先念在务虚会结束时作总结讲话指出："为了大大加快我们掌握世界先进技术的速度，必须积极从国外引进先进技术和设备。"[2] 此时，随着新一轮科技革命兴起，许多西方国家正处在产业结构大调整过程中，许多生产设备和资金闲置，市场萎缩，需要寻找出路。以亚洲"四小龙"[3]为代表的一些发展中国家和地区正是利用发达国家调整产业结构的机会引进国外资金和技术，加快了经济发展，引起全世界的注意。

---

[1]《谷牧回忆录》，中央文献出版社2009年版，第328页。
[2]《李先念文选（一九三五—一九八八年）》，人民出版社1989年版，第332页。
[3] 指韩国、中国台湾地区、中国香港地区和新加坡。

从国内来看，党的十一届三中全会召开前，"文化大革命"虽然结束了，但"左"倾错误思想的长期影响还存在，"两个凡是"错误方针的提出，使彻底纠正"文化大革命"错误的要求和愿望遇到严重阻碍。尽管社会主义建设取得了重要成就，但由于发展起点低，建设过程中又遭受严重曲折，经济社会发展面临不少严重问题。人民温饱都成问题，国家建设百业待兴，把工作重点尽快转移到发展社会生产力上来的呼声越来越高。党内外强烈要求纠正"文化大革命"的错误，使党和国家从危难中重新奋起。正如邓小平所说的："如果现在再不实行改革，我们的现代化事业和社会主义事业就会被葬送。"① 在这一背景下，1978年5月，中央党校内部刊物《理论动态》发表经胡耀邦审定的《实践是检验真理的唯一标准》一文，经《光明日报》以特约评论员名义公开发表后，引发了关于真理标准问题的大讨论。这场大讨论，是继延安整风后又一场马克思主义思想解放运动，成为拨乱反正和改革开放的思想先导，为党重新确立实事求是的思想路线、实现历史性的伟大转折做了思想理论准备。

总之，党的十一届三中全会召开之际，国内外大势呼唤中国共产党纠正长期以来的"左"倾错误，尽快就关系党和国家前途命运的大政方针作出政治决断和战略抉择，改变党和国家的工作在徘徊中前进的局面。

（二）党的十一届三中全会高度评价真理标准问题讨论，强调完整地准确地掌握毛泽东思想的科学体系，重新确立马克思主义思想路线

1978年11月10日至12月15日，中共中央工作会议在北京召开。12月13日，邓小平在闭幕会上作题为《解放思想，实事求是，团结一致向前看》的讲话，指出："目前进行的关于实践是检验真理的唯一标准问题的讨论，实际上也是要不要解放思想的争论。大家认为进行这个争论很有必要，意义很大。从争论的情况来看，越看越重要。一个党，一个国家，一个民族，如果一切从本本出发，思想僵化，迷信盛行，那它就不能前进，它的生机就停止了，就要亡党亡国。"② 这个讲话实际上成为随后召开的党的十一届三中全会的主题报告，它为全会实现具有划时代意义的伟大转折奠定了重要基础，成为改革开放和社会

---

① 《邓小平文选》第二卷，人民出版社1994年版，第150页。
② 《邓小平文选》第二卷，人民出版社1994年版，第143页。

主义现代化建设的宣言书。随后召开的党的十一届三中全会否定"两个凡是"的方针,高度评价关于真理标准问题的讨论,重新确立了马克思主义的实事求是的思想路线。

全会对进一步继承和发扬毛泽东所倡导的马克思主义学风,即坚持唯物主义的思想路线问题展开深入的讨论。会议一致认为,"只有全党同志和全国人民在马列主义、毛泽东思想的指导下,解放思想,努力研究新情况新事物新问题,坚持实事求是、一切从实际出发、理论联系实际的原则,我们党才能顺利地实现工作中心的转变,才能正确解决实现四个现代化的具体道路、方针、方法和措施,正确改革同生产力迅速发展不相适应的生产关系和上层建筑"①。

全会在坚持实事求是地解决历史遗留问题的同时,按照历史实际充分肯定毛泽东的伟大功绩,并且指出:"党中央在理论战线上的崇高任务,就是领导、教育全党和全国人民历史地、科学地认识毛泽东同志的伟大功绩,完整地、准确地掌握毛泽东思想的科学体系,把马列主义、毛泽东思想的普遍原理同社会主义现代化建设的具体实践结合起来,并在新的历史条件下加以发展。"②

(三)党的十一届三中全会作出把全党工作重点转移到社会主义现代化建设上来、实行改革开放的历史性决策,重新确立了马克思主义政治路线

全会适应国内外形势的发展变化,停止使用"以阶级斗争为纲"的口号,及时地、果断地结束全国范围的揭批林彪、"四人帮"的群众运动,决定从1979年1月起,把全党的工作重点和全国人民的注意力转移到社会主义现代化建设上来。全会指出,阶级斗争不再是我国社会的主要矛盾,我国社会的主要矛盾是人民日益增长的物质文化需要同落后的社会生产之间的矛盾。

全会提出了改革开放的任务。全会指出,实现四个现代化,要求大幅度地提高生产力,也必然要求多方面地改变同生产力发展不适应的生产关系和上层建筑,改变一切不适应的管理方式、活动方式和思想方式,因而是一场广泛、深刻的革命。全会强调,根据新的历史条件和实践经验,采取一系列新的重大的经济措施,对经济管理体制和经营管理方

---

① 《三中全会以来重要文献选编》上,中央文献出版社2011年版,第10页。
② 《三中全会以来重要文献选编》上,中央文献出版社2011年版,第11页。

法着手认真的改革,在自力更生的基础上积极发展同世界各国平等互利的经济合作,努力采用世界先进技术和先进设备,并大力加强实现现代化所必需的科学和教育工作。

由此,中国开始了从"以阶级斗争为纲"到以经济建设为中心、从僵化半僵化到全面改革、从封闭半封闭到对外开放的历史性转变。

(四)党的十一届三中全会决定健全党的民主集中制,增选了中央领导机构成员,重新确立了马克思主义组织路线

全会讨论了民主法制问题,认为社会主义现代化建设需要集中统一的领导,需要严格执行各项规章制度和劳动纪律,但是必须有充分的民主,才能做到正确的集中。全会总结和吸取党的历史经验教训,决定健全党的民主集中制,健全党规党法,严肃党纪。会议认为,国要有国法,党要有党规党法。全体党员和党的干部,人人遵守党的纪律,是恢复党和国家正常政治生活的起码要求。

全会增选陈云为中共中央政治局委员、中共中央政治局常务委员会委员、中共中央副主席,增选邓颖超、胡耀邦、王震为中共中央政治局委员,增补黄克诚、宋任穷、胡乔木、习仲勋、王任重等九人为中共中央委员。为了维护党规党法,切实搞好党风,全会决定恢复成立并选举产生了以陈云为第一书记的中共中央纪律检查委员会。这些人事安排,从组织上加强了中央领导机构,保证了党的十一届三中全会确定的路线方针政策的贯彻执行。

全会后,华国锋虽然仍然担任中共中央主席,但就体现党的正确指导思想以及决定改革开放和社会主义现代化建设的重大方针来说,邓小平同志实际上已经成为党的中央领导集体的核心。

由于上述一系列根本性的转变,党的十一届三中全会结束了粉碎"四人帮"后党和国家工作在徘徊中前进的局面。党在思想、政治、组织等领域的拨乱反正从这次全会开始全面展开,我国的改革开放由这次全会揭开序幕,邓小平理论也逐步创立。这一切,显示了党顺应时代潮流和人民愿望、勇敢开辟中国特色社会主义道路的坚强决心。改革开放是我们党的一次伟大觉醒,正是这个伟大觉醒孕育了我们党从理论到实践的伟大创造。从这时起,中国共产党人和中国人民踏上建设中国特色社会主义新的伟大征程,以一往无前的进取精神和波澜壮阔的创新实践,开创和发展中国特色社会主义。

二、如何理解中国特色社会主义事业的开创、坚持、捍卫和发展？

习近平指出："马克思主义必定随着时代、实践和科学的发展而不断发展，不可能一成不变，社会主义从来都是在开拓中前进的。坚持和发展中国特色社会主义是一篇大文章，邓小平同志为它确定了基本思路和基本原则，以江泽民同志为核心的党的第三代中央领导集体、以胡锦涛同志为总书记的党中央在这篇大文章上都写下了精彩的篇章。"[1] 党的十一届三中全会以后，党领导人民艰辛探索、创新实践，开创、坚持、捍卫、发展了中国特色社会主义。

（一）成功开创中国特色社会主义

1981年6月，党的十一届六中全会一致通过的《中国共产党中央委员会关于建国以来党的若干历史问题的决议》，对新中国成立以来的重大历史事件和重要历史人物作出了基本结论，标志着党在指导思想上的拨乱反正胜利完成。

党的十一届三中全会后，农村改革率先突破。在党中央的支持下家庭联产承包责任制从试点到普遍铺开，到1982年6月实行包产到户和包干到户的生产队已达到全国生产队的86.7%。[2] 以扩大企业自主权为主要内容的城市经济体制改革逐步在全国推开，随后经济责任制改革、财政体制改革、商业流通体制改革等多领域改革开始试点启动。在经济体制改革取得显著成效的同时，社会主义民主法制建设也走上正轨，党和国家领导体制改革稳步展开。在推进改革的同时，对外开放开始取得重大突破，党和国家实施了兴办特区等创新性举措。这些探索推动党和国家各项事业蓬勃发展，为党的十二大召开奠定了重要基础，也为深入探索有中国特色的社会主义建设道路积累了实践经验。

1982年9月，中国共产党第十二次全国代表大会在北京举行。邓小平在开幕式上提出"把马克思主义的普遍真理同我国的具体实际结合起来，走自己的道路，建设有中国特

---

[1] 《习近平著作选读》第一卷，人民出版社2023年版，第80页。
[2] 参见中共中央党史和文献研究院：《中国共产党的一百年（改革开放和社会主义现代化建设新时期）》，中共党史出版社2022年版，第675页。

色的社会主义"①。"建设有中国特色的社会主义"这一重大崭新命题的提出，回答了进入改革开放新时期后走什么样的道路这一全党全国人民最为关心的重大问题，成为指引改革开放和社会主义现代化建设的伟大旗帜。党的十二大明确党在新的历史时期的总任务是：团结全国各族人民，自力更生，艰苦奋斗，逐步实现工业、农业、国防和科学技术现代化，把我国建设成为高度文明、高度民主的社会主义国家。大会提出，从1981年到20世纪末，我国经济建设的总目标是：在不断提高经济效益的前提下，力争使全国工农业年总产值翻两番，即由1980年的7100亿元增加到2000年的2.8万亿元左右，使人民的物质文化生活可以达到小康水平。②这次大会的另一个重要贡献是在提出经济建设目标的同时，明确提出要努力建设高度的社会主义精神文明和高度的社会主义民主的战略方针，体现了社会主义现代化建设的全面性要求，丰富和发展了科学社会主义理论，标志着党对社会主义的认识不断深化。

"建设有中国特色的社会主义"命题提出后，农业改革在巩固的基础上进一步深入。1982年至1984年，党中央连续发出3个关于农村工作的"一号文件"，家庭联产承包责任制迅速推向全国。到1984年年底，全国基本完成政社分设，实行了20多年的人民公社制度从此不复存在。乡镇企业异军突起，到1987年，全国乡镇企业发展壮大，从业人员8805万人，产值达到4764亿元，占当年农村社会总产值的50.51%，第一次超过农业总产值。③农村改革的成功，进一步促使城市改革提上日程。1984年10月，党的十二届三中全会通过《中共中央关于经济体制改革的决定》，初步提出和阐明了经济体制改革的一系列重大理论和实践问题。1985年3月和5月，党中央先后通过《关于科学技术体制改革的决定》和《关于教育体制改革的决定》，开始推进科技体制和教育体制的改革，城市改革形成由点及面的发展趋势。城市改革的深化和全面展开，又推动初步形成"经济特区—沿海开放城市—沿海经济开放区—内地"的多层次、有重点、点面结合的对外开放格局。到1987年，改革开放和现代化建设取得重要成就。国民生产总值、国家财政收入和城乡居

---

① 《邓小平文选》第三卷，人民出版社1993年版，第3页。
② 参见中共中央党史和文献研究院：《中国共产党的一百年（改革开放和社会主义现代化建设新时期）》，中共党史出版社2022年版，第696页。
③ 参见中共中央党史和文献研究院：《中国共产党的一百年（改革开放和社会主义现代化建设新时期）》，中共党史出版社2022年版，第701页。

民平均收入都大体上翻了一番，全国人民绝大多数过上温饱生活，部分地区开始向小康生活前进。

1987年10月25日至11月1日，中国共产党第十三次全国代表大会在北京举行。大会比较系统地阐述了关于社会主义初级阶段的理论，明确概括了党在社会主义初级阶段"一个中心、两个基本点"的基本路线，制定了现代化建设"三步走"发展战略。大会提出经济体制改革和政治体制改革的基本任务和奋斗目标，强调经济体制改革和政治体制改革的目的，都是为了在中国共产党的领导下和社会主义制度下更好地发展社会生产力，充分发挥社会主义制度的优越性。

大会对改革开放和现代化建设实践中形成发展起来的一系列科学理论观点作了归纳和概括，从而使建设有中国特色的社会主义理论有了更清晰的轮廓。大会高度评价了党的十一届三中全会以来开辟有中国特色的社会主义道路在马克思主义中国化历史进程中的伟大意义，并高度评价了邓小平在党的十一届三中全会以来党的路线的形成和发展中作出的重大贡献。习近平指出："邓小平同志开创了中国特色社会主义，第一次比较系统地初步回答了在中国这样经济文化比较落后的国家如何建设社会主义、如何巩固和发展社会主义的一系列基本问题，用新的思想观点，继承和发展了马克思主义，开拓了马克思主义新境界，把对社会主义的认识提高到新的科学水平。"[1]

（二）成功把中国特色社会主义推向21世纪

随着中国特色社会主义的成功开创，改革开放和社会主义现代化建设取得显著成绩，但经济运行中也出现一系列不稳定、不协调的问题，主要表现为通货膨胀加剧、社会生产和消费总量不平衡、结构不合理等。1988年夏季，党和政府决定进行"价格闯关"，全面推进价格改革，放开价格。但消息传开后，引发了全国性的挤提储蓄存款和抢购商品的风潮。经过一年左右的治理整顿，过旺的社会需求得到相当程度的控制，但国民经济发展的难关尚未渡过，一些深层次的结构和体制问题还有待于进一步解决。

20世纪80年代末，世界形势复杂多变。苏联和东欧社会主义国家政局动荡不断加剧。面对风云变幻的国际形势，党毫不动摇坚持四项基本原则，坚决排除各种干扰，从容

---

[1]《习近平谈治国理政》第一卷，外文出版社2018年版，第22页。

应对关系我国改革发展稳定全局的风险考验。由于国际上反共反社会主义的敌对势力的支持和煽动，国际大气候和国内小气候导致1989年春夏之交我国发生严重政治风波。党和政府依靠人民，旗帜鲜明反对动乱，捍卫了社会主义国家政权，维护了人民根本利益。随后，党中央采取一系列举措捍卫中国特色社会主义事业。

1989年6月，党的十三届四中全会在北京召开。全会分析国内发生政治风波的性质及原因，初步总结了经验教训，明确了当前和今后一个时期党的方针和任务。全会强调，要继续坚决执行党的十一届三中全会以来的路线方针政策，继续坚决执行党的十三大确定的"一个中心、两个基本点"的基本路线。全会对中央领导机构成员进行了调整，选举江泽民为中共中央委员会总书记。经过党的十三届四中、五中全会，中央领导集体实现了新老交替，这对于保证党的政策的稳定性、连续性，实现党和国家的长治久安，具有极为重大的意义。

政治风波过后，党中央大力抓党的建设，高度重视党的思想政治工作，着力密切党群干群关系。邓小平同江泽民等人谈话时要求聚精会神抓党的建设，强调"这个党该抓了，不抓不行了"[①]。1989年7月，中共中央政治局举行全体会议，讨论通过《中共中央、国务院关于近期做几件群众关心的事的决定》《中共中央关于加强宣传、思想工作的通知》。1989年8月，中共中央发出《关于加强党的建设的通知》。1990年3月，党的十三届六中全会审议通过《中共中央关于加强党同人民群众联系的决定》。

把国内的事情办好，关键是把经济建设搞好。1989年11月，党的十三届五中全会认真分析面临的经济困难，通过《中共中央关于进一步治理整顿和深化改革的决定》，提出进一步治理整顿和深化改革的指导方针、主要任务和基本措施。在推动国内改革的同时，中国共产党沉着应对国际风云变幻。1989年政治风波过后，以美国为首的一些西方国家掀起反华浪潮，对中国施加政治压力和经济"制裁"。苏联解体、东欧剧变，进一步加剧国际局势的动荡，中国的改革开放面临新的历史考验。面对纷繁复杂的国际局势，邓小平反复强调要保持稳定和坚持改革开放，提出冷静观察、稳住阵脚、沉着应付、韬光养晦、善于守拙、决不当头、有所作为等一系列指导方针。此后，西方国家和国际组织相继取消对华"制裁"，到1991年年底，中国同大多数西方国家的关系基本上回到正常轨道。经过努力，中国有效应对了1989年政治风波后的种种外部挑战，中国外交更加坚定地朝着全方位方向发展，不仅打破了西方"制裁"，赢得了有利的国际环境，而且对外开放的大门

[①] 《邓小平文选》第三卷，人民出版社1993年版，第314页。

越开越大。

冷战结束，世界开始走向多极化。世界的大变动、大改组，对我国的改革开放既是重大机遇，又是严峻挑战。世界社会主义发生的曲折对我国产生一定的负面影响，有人对社会主义的前途缺乏信心，也有人对改革开放产生怀疑，提出姓"社"还是姓"资"的疑问。能否坚持党的基本路线不动摇，抓住机遇、加快发展，把改革开放和现代化建设继续推向前进，成为影响20世纪90年代中国发展进步的重大问题。在这个重要历史关头，邓小平于1992年1月18日至2月21日先后到武昌、深圳、珠海、上海等地视察，发表了重要谈话。

关于如何推进改革开放，邓小平指出："革命是解放生产力，改革也是解放生产力。"① 改革开放胆子要大一些，敢于试验，并提出"三个有利于"的判断标准。关于计划和市场的关系，邓小平指出，计划多一点还是市场多一点，不是社会主义与资本主义的本质区别，"社会主义的本质，是解放生产力，发展生产力，消灭剥削，消除两极分化，最终达到共同富裕"②。抓住时机、加快发展，是邓小平反复强调的重大问题之一。在谈话中，邓小平还阐述了其他一些具有战略指导意义的重要思想。邓小平南方谈话，科学总结党的十一届三中全会以来的实践探索和基本经验，从理论上深刻回答了长期困扰和束缚人们思想的许多重大问题，是把改革开放和社会主义现代化建设推向新阶段的又一个解放思想、实事求是的宣言书，对开好党的十四大具有十分重要的指导作用，对中国整个社会主义现代化建设事业具有重大而深远的意义。

1992年10月，中国共产党第十四次全国代表大会在北京举行。这是在我国加快改革开放和社会主义现代化建设的新形势下召开的一次十分重要的大会。大会作出三项具有深远意义的重大决策。一是抓住机遇，加快发展，集中精力把经济建设搞上去。二是明确我国经济体制改革的目标是建立社会主义市场经济体制。三是确立邓小平建设有中国特色社会主义理论在全党的指导地位。

1993年11月，党的十四届三中全会审议通过《中共中央关于建立社会主义市场经济体制若干问题的决定》，制定了建立社会主义市场经济体制的总体规划，其基本框架为：在坚持以公有制为主体、多种经济成分共同发展的基础上，建立现代企业制度、全国统一

---

① 《邓小平文选》第三卷，人民出版社1993年版，第370页。
② 《邓小平文选》第三卷，人民出版社1993年版，第373页。

开放的市场体系、完善的宏观调控体系、合理的收入分配制度和多层次的社会保障制度。之后，党和国家加快推进财政、税收、金融、外贸、外汇、计划、投资、价格、流通等方面的体制改革步伐。经过改革和调整，全国呈现出改革开放全面推进、经济建设迅猛发展的景象。我国社会生产力、综合国力和人民生活水平都上了一个新的台阶。

1997年2月19日，邓小平逝世，全国各族人民陷于巨大的悲痛之中。中国面临着举什么旗、走什么路、如何把中国特色社会主义事业继续推向前进的历史抉择。同年9月，中国共产党第十五次全国代表大会在北京举行。大会深刻阐述邓小平理论的历史地位和指导意义，把邓小平理论同马克思列宁主义、毛泽东思想一同确立为党的指导思想并写入党章。大会明确回答中国改革开放和社会主义现代化建设的一系列重大理论和实践问题，从思想上、政治上、组织上为我国实现跨世纪发展提供了重要保证。大会提出党在社会主义初级阶段的基本纲领，进一步阐明建设有中国特色社会主义的经济、政治、文化的基本特征和基本要求，对我国跨世纪发展作出战略部署。

党的十五大后，党中央采取一系列重要举措加快推进党和国家各项事业。1998年10月，党的十五届三中全会审议通过《中共中央关于农业和农村工作若干重大问题的决定》。1999年9月，党的十五届四中全会审议通过《中共中央关于国有企业改革和发展若干重大问题的决定》。同时，党和政府提出并实施了科教兴国、可持续发展、西部大开发、"引进来"和"走出去"相结合的开放战略等多项战略。政治文明、先进文化建设进展显著；人民生活实现总体小康；中国特色军事变革积极推进；香港、澳门回归祖国和海峡两岸交流扩大；推动构建全方位多层次对外关系新格局；扎实推进党的建设新的伟大工程。

在推进中国特色社会主义伟大事业和党的建设新的伟大工程进程中，以江泽民同志为主要代表的中国共产党人，加深了对什么是社会主义、怎样建设社会主义和建设什么样的党、怎样建设党的认识，形成了"三个代表"重要思想，丰富和发展了马克思列宁主义、毛泽东思想和邓小平理论，为党的十六大的召开做了重要的思想理论准备。在"三个代表"重要思想指引下，以江泽民同志为核心的党的第三代中央领导集体团结带领全党全国各族人民，成功把中国特色社会主义推向21世纪。

（三）成功在新形势下坚持和发展中国特色社会主义

2002年11月，中国共产党第十六次全国代表大会在北京举行。大会把"三个代表"

重要思想确立为党的指导思想并写入党章。大会根据全面开创中国特色社会主义事业新局面的要求，作出新世纪头 20 年对我国来说"是一个必须紧紧抓住并且可以大有作为的重要战略机遇期"[①] 的重大判断，并从经济、政治、文化等方面勾画了全面建设小康社会的宏伟蓝图。大会及随后召开的党的十六届一中全会选举产生以胡锦涛同志为总书记的党中央。

党的十六大后，党中央立足社会主义初级阶段基本国情和新的阶段性特征，科学分析国际国内形势的新变化，深刻把握我国发展面临的新矛盾新问题，在全面建设小康社会的进程中更加坚定地推动经济社会走上科学发展的道路。按照党的十六大的部署，各地区各部门大力推进改革开放和社会主义现代化建设各项事业。然而，2003 年春，一场突如其来的非典型肺炎（简称"非典"）疫情暴发，对人民群众身体健康和生命安全构成严重威胁，给经济社会发展带来严重冲击。非典疫情的发生和蔓延，是一场突发性的灾害，但由此引起党和政府对影响经济社会发展的突出矛盾和问题的思考。党中央正确判断我国发展的阶段性特征，强调要解决中国的发展问题，必须牢固树立和认真落实科学发展观。

2003 年 10 月，党的十六届三中全会审议通过《中共中央关于完善社会主义市场经济体制若干问题的决定》，第一次在党的正式文件中提出了科学发展观的内涵。全会阐明完善社会主义市场经济体制的主要任务是：完善公有制为主体、多种所有制经济共同发展的基本经济制度；建立有利于逐步改变城乡二元经济结构的体制；形成促进区域经济协调发展的机制；建设统一开放竞争有序的现代市场体系；完善宏观调控体系、行政管理体制和经济法律制度；健全就业、收入分配和社会保障制度；建立促进经济社会可持续发展的机制。[②] 2005 年 10 月，党的十六届五中全会提出建设社会主义新农村的重大战略任务。2006 年 1 月 1 日开始，农业税被正式废除。2006 年 10 月，党的十六届六中全会审议通过《中共中央关于构建社会主义和谐社会若干重大问题的决定》，提出构建社会主义和谐社会重大战略目标，并部署了构建社会主义和谐社会的政策措施。

2007 年 10 月，中国共产党第十七次全国代表大会在北京举行。大会深刻分析国际国内形势发展变化和新世纪新阶段我国发展一系列新的阶段性特征，对实现全面建设小康社会的宏伟目标作出全面部署，提出更高要求。大会提出，高举中国特色社会主义伟大旗

---

① 《江泽民文选》第三卷，人民出版社 2006 年版，第 542 页。
② 参见《十六大以来重要文献选编》上，中央文献出版社 2005 年版，第 465 页。

帜，坚持中国特色社会主义道路，首次对中国特色社会主义理论体系作出了概括，并将中国特色社会主义理论体系和科学发展观写入党章。

党的十七大后，党中央团结带领全党全国各族人民万众一心，开拓奋进，为夺取全面建设小康社会新胜利努力奋斗。2008年5月，四川汶川发生特大地震，党和政府领导人民取得抗震救灾斗争和灾后恢复重建工作重大胜利。同年8月至9月，在北京成功举办第29届夏季奥林匹克运动会和第13届夏季残疾人奥林匹克运动会。同年下半年，国际金融危机爆发，使我国经济发展遭遇严重困难。通过采取一系列措施，我国在全球率先实现经济企稳回升，积累了有效应对外部经济风险冲击、保持经济平稳较快发展的重要经验。

为夺取全面建设小康社会新胜利，党中央加快转变经济发展方式，深化国有企业、农村等重要领域改革，积极稳妥推进民主法治建设，推动社会主义文化大发展大繁荣，加快推进以改善民生为重点的社会建设，加大环境保护力度。从党的十七大到党的十八大五年间，党在加强军队建设、推动履行新世纪新阶段军队历史使命，推进"一国两制"实践和祖国和平统一大业，坚持和平发展合作，以执政能力建设和先进性建设为主线推进党的建设等多个方面，取得一系列成就。

自2002年到2012年的十年间，我国经济总量从世界第六位跃升到第二位，社会生产力、经济实力、科技实力迈上一个大台阶，人民生活水平、居民收入水平、社会保障水平迈上一个大台阶，综合国力、国际竞争力、国际影响力迈上一个大台阶。以胡锦涛同志为主要代表的中国共产党人，团结带领全党全国各族人民，成功在新形势下坚持和发展了中国特色社会主义。

三、如何认识改革开放和社会主义现代化建设取得巨大进展及其主要原因？

从党的十一届三中全会开启新时期到党的十八大之前，党团结带领人民绘就改革开放的恢宏画卷，谱写社会主义现代化建设的奋斗赞歌，中国大踏步赶上了时代。改革开放是中国人民和中华民族发展史上一次伟大革命，正是这个伟大革命推动了中国特色社会主义事业的伟大飞跃。

（一）改革开放和社会主义现代化建设的巨大进展

党的十一届三中全会以后，党领导全国各族人民解放思想、实事求是，勇于探索、开拓前进，改革开放和现代化建设取得了巨大进展。2021年11月，党的十九届六中全会明确指出，党领导人民解放思想、锐意进取，创造了改革开放和社会主义现代化建设的伟大成就，我国实现了从高度集中的计划经济体制到充满活力的社会主义市场经济体制、从封闭半封闭到全方位开放的历史性转变，实现了从生产力相对落后的状况到经济总量跃居世界第二的历史性突破，实现了人民生活从温饱不足到总体小康、奔向全面小康的历史性跨越，推进了中华民族从站起来到富起来的伟大飞跃。[①]

改革开放和社会主义现代化建设新时期，在经济社会发展方面的进展，突出表现在以下几个方面。

第一，经济发展实现跨越，国家经济实力大幅增强。这一时期我国经济持续快速增长，经济增速在全球范围内名列前茅。1979年至2012年，我国国内生产总值年均增长9.8%，同期世界经济年均增速只有2.8%，创造了人类经济发展史上的新奇迹。国内生产总值于2010年跃居世界第二位。人均国内生产总值不断提高，1978年人均国内生产总值仅有385元，2012年达到39771元。

第二，自主创新能力得到加强，国家科技实力明显提高。党中央始终把科技创新摆在国家发展全局的核心位置，不断加大科技投入，深化科技体制改革，完善科技创新评价标准、激励机制和转化机制，我国科技事业取得丰硕成果。2012年，我国研究与试验发展经费支出达到10298亿元，比1995年增长28.5倍，占国内生产总值的比重为1.98%，上升1.4个百分点。[②]一批重大科技成果相继问世，基础研究和前沿技术取得突破性进展。1988年10月16日，我国第一座高能加速器——北京正负电子对撞机首次对撞成功。2003年10月15日至16日，"神舟五号"载人飞船成功升空并安全返回，首次载人航天飞行获得圆满成功。2012年6月16日至24日，"神舟九号"飞船成功发射并与"天宫一号"目标飞行器进行自动和手控交会对接，标志着我国载人航天工程第二步战略目标取得

---

① 参见《中国共产党第十九届中央委员会第六次全体会议公报》，人民出版社2021年版，第8—9页。
② 参见国家统计局：《改革开放铸辉煌 经济发展谱新篇——1978年以来我国经济社会发展的巨大变化》，《人民日报》2013年11月6日。

具有决定性意义的重要进展。2012年6月24日,"蛟龙"号载人潜水器在马里亚纳海沟进行第四次下潜试验中成功突破7000米深度,再创我国载人深潜新纪录。2012年9月25日,我国第一艘航空母舰"辽宁舰"正式交付海军。

第三,民生事业蓬勃发展,人民生活大幅改善。教育事业成绩显著。教育普及程度明显提高,城乡免费九年义务教育全面实现。国民受教育程度大幅提升。6岁及以上人口平均受教育年限由1982年的5.2年提高到2012年的8.9年。2012年,普通高等教育本专科招生人数689万人,比1978年增长16.1倍;在校生2391万人,增长26.9倍;毕业生625万人,增长36.9倍,较好地满足了经济社会发展对各类人才的需求。就业规模持续扩大。1978年至2012年,我国就业人员从40152万人增加到76704万人,年均增加1075万人。与此同时,大量农村富余劳动力向非农产业有序转移。2012年,我国农民工数量达到2.6亿人。社会保障事业全面推进。到2012年,已基本建成覆盖城乡的社会保障体系,参加城乡居民社会养老保险人数48369.5万人;2566个县(市、区)开展了新型农村合作医疗工作,新型农村合作医疗参合率98.3%;2143.5万城市居民和5344.5万农村居民得到政府最低生活保障。人民的总体健康水平已超过中等收入国家的平均水平,处于发展中国家前列。居民预期寿命由1981年的67.8岁提高到2010年的74.8岁。①

第四,形成全方位、多层次、宽领域的对外开放格局。1978年至2012年,中国货物进出口总额从206亿美元提高到38671亿美元,居世界第二位,其中出口额居世界第一位,进出口结构优化,贸易大国地位进一步巩固。外汇储备跃居世界第一,外商投资和对外投资大幅增长。1979年至2012年,实际使用外商直接投资12761亿美元,2012年年底对外直接投资存量达到5319亿美元,跻身对外投资大国行列。②

在取得以上成就的同时,社会主义民主政治建设取得重要进展,社会主义精神文明建设成效显著,民族政策和宗教政策得到全面贯彻,国防和军队建设加快推进,祖国统一大业取得重大进展,全方位外交积极开展,党的建设新的伟大工程持续推进。

---

① 参见国家统计局:《改革开放铸辉煌 经济发展谱新篇——1978年以来我国经济社会发展的巨大变化》,《人民日报》2013年11月6日。
② 参见国家统计局:《改革开放铸辉煌 经济发展谱新篇——1978年以来我国经济社会发展的巨大变化》,《人民日报》2013年11月6日。

（二）改革开放和社会主义现代化建设取得巨大进展的主要原因

改革开放和社会主义现代化建设新时期，中国共产党领导中国人民取得了辉煌成就，其原因主要有以下几个方面。

第一，坚持党的领导，贯彻党的基本路线。中国共产党是中国特色社会主义事业的领导核心。始终坚持党的领导，才能实现伟大历史转折，开启改革开放和社会主义现代化建设新时期、中华民族伟大复兴新征程，成功应对一系列重大风险挑战、克服无数艰难险阻，确保改革开放和社会主义现代化建设的正确方向。始终坚持党的"一个中心、两个基本点"的基本路线不动摇，以经济建设为中心，将坚持四项基本原则同坚持改革开放紧密结合，坚决破除各方面体制机制弊端，坚持社会主义市场经济的改革方向，才能不断解放和发展社会生产力，确保我国经济社会持续发展，不断开创中国特色社会主义建设事业新局面。

第二，坚持人民主体地位，紧紧依靠人民推动改革开放。全心全意为人民服务是中国共产党的根本宗旨。改革开放和社会主义现代化建设新时期，党坚持群众路线，坚持尊重社会发展规律与尊重人民主体地位的一致性，坚持以最广大人民根本利益作为一切工作的根本出发点和落脚点，坚持把人民拥护不拥护、赞成不赞成、高兴不高兴作为制定政策的依据，顺应民心、尊重民意、关注民情、致力民生，既通过提出并贯彻正确的理论和路线方针政策带领人民前进，又从人民实践创造和发展要求中获得前进动力，让人民共享改革开放和现代化建设成果。正因为如此，党才能激励人民自觉投身改革开放和社会主义现代化建设事业，激发蕴藏在人民群众中的创造伟力，凝聚起创造改革开放人间奇迹的磅礴力量。

第三，坚持解放思想、实事求是、与时俱进、求真务实，不断推进实践基础上的理论创新。实践发展永无止境，解放思想永无止境。改革开放和社会主义现代化建设新时期，中国共产党坚持理论联系实际，一切从实际出发，始终保持勇于变革、勇于创新、永不停滞、永不僵化的精神状态，廓清困扰和束缚实践发展的思想迷雾，不断推进马克思主义中国化时代化大众化，不断开辟马克思主义发展新境界，创立了邓小平理论，形成了"三个代表"重要思想、科学发展观，为改革开放的顺利推进提供了重要思想保证。正是在正确的思想路线指引下，党把马克思主义基本原理同改革开放的实践相结合，坚持在实践基础上不断推进理论创新、制度创新、科技创新、文化创新以及其他各方面创新，锐意推进各方面体制改革，不断推进我国社会主义制度自我完善和发展，使我国成功实现了从计划经济体制到社会主义市场经济体制、从封闭半封闭到全方位对外开放的伟大历史转变，推动党和国家各项事业取得举世瞩目的伟大成就。

第四，坚持走中国特色社会主义道路，不断坚持和发展中国特色社会主义。方向决定前途，道路决定命运。在中国这样一个有着5000多年文明史的人口大国推进改革发展，没有可以奉为金科玉律的教科书，也没有可以对中国人民颐指气使的教师爷。在领导改革开放和社会主义现代化建设的进程中，中国共产党全部理论和实践的主题是坚持和发展中国特色社会主义。正是因为坚持走中国特色社会主义道路，牢牢把握改革开放的前进方向，党才能团结带领中国人民在中国特色社会主义康庄大道上创造了改革开放和社会主义现代化建设的伟大成就。

第五，坚持完善和发展中国特色社会主义制度，充分发挥制度优势。制度是关系党和国家事业发展的根本性、全局性、稳定性、长期性问题。改革开放和社会主义现代化建设新时期，中国共产党领导人民确立社会主义初级阶段公有制为主体、多种所有制经济共同发展的基本经济制度和按劳分配为主体、多种分配方式并存的分配制度；坚持党的领导、人民当家作主、依法治国有机统一，坚持和完善人民代表大会制度、中国共产党领导的多党合作和政治协商制度、民族区域自治制度、基层群众自治制度；积极推进文化、社会等领域体制改革，加强文化领域和社会领域制度建设。正是因为扭住中国特色社会主义制度建设这个关键，党才能团结带领中国人民建立充满活力的制度体制机制。

第六，坚持以发展为第一要务，统筹国内改革和对外开放。解放和发展社会生产力，增强社会主义国家的综合国力，是社会主义的本质要求和根本任务。改革开放和社会主义现代化建设新时期，中国共产党牢牢扭住经济建设这个中心，毫不动摇坚持发展是硬道理、发展是党执政兴国的第一要务、走科学发展道路，才使我国综合国力、国际竞争力、国际影响力迈上一个大台阶。在推动国内改革的同时坚持对外开放，统筹国内国际两个大局，实行积极主动的开放政策，形成全方位、多层次、宽领域的全面开放新格局，为我国创造了良好国际环境、开拓了广阔发展空间。这也是改革开放取得巨大进展的重要原因。

第七，坚持辩证唯物主义和历史唯物主义世界观和方法论，正确处理改革、发展、稳定的关系。改革开放是前无古人的崭新事业，必须坚持正确的世界观和方法论。改革开放和社会主义现代化建设新时期，中国共产党坚持改革发展稳定的统一，坚持改革力度、发展速度和社会可承受程度的统一，强调改革是经济社会发展的强大动力，发展是解决一切经济社会问题的关键，稳定是改革发展的前提。正因为如此，我国才能在社会发生巨大深刻变化的同时又保持了社会稳定，确保了改革开放行稳致远。

四、如何正确看待改革开放前后两个历史时期的关系？

中国共产党领导的革命、建设、改革是一脉相承、薪火相传、生生不息的壮丽事业。新中国取得的一切成就，都是在新民主主义革命胜利基础上接续奋斗、接力探索的结果。以党的十一届三中全会为标志，新中国历史分为改革开放前后两个历史时期。

（一）改革开放前后两个历史时期是一个有机整体

改革开放前后两个历史时期都是为了追求和实现中华民族伟大复兴。

从新中国历史发展的主题和主线看。新中国成立后，中国共产党团结带领人民完成社会主义革命，确立社会主义基本制度，开始独立自主地探索适合中国国情的社会主义建设道路。虽然在探索过程中经历严重曲折，但党在社会主义革命和建设中取得的独创性理论成果和巨大成就，为新的历史时期开创中国特色社会主义提供了宝贵经验、理论准备、物质基础。

党的十一届三中全会后，中国共产党团结带领人民进行改革开放新的伟大革命，在社会主义道路、理论、制度、文化上进行一系列革命性变革，破除阻碍国家和民族发展的一切思想和体制障碍，开创了中国特色社会主义，党的面貌、国家的面貌、人民的面貌、军队的面貌、中华民族的面貌发生前所未有的变化，中华民族迎来了从站起来、富起来到强起来的伟大飞跃。

通过以上分析可以看出，新中国成立后，中国共产党历经艰辛探索才开创和发展了中国特色社会主义。探索、开创、坚持和发展中国特色社会主义，是贯穿新中国历史发展的主题和主线。正是这一主题和主线，将改革开放前后两个历史时期联结为一个有机统一的整体。如果割断了改革开放前后两个历史时期，也就割断了新中国历史发展的主线。

从实现中华民族伟大复兴接续奋斗的历史看。建立中国共产党、成立中华人民共和国、推进改革开放和中国特色社会主义事业,是近代以来实现中华民族伟大复兴的三大里程碑。中国共产党一经成立,就义无反顾肩负起实现中华民族伟大复兴的历史使命。新中国的成立是中华民族伟大复兴的重要前提,改革开放前的社会主义革命和建设是民族复兴的重要基础,改革开放后开创的中国特色社会主义是实现中华民族伟大复兴的必由之路。习近平曾引用"雄关漫道真如铁""人间正道是沧桑""长风破浪会有时"来概括中华民族寻梦、追梦、圆梦的奋斗历程。如果割断了改革开放前后两个历史时期,也就割断了近代以来中国人民实现中华民族伟大复兴接续奋斗的历史。

(二)改革开放前后两个历史时期既相互联系又有重大区别

习近平指出,"我们党领导人民进行社会主义建设,有改革开放前和改革开放后两个历史时期,这是两个相互联系又有重大区别的时期"[①]。为什么说这两个历史时期既相互联系又有重大区别?

首先,从中国特色社会主义酝酿创立的过程看。中国特色社会主义是在改革开放历史新时期开创的,也是以新中国成立后确立的社会主义基本制度和20多年社会主义建设实践为基础开创的,是中国共产党团结带领全国人民历经千辛万苦、付出各种代价、接力探索取得的。

从根本上说,中国特色社会主义的开创归功于改革开放。实践充分证明,改革开放是党和人民大踏步赶上时代的重要法宝,是坚持和发展中国特色社会主义的必由之路,是决定当代中国命运的关键一招,也是决定实现"两个一百年"奋斗目标、实现中华民族伟大复兴的关键一招。

同时要看到,中国特色社会主义是在新中国提供的社会主义建设基础上开创的。新中国成立后,中国共产党成功进行社会主义改造,确立社会主义基本制度,实现了中国历史上最深刻最伟大的社会变革。这些都为当代中国一切发展进步奠定了根本政治前提和制度基础。

正如习近平所指出的:"如果没有一九七八年我们党果断决定实行改革开放,并坚定不移推进改革开放,坚定不移把握改革开放的正确方向,社会主义中国就不可能有今天这

---

① 《习近平著作选读》第一卷,人民出版社2023年版,第78页。

样的大好局面，就可能面临严重危机，就可能遇到像苏联、东欧国家那样的亡党亡国危机。同时，如果没有一九四九年建立新中国并进行社会主义革命和建设，积累了重要的思想、物质、制度条件，积累了正反两方面经验，改革开放也很难顺利推进。"①

其次，从党在社会主义初级阶段的基本路线的形成看。改革开放以来，中国特色社会主义伟大事业之所以顺利推进，根本上是因为确立了"一个中心、两个基本点"的党在社会主义初级阶段的基本路线，并且毫不动摇地加以贯彻。这条基本路线是在系统总结新中国成立以来正反两方面经验教训基础上形成的。

这条基本路线的关键是以经济建设为中心的确立。1956年9月，党的八大提出，全国人民的主要任务是集中力量发展社会生产力，实现国家工业化，逐步满足人民日益增长的物质和文化需要。随后出现的"左"倾思想错误，是从偏离经济建设这个中心开始的。党的十一届三中全会果断停止"以阶级斗争为纲"的错误方针，作出把党和国家的工作重点转移到社会主义现代化建设上来的决策，实现了伟大的历史转折。

改革开放后，中国共产党形成并坚持了"一个中心、两个基本点"的基本路线。这条基本路线是对党的八大政治路线的恢复、坚持和发展，同时也是对"文化大革命"教训的深刻反思。随着中国特色社会主义进入新时代，中国共产党进一步发展和完善了党的基本理论、基本路线、基本方略，更好引领党和人民事业发展。实践证明，党的基本路线是党和国家的生命线、人民的幸福线。

最后，从方针政策和实际工作看。邓小平指出："从许多方面来说，现在我们还是把毛泽东同志已经提出、但是没有做的事情做起来，把他反对错了的改正过来，把他没有做好的事情做好。今后相当长的时期，还是做这件事。当然，我们也有发展，而且还要继续发展。"②这一论断，很好地揭示出改革开放前后两个历史时期在方针政策和实际工作上的内在连续性和发展变化。

历史证明，一个正确的方针政策，往往需要经过不断发展完善才能逐步成熟。中国共产党正是由于科学分析两个历史时期的相互联系和重大区别，正确对待改革开放前的社会主义实践探索，认真总结正反两方面的历史经验，坚持和发展这一时期积累的思想成果、物质成果、制度成果，把它作为党和人民在历史新时期把握现实、创造未来的出发阵

---

① 《习近平著作选读》第一卷，人民出版社2023年版，第78页。
② 《邓小平文选》第二卷，人民出版社1994年版，第300页。

地,才能在改革开放的伟大实践中不断推动理论创新、实践创新、制度创新、文化创新以及其他各方面创新。

(三)正确认识和处理改革开放前后两个历史时期的关系

马克思说过:"人们自己创造自己的历史,但是他们并不是随心所欲地创造,并不是在他们自己选定的条件下创造,而是在直接碰到的、既定的、从过去承继下来的条件下创造。"[①] 历史、现实、未来是相通的,人们总是在继承前人的基础上向前发展的,不能割断它们之间的联系。如果人为割断历史,其结果必然是断送前行的道路。改革开放前的探索,尽管理论准备不足、步履蹒跚,思想和实践一度出现严重偏差,但却为后来的跨越式发展积累了经验,创造了条件。改革开放不是无源之水、无本之木,它既是对前一时期成果的坚持、发展,也是对前一时期失误的纠正、鉴戒。所以,不能用改革开放后的历史时期否定改革开放前的历史时期,也不能用改革开放前的历史时期否定改革开放后的历史时期。

历史现象是复杂的,必须坚持历史唯物主义的科学态度,实事求是,一分为二。在此基础上,分清哪些是主流、哪些是支流,决不能是非不明、主次不分,决不能简单肯定或全盘否定。综观世界历史,任何一个国家、一个民族的发展,都会跌宕起伏甚至充满曲折。改革开放前的历史,是一部社会主义建设道路的探索史,这是这段历史的主流。既然是探索,就难免会犯错误,这些错误则是历史的支流,不能用支流否定主流。正确的态度是正视失误和曲折,从成功中总结经验,从失误中汲取教训,不断学习和增长本领,不断开辟走向胜利的道路。

改革开放前的历史时期是同毛泽东紧密联系在一起的。对历史人物的评价,应该放在其所处时代和社会的历史条件下去分析,不能离开对历史条件、历史过程的全面认识和对历史规律的科学把握,不能忽略历史必然性和历史偶然性的关系。不能把历史顺境中的成功简单归功于个人,也不能把历史逆境中的挫折简单归咎于个人。不能用今天的时代条件、发展水平、认识水平去衡量和要求前人,不能苛求前人干出只有后人才能干出的业绩来。

---

① 《马克思恩格斯选集》第一卷,人民出版社2012年版,第669页。

正确评价毛泽东的历史地位和毛泽东思想的指导作用,关系到怎样看待毛泽东和毛泽东思想。《中国共产党中央委员会关于建国以来党的若干历史问题的决议》对这个问题已作出科学回答:"因为毛泽东同志晚年犯了错误,就企图否认毛泽东思想的科学价值,否认毛泽东思想对我国革命和建设的指导作用,这种态度是完全错误的。对毛泽东同志的言论采取教条主义态度,以为凡是毛泽东同志说过的话都是不可移易的真理,只能照抄照搬,甚至不愿实事求是地承认毛泽东同志晚年犯了错误,并且还企图在新的实践中坚持这些错误,这种态度也是完全错误的。这两种态度都是没有把经过长期历史考验形成为科学理论的毛泽东思想,同毛泽东同志晚年所犯的错误区别开来,而这种区别是十分必要的。"①

正确评价毛泽东的历史地位和毛泽东思想的指导作用,也关系到改革开放举什么旗、走什么路。习近平在纪念毛泽东同志诞辰130周年座谈会上的讲话中指出:"改革开放以后,我们党解决了正确评价毛泽东同志和毛泽东思想的历史地位、根据新的实际和历史经验确立中国实现社会主义现代化的正确道路这两个相互联系的重大历史课题,作出了把党和国家的工作重点转移到以经济建设为中心的社会主义现代化建设上来、坚持四项基本原则、实行改革开放的历史性决策,开启了建设中国特色社会主义的新长征。"②

一、"学习思考"解答思路

1. 为什么说党的十一届三中全会是新中国成立以来的伟大历史转折?

(1)全会是在"文化大革命"结束以后,在党和国家面临何去何从的重大历史关头召开的,标志着粉碎"四人帮"后党和国家工作在徘徊中前进的局面的结束。

---

① 《三中全会以来重要文献选编》下,中央文献出版社2011年版,第165—166页。
② 习近平:《在纪念毛泽东同志诞辰130周年座谈会上的讲话》,人民出版社2023年版,第13—14页。

（2）全会重新确立马克思主义的思想路线、政治路线、组织路线，果断停止"以阶级斗争为纲"的方针，作出把工作重点转移到社会主义现代化建设上来和实行改革开放的历史性决策，开启了改革开放和社会主义现代化建设新时期。

（3）从这次全会开始，改革开放和开创中国特色社会主义的大幕拉开，邓小平理论也逐步形成和发展起来。

2. 中国特色社会主义是怎样开创的？

（1）拨乱反正任务的基本完成和国民经济的调整，为改革开放的起步创造了条件。

（2）党的十一届三中全会作出的把工作重点转移到社会主义现代化建设上来、实行改革开放的历史性决策，党的理论工作务虚会提出坚持四项基本原则，构成了党的基本路线的基本点。

（3）农村改革率先取得突破、城市经济体制改革在全国推开、对外开放和兴办经济特区、政治体制改革启动等重要举措推动各项事业蓬勃发展，为党的十二大胜利召开奠定了基础。

（4）党的十二大正式提出"建设有中国特色的社会主义"重大崭新命题，成为指引改革开放和社会主义现代化建设的伟大旗帜。

（5）党的十三大系统阐述社会主义初级阶段理论，明确概括了党在社会主义初级阶段的基本路线。

（6）邓小平南方谈话，从理论上深刻回答了长期困扰和束缚人们思想的许多重大问题，是把改革开放和社会主义现代化建设推向新阶段的又一个解放思想、实事求是的宣言书，为党的十四大召开做了重要的思想理论准备。

3. 改革开放和社会主义现代化建设新时期，中国特色社会主义是怎样接续发展的？

（1）以邓小平同志为主要代表的中国共产党人创立邓小平理论，成功开创了中国特色社会主义。

（2）以江泽民同志为主要代表的中国共产党人形成了"三个代表"重要思想，成功把中国特色社会主义推向21世纪。

（3）以胡锦涛同志为主要代表的中国共产党人形成了科学发展观，成功在新形势下坚持和发展了中国特色社会主义。

二、延伸阅读

1.《中国共产党中央委员会关于建国以来党的若干历史问题的决议》，人民出版社 1981 年版。

2.《中共中央关于党的百年奋斗重大成就和历史经验的决议》，人民出版社 2021 年版。

3. 习近平：《在纪念邓小平同志诞辰 110 周年座谈会上的讲话》，人民出版社 2014 年版。

4. 习近平：《在江泽民同志追悼大会上的悼词》，《人民日报》2022 年 12 月 7 日。

5. 习近平：《在纪念毛泽东同志诞辰 130 周年座谈会上的讲话》，人民出版社 2023 年版。

6. 习近平：《在纪念邓小平同志诞辰 120 周年座谈会上的讲话》，人民出版社 2024 年版。

三、音视频资料

1.《筑梦中国——中华民族复兴之路》第 4—6 集，中共中央组织部、中共中央宣传部、中央电视台、国家博物馆联合制作，2015 年播出。

2.《从胜利走向胜利》，中共中央宣传部、国家新闻出版广电总局、中央军委政治工作部联合出品，2017 年播出。

3.《我们一起走过——致敬改革开放 40 周年》，中共中央宣传部、中央广播电视总台联合制作，2018 年播出。

4.《我们走在大路上》第 8—14 集，中共中央宣传部、中共中央党史和文献研究院等联合制作，2019 年播出。

5.《祖国在召唤》，中央军委政治工作部宣传局出品、解放军新闻传播中心制作，2019 年播出。

6.《敢教日月换新天》第 9—14 集，中共中央宣传部、中共中央党史和文献研究院、国家发展和改革委员会、国家广播电视总局、中国社会科学院、中央广播电视总台、中央档案馆、中央军委政治工作部联合摄制，2021年播出。

7.《红相册·邓小平的故事》第1—20集，中共中央党史和文献研究院、国家广播电视总局联合出品，2024年播出。

第十章 中国特色社会主义进入新时代

第十章　中国特色社会主义进入新时代

经典论述

经过长期努力，中国特色社会主义进入了新时代，这是我国发展新的历史方位。

——习近平在中国共产党第十九次全国代表大会上的报告（2017年10月18日）

这个新时代是中国特色社会主义新时代，而不是别的什么新时代。党要在新的历史方位上实现新时代党的历史使命，最根本的就是要高举中国特色社会主义伟大旗帜。

——习近平在新进中央委员会的委员、候补委员和省部级主要领导干部学习贯彻习近平新时代中国特色社会主义思想和党的十九大精神研讨班开班式上的讲话（2018年1月5日）

只有毫不动摇坚持党的领导，中国式现代化才能前景光明、繁荣兴盛；否则，中国式现代化就会偏离航向、丧失灵魂，甚至犯颠覆性错误。

——习近平在新进中央委员会的委员、候补委员和省部级主要领导干部学习贯彻习近平新时代中国特色社会主义思想和党的二十大精神研讨班开班式上的讲话（2023年2月7日）

新时代十年的伟大变革，在党史、新中国史、改革开放史、社会主义发展史、中华民族发展史上具有里程碑意义。

——习近平在中国共产党第二十次全国代表大会上的报告（2022年10月16日）

构建人类命运共同体是世界各国人民前途所在。万物并育而不相害，道并行而不相悖。只有各国行天下之大道，和睦相处、合作共赢，繁荣才能持久，安全才有保障。

——习近平在中国共产党第二十次全国代表大会上的报告（2022年10月16日）

走过百年奋斗历程的中国共产党在革命性锻造中更加坚强有力，中国人民的前进动力更加强大、奋斗精神更加昂扬、必胜信念更加坚定，我国发展具备了更为坚实的物质基础、更为完善的制度保证、更为主动的精神力量，实现中华民族伟大复兴进入了不可逆转的历史进程，中国特色社会主义展现出蓬勃生机。

——习近平在党的二十届一中全会上的讲话（2022年10月23日）

以中国式现代化全面推进强国建设、民族复兴伟业，是新时代新征程党和国家的中心任务，是新时代最大的政治。

——习近平在全国政协新年茶话会上的讲话（2023年12月29日）

当前，世界上还有一些地方处在战火硝烟之中。中国人民深知和平的珍贵，我们愿同国际社会一道，以人类前途为怀、以人民福祉为念，推动构建人类命运共同体，建设更加美好的世界。

——习近平发表的2024年新年贺词（2023年12月31日）

党确立习近平同志党中央的核心、全党的核心地位，确立习近平新时代中国特色社会主义思想的指导地位，反映了全党全军全国各族人民共同心愿，对新时代党和国家事业发展、对推进中华民族伟大复兴历史进程具有决定性意义。

——《中共中央关于党的百年奋斗重大成就和历史经验的决议》（2021年11月11日）

党的十八大以来，以习近平同志为核心的党中央领导全党全军全国各族人民砥砺前行，全面建成小康社会目标如期实现，党和国家事业取得历史性成就、发生历史性变革，彰显了中国特色社会主义的强大生机活力，党心军心民心空前凝聚振奋，为实现中华民族伟大复兴提供了更为完善的制度保证、更为坚实的物质基础、更为主动的精神力量。中国共产党和中国人民以英勇顽强的奋斗向世界庄严宣告，中华民族迎来了从站起来、富起来到强起来的伟大飞跃。

——《中共中央关于党的百年奋斗重大成就和历史经验的决议》（2021年11月11日）

第十章　中国特色社会主义进入新时代

教学指南

 思维导图

中国特色社会主义进入新时代
- 开拓中国特色社会主义更为广阔的发展前景
  - 中国特色社会主义进入新时代
  - 习近平同志党中央的核心、全党的核心地位的确立
  - 统筹推进"五位一体"总体布局
  - 协调推进"四个全面"战略布局
  - 全面推进国防和军队现代化
  - 全面加强国家安全
- 把新时代中国特色社会主义不断推向前进
  - 习近平新时代中国特色社会主义思想指导地位的确立
  - 坚持党的全面领导与推进党的自我革命
  - 国家制度和治理体系建设迈出新步伐
  - 在应对风险挑战中推进各项事业
  - 坚持"一国两制"和推进祖国统一
  - 全面推进中国特色大国外交和推动构建人类命运共同体
- 开启全面建设社会主义现代化国家新征程
  - 完成脱贫攻坚、全面建成小康社会的历史任务，实现第一个百年奋斗目标
  - 把握新发展阶段、贯彻新发展理念、构建新发展格局、推动高质量发展
  - 隆重庆祝中国共产党成立一百周年
  - 全面总结党的百年奋斗重大成就和历史经验
  - 党的二十大的召开和以中国式现代化全面推进中华民族伟大复兴

教学目的

理解中国特色社会主义进入新时代，中国共产党统筹推进"五位一体"总体布局、协调推进"四个全面"战略布局，全面加强国家安全、全面推进国防和军队现代化、坚持"一国两制"和推进祖国统一等重大理论与实践；认识实现第一个百年奋斗目标的伟大历史意义、党的百年奋斗重大成就和历史经验，以及以中国式现代化全面推进中华民族伟大复兴的使命任务；领悟"两个确立"的决定性意义，增强做中国人的志气、骨气和底气，进而更加坚定地树立马克思主义世界观、价值观、历史观，为实现中华民族伟大复兴贡献力量。

教学思路

1. 全面阐释中国特色社会主义新时代的主要内涵，深入分析中国特色社会主义进入新时代的基本依据，引导学生清晰把握"中国特色社会主义新时代是我国发展新的历史方位"的深刻含义。

2. 系统梳理"两个确立"的形成过程，透彻讲解"两个确立"对新时代党和国家事业发展所具有的决定性意义、对推进中华民族伟大复兴历史进程所具有的决定性意义，引导学生坚定拥护"两个确立"、坚决做到"两个维护"。

3. 通过回顾党团结带领人民实现第一个百年奋斗目标的伟大征程，深入解读新时代党和国家事业发展取得的历史性成就、发生的历史性变革，引导学生充分认识实现第一个百年奋斗目标的历史意义。

4. 立足世界百年未有之大变局，从历史长河、时代大潮、全球风云中分析新时代演变的机理和规律，着眼于科学把握和有效应对世界大变局，引导学生准确理解构建人类命运共同体的时代背景、目标途径和时代价值。

5. 立足实现中华民族伟大复兴的战略全局，坚持大历史观，在宽尺度、长时段的历史进程中定位新时代，把握新时代在党史、新中国史、改革开放史、社会主义发展史、中华民族发展史中的重要地位，引导学生全面把握党的百年奋斗重大成就和历史经验。

6. 综合分析中国式现代化的历史逻辑、理论逻辑和实践逻辑，引导学生深刻理解中国式现代化是中国共产党领导的社会主义现代化，并自觉担当以中国式现代化全面推进中华民族伟大复兴的时代使命。

7. 注意"中国近现代史纲要"与"习近平新时代中国特色社会主义思想概论"等课程的区别，注重从史论结合、论从史出的角度勾勒党的十八大以来党领导人民推进强国建设、民族复兴伟业的历史进程。通过主题研讨、组织学生观看反映新时代党和国家事业发展重大成就和宝贵经验的纪录片等形式开展实践教学，在师生的双向互动中，帮助学生树立正确的历史观。

重难点解析

一、如何理解中国特色社会主义新时代是我国发展新的历史方位？

正确认识历史方位，是中国共产党明确阶段性中心任务、制定路线方针政策的根本依据，也是党领导革命、建设、改革不断取得胜利的重要经验。2017年7月26日，习近平指出："党的十八大以来，在新中国成立特别是改革开放以来我国发展取得的重大成就基础上，党和国家事业发生历史性变革，我国发展站到了新的历史起点上，中国特色社会主义进入了新的发展阶段。"① 在此基础上，党的十九大明确指出，经过长期努力，中国特色社会主义进入了新时代，这是我国发展新的历史方位。

（一）中国特色社会主义新时代的主要内涵

中国特色社会主义新时代是承前启后、继往开来、在新的历史条件下继续夺取中国特色社会主义伟大胜利的时代。习近平强调："新时代是中国特色社会主义新时代，而不是别的什么新时代。"② "中国特色社会主义"这一重要概念，经历了从"有中国特色的社

---

① 《习近平谈治国理政》第二卷，外文出版社2017年版，第62页。
② 《习近平谈治国理政》第三卷，外文出版社2020年版，第70页。

会主义"到"有中国特色社会主义",再到"中国特色社会主义"的演变过程(见表10-1)。中国特色社会主义是改革开放新时期开创的,也是建立在党领导人民长期奋斗基础上的,是由党的几代中央领导集体团结带领全党全国人民历经千辛万苦、付出各种代价、接力探索取得的。以毛泽东同志为主要代表的中国共产党人为新的历史时期开创中国特色社会主义提供了宝贵经验、理论准备、物质基础,以邓小平同志为主要代表的中国共产党人成功开创了中国特色社会主义,以江泽民同志为主要代表的中国共产党人成功把中国特色社会主义推向21世纪,以胡锦涛同志为主要代表的中国共产党人成功在新的形势下坚持和发展了中国特色社会主义。党的十八大以来,以习近平同志为核心的党中央接过历史的接力棒,坚定不移高举中国特色社会主义伟大旗帜,开启了中国特色社会主义新时代。

表10-1 改革开放以来党的历次全国代表大会报告题目

会议	报告题目
党的十二大	全面开创社会主义现代化建设的新局面
党的十三大	沿着有中国特色的社会主义道路前进
党的十四大	加快改革开放和现代化建设步伐,夺取有中国特色社会主义事业的更大胜利
党的十五大	高举邓小平理论伟大旗帜,把建设有中国特色社会主义事业全面推向二十一世纪
党的十六大	全面建设小康社会,开创中国特色社会主义事业新局面
党的十七大	高举中国特色社会主义伟大旗帜,为夺取全面建设小康社会新胜利而奋斗
党的十八大	坚定不移沿着中国特色社会主义道路前进,为全面建成小康社会而奋斗
党的十九大	决胜全面建成小康社会,夺取新时代中国特色社会主义伟大胜利
党的二十大	高举中国特色社会主义伟大旗帜,为全面建设社会主义现代化国家而团结奋斗

中国特色社会主义新时代是决胜全面建成小康社会、进而全面建设社会主义现代化强国的时代。新时代,我国既要全面建成小康社会、实现第一个百年奋斗目标,又要乘势而上开启全面建设社会主义现代化国家新征程,向第二个百年奋斗目标进军。

中国特色社会主义新时代是全国各族人民团结奋斗、不断创造美好生活、逐步实现全体人民共同富裕的时代。共同富裕是社会主义的本质要求,是人民群众的共同期盼。共同富裕是全体人民共同富裕,是人民群众物质生活和精神生活都富裕,不是少数人的富裕,也不是整齐划一的平均主义。人民对美好生活的向往就是中国共产党的奋斗目标。习近平指出:"到'十四五'末,全体人民共同富裕迈出坚实步伐,居民收入和实际消费水平差距逐步缩小。到二〇三五年，全体人民共同富裕取得更为明显的实质性进展，基本公共服务实现均等化。到本世纪中叶，全体人民共同富裕基本实现，居民收入和实际消费水平差距缩小到合理区间。"①

中国特色社会主义新时代是全体中华儿女勠力同心、奋力实现中华民族伟大复兴中国梦的时代。中国共产党团结带领中国人民进行的一切奋斗、一切牺牲、一切创造，归结起来就是一个主题：实现中华民族伟大复兴。中国共产党领导革命、建设、改革的过程，也是党领导人民实现中华民族伟大复兴的过程。党的十八大以来，中华民族迎来了从站起来、富起来到强起来的伟大飞跃，我们比历史上任何时期都更接近、更有信心和能力实现中华民族伟大复兴的目标。距离实现中华民族伟大复兴的目标越近，我们越不能懈怠，越要加倍努力。

中国特色社会主义新时代是我国不断为人类作出更大贡献的时代。中国人民历来把自己的前途命运同各国人民的前途命运紧密联系在一起，党和人民事业是人类进步事业的重要组成部分。中国共产党既为中国人民谋幸福、为中华民族谋复兴，也为人类谋进步、为世界谋大同。新时代，面对世界百年未有之大变局，我国始终高举和平、发展、合作、共赢的旗帜，始终不渝走和平发展道路，推动构建人类命运共同体，为解决人类重大问题贡献了中国智慧、中国方案、中国力量，成为推动人类发展进步的重要力量。

（二）中国特色社会主义进入新时代的基本依据

中国特色社会主义进入新时代这一重大政治判断，是在准确把握我国发展所处新的历史方位基础上作出的。

这一判断基于中国特色社会主义进入新的发展阶段。党的十八大以来，以习近平同志为核心的党中央科学把握国内外发展大势，顺应实践要求和人民愿望，以巨大的政治勇气和强烈的责任担当，举旗定向、谋篇布局，迎难而上、开拓进取，推动党和国家事业取得历史性成就、发生历史性变革。这些变革力度之大、范围之广、效果之显著、影响之深远，在党史、新中国史、改革开放史、社会主义发展史、中华民族发展史上都具有重大意义。这表明，在新中国成立以来特别是改革开放以来我国发展取得的重大成就基础上，我

---

① 《习近平著作选读》第二卷，人民出版社 2023 年版，第 501 页。

国发展站到新的历史起点上,中国特色社会主义进入新的发展阶段。

这一判断基于我国社会主要矛盾发生新变化。党的十九大提出,我国社会主要矛盾已经由人民日益增长的物质文化需要同落后的社会生产之间的矛盾,转化为人民日益增长的美好生活需要和不平衡不充分的发展之间的矛盾。这个论断,反映了我国发展的实际状况,揭示了制约我国发展的症结所在,指明了解决当代中国发展问题的根本着力点。在新的发展阶段,人民美好生活需要日益广泛,不仅对物质文化生活提出更高要求,而且在民主、法治、公平、正义、安全、环境等方面的要求日益增长。同时,我国社会生产力水平显著提高,社会生产能力在很多方面进入世界前列,当前和今后面临的突出问题是发展不平衡不充分。发展不平衡,主要是各区域各领域各方面存在失衡现象,制约了整体发展水平提升;发展不充分,主要是我国全面实现社会主义现代化还有相当长的路要走,发展任务仍然很重。这已经成为满足人民日益增长的美好生活需要的主要制约因素。我国社会主要矛盾发生变化,对我国发展全局必然产生广泛而深刻的影响。

这一判断基于党的奋斗目标有了新要求。党的十八大发出向"两个一百年"奋斗目标进军的时代号召。党的十九大综合分析国际国内形势和我国发展条件,明确实现"两个一百年"奋斗目标的时间表、路线图:从 2020 年到 2035 年,在全面建成小康社会基础上,再奋斗 15 年,基本实现社会主义现代化;从 2035 年到本世纪中叶,在基本实现现代化的基础上,再奋斗 15 年,把我国建成富强民主文明和谐美丽的社会主义现代化强国。党的二十大进一步明确全面建成社会主义现代化强国"两步走"的战略安排,为新征程党和国家事业发展、实现第二个百年奋斗目标指明了方向。

这一判断基于我国面临的国际环境发生新变化。放眼世界,我们面对的是百年未有之大变局。习近平指出,"这样的大变局不是一时一事、一域一国之变,是世界之变、时代之变、历史之变"①。世界百年未有之大变局,概括起来说,就是当前国际格局和国际体系正在发生深刻调整,全球治理体系正在发生深刻变革,国际力量对比正在发生近代以来最具革命性的变化,世界范围呈现出影响人类历史进程和趋向的重大态势。当前,我国发展同外部世界的交融性、关联性、互动性不断增强,我国发展进入战略机遇和风险挑战并存、不确定难预料因素增多的时期。作出中国特色社会主义进入新时代的判断,也充分考

---

① 习近平:《论把握新发展阶段、贯彻新发展理念、构建新发展格局》,中央文献出版社 2021 年版,第 17 页。

量了国际局势和周边环境的新变化。

总体来说，中国特色社会主义进入新时代这一重大政治判断，是在深刻把握中华民族伟大复兴战略全局和世界百年未有之大变局，科学把握世情、国情、党情深刻变化的基础上作出的。这一判断，是改革开放以来我国社会发展进步的必然结论，是我国社会主要矛盾运动的必然结果，也是党团结带领全国各族人民开创光明未来的必然要求。

（三）中国特色社会主义进入新时代的重大意义

中国特色社会主义进入新时代意味着近代以来久经磨难的中华民族迎来了从站起来、富起来到强起来的伟大飞跃，迎来了实现中华民族伟大复兴的光明前景。近代以来，由于西方列强入侵和封建统治腐败，中国逐渐成为半殖民地半封建社会，国家蒙辱、人民蒙难、文明蒙尘，中华民族遭受了前所未有的劫难。中国共产党成立后，团结带领中国人民进行新民主主义革命，推翻帝国主义、封建主义、官僚资本主义的统治，争取民族独立、人民解放，为实现中华民族伟大复兴创造根本社会条件。新中国成立后，党团结带领中国人民实现从新民主主义到社会主义的转变，进行社会主义革命，推进社会主义建设，为实现中华民族伟大复兴奠定根本政治前提和制度基础。改革开放以后，党团结带领中国人民继续探索中国建设社会主义的正确道路，解放和发展社会生产力，使人民摆脱贫困、尽快富裕起来，为实现中华民族伟大复兴提供了充满新的活力的体制保证和快速发展的物质条件。党的十八大以来，党团结带领中国人民实现第一个百年奋斗目标，开启实现第二个百年奋斗目标新征程，为实现中华民族伟大复兴提供了更为完善的制度保证、更为坚实的物质基础、更为主动的精神力量，实现中华民族伟大复兴进入了不可逆转的历史进程。

中国特色社会主义进入新时代意味着科学社会主义在21世纪的中国焕发出强大生机活力，在世界上高高举起了中国特色社会主义伟大旗帜。世界社会主义的发展，经历了从空想到科学、从理论到实践、从一国到多国的转变。科学社会主义的实践道路并非一帆风顺，苏联解体、东欧剧变使得"社会主义失败论""历史终结论"一度甚嚣尘上，"中国崩溃论"不绝于耳。在历史的转折关头，党团结带领中国人民高举旗帜、埋头苦干，成功开创了中国特色社会主义并不断推向前进。中国特色社会主义进入新时代，以不可辩驳的事实彰显了科学社会主义的鲜活生命力，世界范围内社会主义和资本主义两种意识形态、两种社会制度的历史演进及其较量发生了有利于社会主义的重大转变。

中国特色社会主义进入新时代意味着中国特色社会主义道路、理论、制度、文化不断发展，拓展了发展中国家走向现代化的途径，给世界上那些既希望加快发展又希望保持自身独立性的国家和民族提供了全新选择，为解决人类问题贡献了中国智慧和中国方案。改革开放以来我们取得一切成绩和进步的根本原因，归结起来就是：开辟了中国特色社会主义道路，形成了中国特色社会主义理论体系，确立了中国特色社会主义制度，发展了中国特色社会主义文化。中国特色社会主义道路是实现途径，中国特色社会主义理论体系是行动指南，中国特色社会主义制度是根本保障，中国特色社会主义文化是精神力量，四者统一于中国特色社会主义伟大实践。党团结带领中国人民坚持和发展中国特色社会主义，推动物质文明、政治文明、精神文明、社会文明、生态文明协调发展，创造了中国式现代化新道路，创造了人类文明新形态。中国式现代化新道路打破了"现代化=西方化"的迷思，展现了现代化的另一幅图景，为人类对更好社会制度的探索提供了中国智慧和中国方案。

二、如何理解"两个确立"的形成及其决定性意义？

"两个确立"，指的是确立习近平同志党中央的核心、全党的核心地位，确立习近平新时代中国特色社会主义思想的指导地位。坚强的领导核心和科学的理论指导，是关乎党和国家前途命运、党和国家事业成败的根本性问题。

（一）"两个确立"是历史的选择、人民的选择

党的十八届六中全会明确了习近平同志党中央的核心、全党的核心地位。党的十八大以来，面对世界经济复苏乏力、局部冲突和动荡频发、全球性问题加剧的外部环境，面对我国经济发展进入新常态等一系列深刻变化，习近平带领中央领导集体迎难而上、开拓进取，推动党和国家事业取得历史性成就、发生历史性变革。在治国理政新实践中，习近平作为党、国家和军队的最高领导人，展现出坚定信仰信念、鲜明人民立场、非凡政治智慧、顽强意志品质、强烈历史担当、高超政治艺术，赢得了全党全军全国各族人民衷心拥护，受到了国际社会高度赞誉。一个国家、一个政党，领导核心至关重要。毛泽东强

调:"要建立领导核心,反对'一国三公'。"①邓小平指出:"任何一个领导集体都要有一个核心,没有核心的领导是靠不住的。"②在新的伟大斗争实践中,习近平总书记事实上已经成为党中央的核心、全党的核心。在此基础上,经过充分酝酿,2016年10月,党的十八届六中全会正式提出"以习近平同志为核心的党中央"并郑重写入全会文件。2017年10月,党的十九大把"坚定维护以习近平同志为核心的党中央权威和集中统一领导"写入党章。确立习近平同志党中央的核心、全党的核心地位,是实践的选择、历史的选择,同时也是全党的选择、人民的选择,反映了全党全军全国各族人民的共同心愿。

党的十九大确立习近平新时代中国特色社会主义思想的指导地位。党的十八大以来,以习近平同志为主要代表的中国共产党人,坚持把马克思主义基本原理同中国具体实际相结合、同中华优秀传统文化相结合,坚持毛泽东思想、邓小平理论、"三个代表"重要思想、科学发展观,深刻总结并充分运用党成立以来的历史经验,从新的实际出发,以全新的视野深化对共产党执政规律、社会主义建设规律、人类社会发展规律的认识,取得重大理论创新成果,创立了习近平新时代中国特色社会主义思想。习近平对关系新时代党和国家事业发展的一系列重大理论和实践问题进行了深邃思考和科学判断,就新时代坚持和发展什么样的中国特色社会主义、怎样坚持和发展中国特色社会主义,建设什么样的社会主义现代化强国、怎样建设社会主义现代化强国,建设什么样的长期执政的马克思主义政党、怎样建设长期执政的马克思主义政党等重大时代课题,提出一系列原创性的治国理政新理念新思想新战略,是习近平新时代中国特色社会主义思想的主要创立者。在领导全党全军全国各族人民推进党和国家事业的实践中,习近平以马克思主义政治家、思想家、战略家的历史主动精神、非凡理论勇气、卓越政治智慧、强烈使命担当,以"我将无我,不负人民"的赤子情怀,应时代之变迁、立时代之潮头、发时代之先声,为习近平新时代中国特色社会主义思想的创立发挥了决定性作用、作出了决定性贡献。习近平新时代中国特色社会主义思想是当代中国马克思主义、二十一世纪马克思主义,是中华文化和中国精神的时代精华,实现了马克思主义中国化时代化新的飞跃。2017年10月,党的十九大将习近平新时代中国特色社会主义思想写入党章,将其确立为党必须长期坚持的指导思想。2018年3月,十三届全国人大一次会议通过的宪法修正案,郑重地把习近平新时代中国

---

① 《毛泽东文集》第三卷,人民出版社1996年版,第69页。
② 《邓小平文选》第三卷,人民出版社1993年版,第310页。

特色社会主义思想载入宪法，实现了国家指导思想的与时俱进，反映了全国各族人民共同意志和全社会共同意愿。习近平新时代中国特色社会主义思想，植根于坚持和发展中国特色社会主义新的伟大实践，在指导实践、推动实践中展现出强大真理力量和独特思想魅力。同时，习近平新时代中国特色社会主义思想是一个不断发展

十三届全国人大一次会议审议通过《中华人民共和国宪法修正案》

的开放的理论，在指导新时代伟大社会革命和伟大自我革命的历史进程中随着新时代中国特色社会主义伟大实践的深入推进而持续发展、不断丰富、更加完善。

"两个确立"是党在新时代取得的重大政治成果。2021年11月，党的十九届六中全会审议通过的《中共中央关于党的百年奋斗重大成就和历史经验的决议》明确指出："党确立习近平同志党中央的核心、全党的核心地位，确立习近平新时代中国特色社会主义思想的指导地位，反映了全党全军全国各族人民共同心愿，对新时代党和国家事业发展、对推进中华民族伟大复兴历史进程具有决定性意义。"[①] 2022年10月，《中国共产党第二十次全国代表大会关于十九届中央委员会报告的决议》再次重申这一重大政治论断。党的领导核心的确立和党的指导思想的确立是统一的。党的领导核心是党的创新理论的主要创立者，为党的创新理论作出决定性贡献；党的创新理论对党的领导核心作用的发挥起重大支撑作用。两者相互联系、相互促进、相辅相成、相得益彰。

（二）"两个确立"对新时代党和国家事业发展具有决定性意义

党的十八大召开时，改革开放和社会主义现代化建设取得巨大成就，党的建设新的伟大工程取得显著成效，同时一系列长期积累及新出现的突出矛盾和问题亟待解决。面对影响党长期执政、国家长治久安、人民幸福安康的突出矛盾和问题，以习近平同志为核心的党中央审时度势、果敢抉择、锐意进取、攻坚克难，团结带领全党全军全国各族人民撸

[①]《中共中央关于党的百年奋斗重大成就和历史经验的决议》，人民出版社2021年版，第26页。

起袖子加油干、风雨无阻向前行,义无反顾进行具有许多新的历史特点的伟大斗争。十多年来,党领导人民采取一系列战略性举措,推进一系列变革性实践,实现一系列突破性进展,取得一系列标志性成果,经受住了来自政治、经济、意识形态、自然界等方面的风险挑战考验,推动我国迈上全面建设社会主义现代化国家新征程。党的十九届六中全会审议通过的《中共中央关于党的百年奋斗重大成就和历史经验的决议》从坚持党的全面领导、全面从严治党、经济建设、全面深化改革开放、政治建设、全面依法治国、文化建设、社会建设、生态文明建设、国防和军队建设、维护国家安全、坚持"一国两制"和推进祖国统一、外交工作十三个方面系统总结了新时代党和国家事业取得的历史性成就、发生的历史性变革。

新时代取得历史性成就、发生历史性变革的根本原因在于"两个确立"。党的十八大以来,面对国内外的复杂形势,党之所以能领导人民攻坚克难,办成许多事关长远的大事要事,创造新时代中国特色社会主义的伟大成就,最根本的原因就在于我们有坚强领导核心的领航掌舵和先进指导思想的科学指引。一方面,核心就是力量,正是因为有以习近平同志为核心的党中央的坚强领导,才凝聚起全党全军全国各族人民的磅礴力量。在重大历史关头,习近平挑起大国领袖的重担,无愧为亿万人民团结奋斗的"主心骨"、成就民族复兴伟业的"引路人"。面对决胜脱贫攻坚考验,习近平7次主持召开中央扶贫工作座谈会,50多次调研扶贫工作,走遍全国14个集中连片特困地区,亲自指挥这场气壮山河的人民战争夺取全面胜利,完成全面建成小康社会的历史任务。① 面对改革攻坚战,习近平以非凡的政治魄力开启全面深化改革,冲破思想观念束缚,突破利益固化藩篱,坚决破除各方面体制机制弊端,实现改革由局部探索、破冰突围到系统集成、全面深化的转变,各领域基础性制度框架基本建立,许多领域实现历史性变革、系统性重塑、整体性重构。面对国际局势急剧变化,习近平洞悉时代风云,勇开顶风船,无惧回头浪,在斗争中坚决维护国家尊严和核心利益。另一方面,思想就是旗帜,正是因为有习近平新时代中国特色社会主义思想的强大力量,才推动党和国家事业不断向前发展。伟大时代孕育伟大思想,伟大思想引领伟大时代。习近平新时代中国特色社会主义思想涵盖新时代中国特色社会主义的总目标、总任务、总体布局、战略布局和发展方向、发展方式、发展动力、战略步骤、

---

① 参见《"两个确立"为党和国家事业发展提供根本保证——新征程上满怀信心开新局展新貌系列述评之一》,《人民日报》2023年2月7日。

外部条件、政治保证等基本问题,并根据新的实践对党的领导和党的建设、经济、政治、法治、科技、文化、教育、民生、民族、宗教、社会、生态文明、国家安全、国防和军队、"一国两制"和祖国统一、统一战线、外交等各方面作出战略指引,是全党全军全国各族人民思想上的"定盘星"、行动上的"指南针",引领了强国建设、民族复兴伟业的光明之路。

(三)"两个确立"对推进中华民族伟大复兴历史进程具有决定性意义

新时代新征程,面临的形势更复杂、迎接的挑战更严峻、肩负的任务更艰巨。经过不懈努力,中华民族迎来了从站起来、富起来到强起来的伟大飞跃,我们比历史上任何时期都更接近、更有信心和能力实现中华民族伟大复兴的目标。但这一进程绝不是轻轻松松、敲锣打鼓就能实现的,全党必须准备付出更为艰巨、更为艰苦的努力。2018年1月,习近平在新进中央委员会的委员、候补委员和省部级主要领导干部学习贯彻习近平新时代中国特色社会主义思想和党的十九大精神研讨班开班式上,回顾了近代以来中华民族复兴进程曾多次被打断的历史过程,提醒全党越是取得成绩的时候越要有如履薄冰的谨慎和居安思危的忧患,绝不能犯战略性、颠覆性错误,要防控各种风险,"重点要防控那些可能迟滞或中断中华民族伟大复兴进程的全局性风险"[①]。2019年5月,习近平在推动中部地区崛起工作座谈会上指出:"我们要清醒认识国际国内各种不利因素的长期性、复杂性,妥善做好应对各种困难局面的准备。"[②] 当前,世界进入新的动荡变革期,来自外部的打压遏制随时可能升级。同时,我国改革发展稳定面临不少深层次矛盾躲不开、绕不过。我国发展进入战略机遇和风险挑战并存、不确定难预料因素增多的时期,各种"黑天鹅""灰犀牛"事件随时可能发生。习近平指出:"我们现在所处的,是一个船到中流浪更急、人到半山路更陡的时候,是一个愈进愈难、愈进愈险而又不进则退、非进不可的时候。"[③] 实现中华民族伟大复兴是一场接力跑,摆在全党全国各族人民面前的使命更光荣、任务更艰巨、挑战更严峻、工作更伟大。

---

① 中共中央党史和文献研究院编:《习近平关于防范风险挑战、应对突发事件论述摘编》,中央文献出版社2020年版,第16页。
② 《习近平谈治国理政》第三卷,外文出版社2020年版,第77页。
③ 《十九大以来重要文献选编》上,中央文献出版社2019年版,第738—739页。

"两个确立"是党和人民应对一切不确定性的最大确定性、最大底气、最大保证。面对风高浪急甚至惊涛骇浪的重大考验,防范各种风险挑战,特别是防范出现迟滞或者中断中华民族伟大复兴进程的风险,迫切需要"两个确立"的引领。党的十八大以来,习近平以马克思主义政治家、思想家、战略家的雄韬伟略、远见卓识、战略定力,带领全党全军全国各族人民披荆斩棘,建立非凡之功;习近平新时代中国特色社会主义思想,以一系列原创性治国理政新理念新思想新战略,回答中国之问、世界之问、人民之问、时代之问,开辟了马克思主义中国化时代化新境界。党的二十大指出,从现在起,中国共产党的中心任务就是团结带领全国各族人民全面建成社会主义现代化强国、实现第二个百年奋斗目标,以中国式现代化全面推进中华民族伟大复兴。站在全面建成小康社会的基础上,党团结带领人民踏上了实现第二个百年奋斗目标新的赶考之路,开启了全面建设社会主义现代化国家的新征程。征程越是壮阔,目标越是远大,越需要核心的掌舵定向、真理的指引领航。"两个确立"不仅是创造新时代伟大成就的制胜密码,更是中国共产党、中国人民、中华民族走向辉煌未来的根本保证。历史和实践反复证明,党形成坚强有力的领导核心和科学正确的指导思想,党和人民的事业就会取得历史性的突破和成就;反之,一旦党在领导核心和指导思想上出现问题,党和人民事业就会遭受挫折。"两个确立"决定着党和国家举什么旗、走什么路、以什么样的精神状态、朝着什么样的目标前进。前进道路上,始终坚持和捍卫"两个确立",党领导人民攻坚克难、开拓进取就有了可靠政治保证,党和国家各项事业就能不偏航、不迷路、不动摇,始终沿着正确方向前进。

(四)坚定拥护"两个确立"、坚决做到"两个维护"

准确把握"两个确立"和"两个维护"的内在统一关系。"两个维护",指的是维护习近平总书记党中央的核心、全党的核心地位,维护以习近平同志为核心的党中央权威和集中统一领导。"两个确立"和"两个维护"是高度统一的,"两个确立"是"两个维护"的政治前提和思想基础,"两个维护"是"两个确立"的政治责任和实践要求。只有把"两个维护"建立在对党的核心发自内心的敬仰爱戴上,建立在对习近平新时代中国特色社会主义思想持之以恒的学习践行上,自觉以理论的清醒确保政治的坚定,以党性的纯洁确保行动的正确,才能始终在思想上政治上行动上同以习近平同志为核心的党中央保持高度一致。

把对"两个确立"决定性意义的深刻领悟转化为坚决做到"两个维护"的实际行动。新时代新征程，要把中国特色社会主义事业推向前进，以中国式现代化全面推进强国建设、民族复兴伟业，最紧要的是深刻领悟"两个确立"的决定性意义，不断提高政治判断力、政治领悟力、政治执行力，既要体现高度的理性认同、情感认同，又要有坚决的维护定力和能力，善于从党和国家工作大局出发，从政治上把贯彻党中央精神体现到谋划重大战略、制定重大政策、部署重大任务、推进重大工作的实践中去。只要我们坚持党的全面领导不动摇，坚决维护党的核心和党中央权威，充分发挥党的领导政治优势，把党的领导落实到党和国家事业各领域各方面各环节，就一定能够确保全党全军全国各族人民团结一致向前进。

三、如何认识第一个百年奋斗目标的实现？

全面建成小康社会是"两个一百年"奋斗目标的第一个百年奋斗目标，是中国共产党向人民、向历史作出的庄严承诺，是14亿多中国人民的共同期盼。百余年来，中国共产党团结带领中国人民顽强拼搏，几代人一以贯之、接续奋斗，从"小康之家"到"小康社会"，从"总体小康"到"全面小康"，从"全面建设"到"全面建成"，全面建成小康社会的百年奋斗目标逐步成为现实。这是中华民族的伟大光荣、中国人民的伟大光荣、中国共产党的伟大光荣，在党史、新中国史、改革开放史、社会主义发展史、中华民族发展史上具有里程碑意义。

（一）实现第一个百年奋斗目标的伟大征程

中国共产党一经诞生，就把为中国人民谋幸福、为中华民族谋复兴确立为自己的初心和使命。从新民主主义革命时期到社会主义革命和建设时期，党团结带领人民取得新民主主义革命胜利，建立中华人民共和国，完成社会主义革命，推进社会主义建设，实现了中华民族有史以来最为广泛而深刻的社会变革，实现了一穷二白、人口众多的东方大国大步迈进社会主义社会的伟大飞跃，为小康社会建设奠定了根本政治前提和制度基础，积累了重要物质基础，提供了强大精神支撑和安全保证。

改革开放和社会主义现代化建设新时期,党团结带领人民持续推进小康社会建设,实现了人民生活从温饱不足到总体小康、奔向全面小康的历史性跨越。改革开放之初,邓小平提出"小康之家"①,"小康"由此成为我国发展的醒目路标。1982年,党的十二大首次把"小康"作为经济发展总的奋斗目标,提出到20世纪末力争使人民的物质文化生活达到小康水平。1987年,党的十三大制定现代化建设"三步走"发展战略,把20世纪末人民生活达到小康水平作为第二步奋斗目标。1992年,在人民温饱问题基本得到解决的基础上,党的十四大提出到20世纪末人民生活由温饱进入小康。1997年,党的十五大提出新的"三步走"发展战略,明确到2010年使人民的小康生活更加宽裕。经过长期不懈努力,20世纪末,人民生活总体上达到小康水平的目标如期实现。2002年,党的十六大进一步提出全面建设小康社会目标,小康社会建设由"总体小康"向"全面小康"迈进。2007年,党的十七大对实现全面建设小康社会的宏伟目标作出全面部署,全面建设小康社会的目标更全面、内涵更丰富、要求更具体。

　　新时代,全面建成小康社会到了需要一鼓作气向目标冲刺的关键时刻。2012年,党的十八大提出,坚定不移沿着中国特色社会主义道路前进,为全面建成小康社会而奋斗,并明确了全面建成小康社会要努力实现的新要求和各项工作部署。2017年,党的十九大作出决胜全面建成小康社会、开启全面建设社会主义现代化国家新征程的战略部署,吹响了夺取全面建成小康社会伟大胜利的号角。以习近平同志为核心的党中央,团结带领全党全国各族人民,锚定这个宏伟目标,统筹推进"五位一体"总体布局,协调推进"四个全面"战略布局,攻坚克难,奋发有为,向着全面建成小康社会进军。

　　打赢脱贫攻坚战,是全面建成小康社会的底线任务。以习近平同志为核心的党中央坚持以人民为中心的发展思想,把脱贫攻坚摆到治国理政重要位置,提升到事关全面建成小康社会、实现第一个百年奋斗目标的政治高度,充分发挥党的领导和社会主义制度的政治优势,采取了许多具有原创性、独特性的重大举措,组织实施了人类历史上规模最大、力度最强的脱贫攻坚战。2013年11月,习近平在湖南省花垣县排碧乡十八洞村考察时,首次创造性地提出"精准扶贫"的重要理念,强调要实事求是、因地制宜、分类指导、精准扶贫。这一重要理念犹如春风,从古老苗寨吹遍神州大地。脱贫攻坚涉及面广、要素繁多、极其复杂,需要强有力的组织领导和贯彻执行。以习近平同志为核心的党中央充分发

---

① 《邓小平文选》第二卷,人民出版社1994年版,第237页。

挥党的政治优势、组织优势，建立中央统筹、省负总责、市县抓落实的脱贫攻坚管理体制和片为重点、工作到村、扶贫到户的工作机制，构建起横向到边、纵向到底的工作体系。脱贫攻坚最关键的是加大投入、强化资金支持。我国通过发挥政府主体和主导作用，增加金融资金对脱贫攻坚的投放，发挥资本市场支持贫困地区发展作用，吸引社会资金广泛参与脱贫攻坚，形成了脱贫攻坚资金多渠道、多样化投入。为确保脱贫过程扎实、脱贫结果真实，使脱贫攻坚成效经得起实践和历史检验，党和政府建立起多渠道全方位的监督体系和最严格的考核评估体系。新冠疫情暴发后，脱贫攻坚工作一度受到影响。党和政府及时对统筹推进疫情防控和脱贫攻坚作出部署，努力克服疫情影响，采取多种方式重点解决贫困劳动力外出务工受阻、扶贫农畜产品滞销、扶贫项目停工等问题，及时做好对因疫致贫返贫人口的帮扶，确保了脱贫攻坚目标任务如期完成。党的十八大以来，平均每年1000多万人脱贫，相当于一个中等国家的人口脱贫。①改革开放以来，按照现行贫困标准计算，中国7.7亿农村贫困人口摆脱贫困。按照世界银行国际贫困标准，中国减贫人口占同期全球减贫人口70%以上，谱写了人类反贫困历史新篇章。②农村贫困人口全部脱贫，为实现全面建成小康社会目标任务作出了关键性贡献。脱贫地区经济社会发展大踏步赶上来，整体面貌发生历史性巨变。脱贫群众精神风貌焕然一新，增添了自立自强的信心勇气。贫困地区广大群众听党话、感党恩、跟党走，党群关系、干群关系得到极大巩固和发展。中国如期全面完成脱贫攻坚目标任务，创造了减贫治理的中国样本，为全球减贫事业作出了重大贡献。脱贫攻坚伟大斗争，锻造形成了"上下同心、尽锐出战、精准务实、开拓创新、攻坚克难、不负人民"的脱贫攻坚精神。脱贫攻坚精神，是中国共产党性质宗旨、中国人民意志品质、中华民族精神的生动写照，是爱国主义、集体主义、社会主义思想的集中体现，是中国精神、中国价值、中国力量的充分彰显，赓续传承了伟大民族精神和时代精神。

2021年7月1日，习近平在庆祝中国共产党成立100周年大会上庄严宣告："经过全党全国各族人民持续奋斗，我们实现了第一个百年奋斗目标，在中华大地上全面建成了小康社会，历史性地解决了绝对贫困问题，正在意气风发向着全面建成社会主义现代化强国的第二个百年奋斗目标迈进。"③

---

① 参见《习近平著作选读》第二卷，人民出版社2023年版，第432页。
② 参见中华人民共和国国务院新闻办公室：《人类减贫的中国实践》，人民出版社2021年版，第59页。
③ 《习近平著作选读》第二卷，人民出版社2023年版，第476页。

（二）实现第一个百年奋斗目标的辉煌成就

中国的全面小康，体现发展的平衡性、协调性和可持续性，是物质文明、政治文明、精神文明、社会文明、生态文明协调发展的小康；是不断满足人民日益增长的多样化多层次多方面需求，不断促进人的全面发展的小康；是国家富强、民族振兴、人民幸福，多维度、全方位的小康。

经济实力大幅提升。2020年，我国国内生产总值跃升至101.4万亿元，经济总量占全球经济比重超过17%，稳居世界第二大经济体。[①] 制造业增加值多年位居世界首位，220多种工业产品产量居世界第一，自2010年起连续位居世界第一制造业大国。中国已是全球货物贸易第一大国、服务贸易第二大国、商品消费第二大国、外汇储备第一大国，2020年利用外资居全球第一。不断迈向共同富裕的14亿多人口，其中有超过4亿并不断扩大的中等收入群体，是全球最具成长性的超大规模市场，我国经济充满活力，具有巨大潜力和充足后劲。[②]

科技实力跨越式发展。从新中国成立初期连火柴、铁钉都要依靠进口，到量子信息、铁基超导、中微子、干细胞、脑科学等前沿方向取得一系列重大原创成果，到载人航天与探月、北斗导航、载人深潜、高速铁路、5G移动通信、超级计算等一大批战略高技术领域取得重大突破，中国跻身创新型国家行列，正在从科技大国迈向科技强国。科技广泛应用于生产领域，创新驱动发展成效显著，科技进步贡献率超过60%。科技显著提升治理水平、深刻改变人们的生活，带来的不仅是更多的便利，还有更充分的自由、更全面的发展。[③]

产业结构优化升级。我国已建成世界上最完整的产业体系，产业发展持续向中高端迈进。经济从依赖单一产业为主转向依靠三次产业共同带动。农业现代化成效显著，机械化、数字化、绿色化、功能化、共享化水平明显提高，广大农民逐步告别"面朝黄土背朝天、一身力气百身汗"的辛劳，农村生产力极大解放；粮食生产能力稳步提升，中国人把

---

① 参见中共中央党史和文献研究院：《中国共产党的一百年（中国特色社会主义新时代）》，中共党史出版社2022年版，第1280页。
② 参见中华人民共和国国务院新闻办公室：《中国的全面小康》，人民出版社2021年版，第10页。
③ 参见中华人民共和国国务院新闻办公室：《中国的全面小康》，人民出版社2021年版，第10—12页。

饭碗牢牢端在自己手中。我国建成门类齐全、独立完整的现代工业体系，工业化和信息化融合发展的广度和深度不断拓展，"中国制造"向"中国智造"转型升级，产业链供应链现代化水平进一步提升。以新一代信息技术、生物技术、高端装备、绿色环保为代表的战略性新兴产业发展迅速，成为引领高质量发展的重要引擎。数字经济激发经济发展新活力，产业数字化和数字产业化趋势加快。现代服务业加速发展，以"互联网＋"为标志的新业态、新模式层出不穷，平台经济、共享经济蓬勃兴起，生产性服务业向专业化和高端化发展，生活性服务业向精细化和高品质转变。产业结构的优化升级促进经济更加均衡、更加充分的发展，人们个性化品质化多样化需求不断得到满足。

现代基础设施网络持续完善。"五纵五横"综合运输大通道基本贯通，高速铁路、高速公路、城市轨道交通运营总里程和港口深水泊位数量均居世界第一，民航运输总周转量连续多年位居世界第二，我国加快向交通强国迈进。四通八达的交通网络深刻影响了城市格局、人口布局和经济

中国高铁

版图，深刻改变了人们的生活圈、工作圈。能源供给保障能力和能源开发技术水平持续提升，基本形成煤、油、气、核和可再生能源多轮驱动高质量发展的能源生产体系。水利基础设施不断完善，2020年，中国以占世界6.6%的淡水资源支持和保障了占世界近20%的人口和17%的经济总量。互联网基础设施建设加速推进，信息高速路畅通了人民幸福路。①

人民民主不断扩大。全过程人民民主扎实推进，人民依法实行民主选举、民主协商、民主决策、民主管理、民主监督，实现过程民主和结果民主、形式民主和实质民主、直接民主和间接民主相统一，保障了人民的知情权、参与权、表达权、监督权。人民的民主生活丰富多彩，民主恳谈会、听证会、网络议政、远程协商、"立法直通车"、"小院议事厅"、"板凳民主"等，一个个火热的基层民主实践、一个个别具特色的基层民主形式不断涌现，民事民议、民事民定、民事民办渐成风气。以人民代表大会制度这一根本政治制

---

① 参见中华人民共和国国务院新闻办公室：《中国的全面小康》，人民出版社2021年版，第14—15页。

度，中国共产党领导的多党合作和政治协商制度、民族区域自治制度、基层群众自治制度等基本政治制度为主要内容的人民当家作主制度体系，为维护人民利益奠定了坚实制度基础。以宪法为核心的中国特色社会主义法律体系不断完善，为人民当家作主提供了坚实的法律制度保障。社会公平正义不断彰显，依法治国基本方略全面落实。

文化更加繁荣发展。人民共同奋斗的思想基础更加牢固，全体人民道路自信、理论自信、制度自信、文化自信显著增强。社会主义核心价值观传播践行，爱国主义精神、改革创新精神、新时代奋斗精神广泛弘扬，积极进取、开放包容、理性平和的国民心态更加成熟，全社会日益形成见贤思齐、崇尚英雄、争做先锋的良好氛围。革命文化大力弘扬，红色故事广为传诵。坚持正确舆论导向，大力营造团结奋进的社会氛围，全社会充满向美向上向善的正能量。构筑中华民族共有精神家园，中华民族共同体意识不断铸牢。人民精神文化生活日益丰富活跃，公共文化服务的丰富性、便利性、均等性显著增强。截至2020年年底，全国共有公共图书馆3212个、美术馆618个、博物馆5788家、文化馆3327个、乡镇综合文化站32825个、村级综合性文化服务中心57.5万多个。所有公共图书馆、文化馆、美术馆和90%以上的博物馆已实行免费开放。文化产业持续健康发展，人们享受越来越多的高品质文化盛宴。2020年，文化及相关产业增加值占国内生产总值比重达4.39%。① 文化娱乐领域乱象有效整治，文化与旅游融合发展。全民健身热悄然兴起，我国正从体育大国迈向体育强国。中华优秀传统文化创造性转化、创新性发展，焕发新的生机活力。中华文化走出去步伐不断加大，在国际上的亲和力感召力不断提升。

民生福祉显著提升。人民生活水平显著提高，居民收入持续增加，2020年全国居民人均年可支配收入增加到32189元。城乡居民恩格尔系数分别从1978年的57.5%、67.7%下降到2020年的29.2%、32.7%。② 就业人数从1949年的1.8亿增加到2020年的7.5亿，就业规模不断扩大。③ 教育事业蓬勃发展（见表10-2），已建成包括学前教育、初等教育、中等教育、高等教育等在内的当代世界规模最大的教育体系，教育现代化发展总体水平跨入世界中上国家行列。社会保障惠及全民，基本建成包括社会保险、社会救助、社会福利、

---

① 参见中华人民共和国国务院新闻办公室：《中国的全面小康》，人民出版社2021年版，第23页。
② 参见中华人民共和国国务院新闻办公室：《中国的全面小康》，人民出版社2021年版，第25页。
③ 参见中华人民共和国国务院新闻办公室：《中国的全面小康》，人民出版社2021年版，第27页。

社会优抚在内的世界上规模最大的社会保障体系，正向全覆盖、保基本、多层次、可持续的目标迈进。我国医疗卫生体系逐步健全，医疗资源配置进一步优化，服务能力不断提升，城乡基本医疗公共服务均等化不断推进，农村医疗卫生服务体系持续改善，医疗保障制度不断健全。健康中国行动加快推进，人民健康水平不断提升。人民群众安全感不断提升，社会治理的社会化、法治化、智能化、专业化水平不断提升，建设更高水平的平安中国成效显著。长期保持社会和谐稳定、人民安居乐业，我国成为国际社会公认的最有安全感的国家之一。

表10-2　各级教育普及情况

指标	1949年	1978年	2000年	2020年
学前教育毛入园率	0.4%（1950年）	10.6%	46.1%	85.2%
小学学龄儿童净入学率	20.0%	94.0%	99.1%	99.96%
初中阶段毛入学率	3.1%	66.4%	88.6%	102.5%
高中阶段毛入学率	1.1%	35.1%	42.8%	91.2%
高等教育毛入学率	0.26%	2.7%	12.5%	54.4%

资料来源：中华人民共和国国务院新闻办公室，《中国的全面小康》，人民出版社2021年版，第30页。

生态环境发生历史性变化。制定实施严格的生态文明制度，基本形成生态环境法律法规框架体系，基本实现各环境要素监管主要领域全覆盖。污染防治攻坚战取得显著成效，持续打好蓝天、碧水、净土保卫战，人们切实感受到环境变化带来的幸福和美好，对蓝天白云、清水绿岸的满意度和获得感进一步提升。2020年，我

塞罕坝林场百万亩森林似海

国民众对生态环境质量的满意度达89.5%。生态系统质量和稳定性不断提升。坚持系统观念，坚持节约优先、保护优先、自然恢复为主，统筹山水林田湖草沙一体化保护和系统治理，增强生态系统整体性，完善自然保护地、生态保护红线监管制度，筑牢国家生态安全

屏障，促进生态环境持续改善，让中华民族在绿水青山中永续发展。绿色发展方式和生活方式逐步形成，"绿水青山就是金山银山"理念日益深入人心，生态优先、绿色低碳逐渐成为普遍遵循的发展路径，节约资源和保护环境的空间格局、产业结构、生产方式、生活方式加快形成。①

（三）实现第一个百年奋斗目标的重大意义

实现第一个百年奋斗目标是中国共产党和中国人民团结奋斗赢得的历史性胜利。全面建成小康社会，兑现了党向人民、向历史作出的庄严承诺，锤炼了广大党员干部的政治品格，激发了各级党组织的创造力、凝聚力、战斗力，诠释了党为中国人民谋幸福、为中华民族谋复兴的初心使命，展现了中国共产党是中国人民攻坚克难、开拓前进的领导者和主心骨，彰显了中国共产党领导和我国社会主义制度的政治优势。党用实际行动，赢得了人民的信赖和拥护。幸福美好的小康生活，凝聚着中国人民的聪明才智，浸透着中国人民的辛勤汗水，淬炼了中国人民自强不息的奋斗精神，彰显了中国人民为实现梦想顽强拼搏、"敢教日月换新天"的意志品质。中国人民生活水平显著提升，道路自信、理论自信、制度自信、文化自信极大增强。

实现第一个百年奋斗目标是彪炳中华民族发展史册的历史性胜利。摆脱贫困、实现小康，是中华民族的千年梦想，是实现中华民族伟大复兴的重要内容。全面建成小康社会，中华民族孜孜以求的美好梦想成为现实，标志着中华民族伟大复兴向前迈出了关键一步，中华民族迎来了从站起来、富起来到强起来的伟大飞跃，彰显了中华民族对美好生活的向往追求和历经磨难始终不屈不挠、敢于斗争、敢于胜利的精神品格，极大增强了民族自信心和自豪感，极大增强了中华民族实现伟大复兴的能力和力量。全面建成小康社会，实现了中国现代化建设的阶段性目标，为实现第二个百年奋斗目标奠定了坚实基础。站在新的历史起点上，中国共产党团结带领中国人民，意气风发地踏上了全面建设社会主义现代化国家、实现中华民族伟大复兴的新征程。

实现第一个百年奋斗目标是对世界具有深远影响的历史性胜利。中国全面建成小康社会，为构建人类命运共同体贡献了中国智慧和中国力量。作为全球人口最多的国家和世

---

① 参见中华人民共和国国务院新闻办公室：《中国的全面小康》，人民出版社2021年版，第34—36页。

界上最大的发展中国家，中国全面建成小康社会，让国家更富强、人民更幸福、社会更稳定，本身就是对世界和平与发展的巨大贡献。中国全面建成小康社会，显著缩小了世界贫困人口版图。在近年来世界贫困人口不降反增、全球减贫事业遭遇瓶颈的背景下，中国减贫取得的成就，为全球减贫事业作出重要贡献、注入信心和力量。中国全面建成小康社会，为人类走向现代化探索了新路径。中国共产党立足中国国情，把握经济社会发展规律，在中国大地上探寻适合自己的道路和方法，全面建成小康社会，走出了一条中国式现代化新道路，创造了人类文明新形态，为世界上那些既希望加快发展又希望保持自身独立性的国家和民族提供了全新选择，为各国发展提供了机遇。

四、如何理解推动构建人类命运共同体？

人类只有一个地球，各国共处一个世界，每个民族、每个国家的前途命运都紧紧联系在一起。2013年3月，习近平提出推动构建人类命运共同体的重要理念，回答了"人类向何处去"的世界之问、历史之问、时代之问，为彷徨求索的世界点亮前行之路，为各国人民走向携手同心共护家园、共享繁荣的美好未来贡献中国智慧、中国方案。

（一）人类站在历史的十字路口

相互依存是历史大势。随着20世纪以来经济全球化的扩展，人类交往的世界性比过去任何时候都更深入、更广泛，各国相互联系和彼此依存比过去任何时候都更频繁、更紧密，追求和平、合作、发展的意识显著提升，对于共同体的向往和追求更加殷切。

全球性挑战需要全球性应对。当下，各种新旧问题与复杂矛盾叠加碰撞、交织发酵，和平赤字不断加深，发展赤字持续扩大，安全赤字日益凸显，治理赤字更加严峻。全球经济增长动能不足、增速放缓，资本过度逐利导致贫富分化持续加大，贸易保护主义愈演愈烈，全球经济下行压力增大。面对全球性挑战，世界各国唯有把"我"融入"我们"，共同构建人类命运共同体，才能共渡难关、共创未来。

新的时代呼唤新的理念。我们所处的是一个风云变幻的时代，面对的是一个日新月异的世界。传统国际关系理论越来越难以解释今天的世界、无法破解人类面临的困局，

"国强必霸"的霸权主义思维、"弱肉强食"的权力至上思维、"你输我赢"的零和博弈思维越来越不符合时代前进的方向。面对新的时代，人类社会亟需符合时代特征、顺应历史潮流的新理念。

（二）推动构建人类命运共同体的目标和途径

构建人类命运共同体，以建设持久和平、普遍安全、共同繁荣、开放包容、清洁美丽的世界为努力目标。2015年9月，在世界反法西斯战争胜利和联合国成立70周年这一重要节点，习近平在联合国倡议构建以合作共赢为核心的新型国际关系，阐述构建人类命运共同体"五位一体"的总体框架：建立平等相待、互商互谅的伙伴关系；营造公道正义、共建共享的安全格局；谋求开放创新、包容互惠的发展前景；促进和而不同、兼收并蓄的文明交流；构筑尊崇自然、绿色发展的生态体系。2017年1月，习近平在联合国日内瓦总部发表主旨演讲，提出建设"五个世界"的总目标：坚持对话协商，建设一个持久和平的世界；坚持共建共享，建设一个普遍安全的世界；坚持合作共赢，建设一个共同繁荣的世界；坚持交流互鉴，建设一个开放包容的世界；坚持绿色低碳，建设一个清洁美丽的世界。从"五位一体"总体框架到"五个世界"总目标，人类命运共同体理念实现了历史视野的再拓展、思想内涵的再深化，为人类未来锚定了更明确的目标、描绘了更清晰的图景。

构建人类命运共同体，以推动共商共建共享的全球治理为实现路径。坚持共商原则，意味着这不是中国一家的独奏，而是各方的大合唱，倡导并践行真正的多边主义，坚持大家的事大家商量着办，充分尊重各国发展水平、经济结构、法律制度和文化传统的差异，强调平等参与、沟通协商、集思广益，不带任何政治或经济条件，以自愿为基础，最大程度凝聚共识。坚持共建原则，意味着这不是中国的对外援助计划和地缘政治工具，而是联动发展的行动纲领；不是现有地区机制的替代，而是与其相互对接、优势互补。坚持共享原则，意味着我们要秉持互利共赢的合作观，寻求各方利益交汇点和合作最大公约数，对接各方发展需求、回应人民现实诉求，实现各方共享发展机遇和成果，不让任何一个国家掉队。

构建人类命运共同体，以践行全人类共同价值为普遍遵循。中国提出和平、发展、公平、正义、民主、自由的全人类共同价值，超越了所谓"普世价值"的狭隘历史局限，体现了人类命运共同体的价值追求。弘扬全人类共同价值，不是要把哪一家的价值观奉为一尊，而是倡导求同存异、和而不同，充分尊重文明的多样性，尊重各国自主选择社会制度和发展道路的权利。各国应相互尊重、平等相待，摒弃傲慢与偏见，加深对自身文明和其他文明差异性的认知，推动不同文明交流对话、和谐共生，既让本国文明生机盎然，也为他国文明发展创造条件，努力打破文化交往的壁垒，积极汲取其他文明的养分，不断吸纳时代精华，用创新为文明发展提供不竭动力。

构建人类命运共同体，以推动构建新型国际关系为基本支撑。构建新型国际关系就是要秉持相互尊重、公平正义、合作共赢原则，走出一条对话而不对抗、结伴而不结盟的国与国交往新路，并为构建人类命运共同体开辟道路、创造条件。相互尊重，就是坚持以诚待人，平等相待，反对强权政治和霸凌主义。公平正义，就是各国应摒弃单纯的物质主义取向和竞争至上法则，确保不同的国家都能获得平等的发展权利和机会。合作共赢，就是各国应摒弃一味谋求自身更大利益的理念，在追求本国利益时兼顾各国合理关切，在谋求本国发展时促进各国共同发展。构建新型国际关系的基础在于深化拓展平等、开放、合作的全球伙伴关系。中国坚持在和平共处五项原则基础上同各国发展友好合作。促进大国协调和良性互动，推动构建和平共处、总体稳定、均衡发展的大国关系格局。坚持亲诚惠容和与邻为善、以邻为伴周边外交方针，深化同周边国家友好互信和利益融合。秉持真实亲诚理念和正确义利观，加强同发展中国家团结合作，维护发展中国家共同利益。

构建人类命运共同体，以落实全球发展倡议、全球安全倡议、全球文明倡议为战略引领。发展是安全和文明的物质基础，安全是发展和文明的根本前提，文明是发展和安全的精神支撑。中国提出"三大全球倡议"，从发展、安全、文明三个维度指明人类社会前进方向，彼此呼应、相得益彰，成为推动构建人类命运共同体的重要依托，是解答事关人类和平与发展重大问题的中国方案。全球发展倡议旨在加快落实联合国2030年可持续发展议程，推动实现更加强劲、绿色、健康的全球发展，构建全球发展共同体。全球安全倡议旨在消弭国际冲突根源、完善全球安全治理，推动国际社会携手为动荡变化的时代注入更多稳定性和确定性，实现世界持久和平与发展。全球文明倡议提出中国愿同国际社会一道，努力开创世界各国人文交流、文化交融、民心相通新局面，让世界文明百花园姹紫嫣红、生机盎然。

构建人类命运共同体，以高质量共建"一带一路"为实践平台。共建"一带一路"

倡议源于中国，机会和成果属于世界。习近平指出："共建'一带一路'坚持共商共建共享，跨越不同文明、文化、社会制度、发展阶段差异，开辟了各国交往的新路径，搭建起国际合作的新框架，汇集着人类共同发展的最大公约数。"① 瓜达尔港从昔日人烟稀少的渔村变成中巴经济走廊的"明珠"，中老铁路开建以来带动11万人次就业，雅万高铁成为东南亚国家首条实现时速350公里的铁路，蒙内铁路拉动当地经济增长超过2个百分点，马拉维600眼水井润泽当地15万民众。一条条"幸福路"、一座座"连心桥"、一片片"发展带"在共建国家不断涌现，一个个"小而美、见效快、惠民生"项目不断增进当地民众的获得感、幸福感。② 在倡议提出之后的十多年来，政策沟通不断深化，设施联通不断加强，贸易畅通不断提升（见图10-1），资金融通不断扩大，民心相通不断促进，"一带一路"成为中国为世界提供的广受欢迎的国际公共产品和国际合作平台。

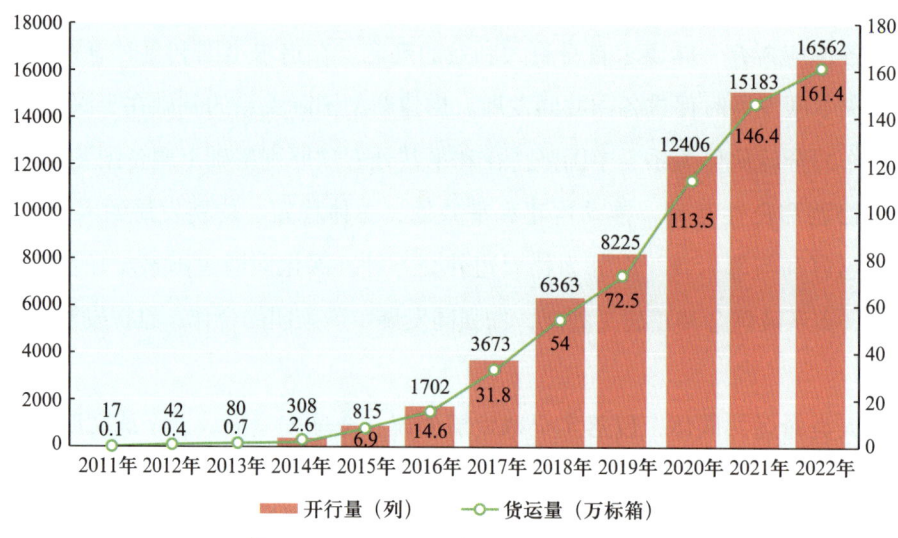

图10-1　2011—2022年中欧班列开行量及货运量

资料来源：中华人民共和国国务院新闻办公室，《共建"一带一路"：构建人类命运共同体的重大实践》，人民出版社2023年版，第27页。

---

① 习近平：《建设开放包容、互联互通、共同发展的世界——在第三届"一带一路"国际合作高峰论坛开幕式上的主旨演讲》，人民出版社2023年版，第4—5页。
② 参见《让开放为全球发展带来新的光明前程——写在第六届中国国际进口博览会开幕之际》，《人民日报》2023年11月4日。

（三）推动构建人类命运共同体的时代价值

中国共产党始终把为人类作出新的更大的贡献作为自己的使命。以习近平同志为核心的党中央着眼中国人民和世界人民的共同利益，深入思考"建设一个什么样的世界、如何建设这个世界"等关乎人类前途命运的重大课题，高瞻远瞩地提出推动构建人类命运共同体重要理念。这是回答和解决当今世界面临的时代之问的中国方案，也是给世界人民带来福祉的人间正道。

推动构建人类命运共同体理念，是马克思主义中国化时代化的重要理论成果。构建人类命运共同体具有鲜明的真理性、时代性、实践性，体现了全人类共同价值追求，反映了中国发展与世界发展的高度统一，展现了中国共产党人胸怀天下、面向未来，大道之行、天下为公的宽阔胸襟。构建人类命运共同体，不仅载入党章和宪法，而且多次写入联合国、上海合作组织等多边机制重要文件，反映了各国人民的共同心声，凝聚着国际社会的广泛共识，其深远影响正在持续扩大，并将随着中国和世界的发展进一步彰显。

推动构建人类命运共同体理念，有力推动全球治理体系改革和建设。习近平指出："大小国家相互尊重、一律平等是时代进步的要求，也是联合国宪章首要原则。任何国家都没有包揽国际事务、主宰他国命运、垄断发展优势的权力，更不能在世界上我行我素，搞霸权、霸凌、霸道。"[①] 我国坚定践行真正的多边主义，维护以联合国为核心的国际体系，维护以国际法为基础的国际秩序，维护以联合国宪章宗旨和原则为基石的国际关系基本准则，反对单边主义、保护主义、霸权主义、强权政治，反对所谓"以规则为基础的国际秩序"。我国倡导坚持开放包容、不搞封闭排他，坚持以国际法为基础、不搞唯我独尊，坚持协商合作、不搞对抗冲突，坚持与时俱进、不搞故步自封，不断推动新时代多边主义理论与实践发展。我国坚持共商共建共享，推动提升广大发展中国家在全球事务中的代表性和发言权，推动国际社会携手应对全球性挑战，促进全球治理体系向着更加公正合理方向发展。

推动构建人类命运共同体理念，清晰描绘了人类文明进步的新愿景。文明没有高下、优劣之分，只有特色、地域之别，文明差异不应成为世界冲突的根源。推动构建人类命运共同体，意味着以文明交流超越文明隔阂、文明互鉴超越文明冲突、文明包容超越文明优

[①]《习近平在联合国成立75周年系列高级别会议上的讲话》，人民出版社2020年版，第3页。

越，追求各美其美、美美与共；意味着认同各国现代化道路的多样性，鼓励各国探索适合本国国情的发展模式；意味着推动各国优秀传统文化在现代化进程中实现创造性转化、创新性发展，促进各国人民相知相亲。推动构建人类命运共同体，蕴含着对人类文明形态的前瞻性思考和对人类发展进步大势的准确把握，指明了不同国家、不同民族、不同文明的共同奋斗方向，必将凝聚越来越多的共识，推动人类社会迈向光明前程。

五、如何认识中国共产党的百年奋斗重大成就和历史经验？

在中国共产党成立 100 周年的重要历史时刻，在党和人民胜利实现第一个百年奋斗目标、全面建成小康社会，正在向着全面建成社会主义现代化强国的第二个百年奋斗目标迈进的重大历史关头，党的十九届六中全会审议通过《中共中央关于党的百年奋斗重大成就和历史经验的决议》，对推动全党进一步统一思想、统一意志、统一行动，团结带领全国各族人民夺取新时代中国特色社会主义新的伟大胜利，具有重大现实意义和深远历史意义。

（一）党的百年奋斗重大成就

鸦片战争爆发后，中国人民在困厄中探索，跌跌撞撞 80 余载。千疮百孔的古老国度呼唤历史使命的担当者。十月革命一声炮响，给中国送来了马克思列宁主义。1921 年，应运而生的中国共产党，把一个落难的民族引向光明。在屈辱、抗争、牺牲、奋起，血与火的淬炼中，中国共产党人扛起民族复兴的大旗。

为了实现中华民族伟大复兴，党团结带领中国人民浴血奋战、百折不挠，创造了新民主主义革命的伟大成就；自力更生、发愤图强，创造了社会主义革命和建设的伟大成就；解放思想、锐意进取，创造了改革开放和社会主义现代化建设的伟大成就；自信自强、守正创新，统揽伟大斗争、伟大工程、伟大事业、伟大梦想，创造了新时代中国特色社会主义的伟大成就。党和人民百年奋斗，书写了中华民族几千年历史上最恢宏的史诗。

新民主主义革命时期，党团结带领中国人民经过北伐战争、土地革命战争、抗日战争、解放战争，以武装的革命反对武装的反革命，推翻帝国主义、封建主义、官僚资本主义三座大山，建立了人民当家作主的中华人民共和国，实现了民族独立、人民解放，彻底结束了旧中国半殖民地半封建社会的历史，彻底结束了极少数剥削者统治广大劳动人民的历史，彻底结束了旧中国一盘散沙的局面，彻底废除了列强强加给中国的不平等条约和帝国主义在中国的一切特权，实现了中国从几千年封建专制政治向人民民主的伟大飞跃，为实现中华民族伟大复兴创造了根本社会条件。中国革命的胜利，也极大改变了世界政治格局，鼓舞了全世界被压迫民族和被压迫人民争取解放的斗争。

社会主义革命和建设时期，党团结带领中国人民进行社会主义革命，消灭在中国延续几千年的封建剥削压迫制度，确立社会主义基本制度，推进社会主义建设，战胜帝国主义、霸权主义的颠覆破坏和武装挑衅，实现了中华民族有史以来最为广泛而深刻的社会变革，实现了一穷二白、人口众多的东方大国大步迈进社会主义社会的伟大飞跃，为实现中华民族伟大复兴奠定了根本政治前提和制度基础。在探索过程中，虽然经历了严重曲折，但党在社会主义革命和建设中取得的独创性理论成果和巨大成就，为在新的历史时期开创中国特色社会主义提供了宝贵经验、理论准备、物质基础。

改革开放和社会现代化建设新时期，党团结带领中国人民实现新中国成立以来党的历史上具有深远意义的伟大转折，确立党在社会主义初级阶段的基本路线，坚定不移推进改革开放，战胜来自各方面的风险挑战，开创、坚持、捍卫、发展中国特色社会主义，实现了从高度集中的计划经济体制到充满活力的社会主义市场经济体制、从封闭半封闭到全方位开放的历史性转变，实现了从生产力相对落后的状况到经济总量跃居世界第二的历史性突破，实现了人民生活从温饱不足到总体小康、奔向全面小康的历史性跨越，推进了中华民族从站起来到富起来的伟大飞跃，为实现中华民族伟大复兴提供了充满新的活力的体制保证和快速发展的物质条件。

中国特色社会主义进入新时代，党团结带领中国人民统筹推进"五位一体"总体布局、协调推进"四个全面"战略布局，坚持和完善中国特色社会主义制度、推进国家治理体系和治理能力现代化，坚持依规治党，严格遵守党章，形成比较完善的党内法规体系，战胜一系列重大风险挑战。全面建成小康社会目标如期实现，党和国家事业取得历史性成就、发生历史性变革，彰显了中国特色社会主义的强大生机活力，党心军心民心空前凝聚振奋，为实现中华民族伟大复兴提供了更为完善的制度保证、更为坚实的物质基础、更为主动的精神力量。中国共产党和中国人民以英勇顽强的奋斗向世界庄严宣告，中华民族迎来了从站起来、富起来到强起来的伟大飞跃，实现中华民族伟大复兴进入了不可逆转的历史进程。

中华文明演进的坐标中，中国历史的轨迹从1840年鸦片战争陡转直下，直至1921年中国共产党诞生成为拐点，其后加速上扬，恰是一条"V"形曲线。历史充分证明，没有中国共产党，就没有新中国，就没有中华民族伟大复兴。

（二）党的百年奋斗历史经验

百年来，党领导人民进行伟大奋斗，在进取中突破，于挫折中奋起，从总结中提高，积累了宝贵的历史经验。

第一，坚持党的领导。中国共产党是领导我们事业的核心力量。中国人民和中华民族之所以能够扭转近代以来的历史命运、取得今天的伟大成就，最根本的是有中国共产党的坚强领导。历史和现实都证明，没有中国共产党，就没有新中国，就没有中华民族伟大复兴。治理好我们这个世界上最大的政党和人口最多的国家，必须坚持党的全面领导特别是党中央集中统一领导，坚持民主集中制，确保党始终总揽全局、协调各方。只要我们坚持党的全面领导不动摇，坚决维护党的核心和党中央权威，充分发挥党的领导政治优势，把党的领导落实到党和国家事业各领域各方面各环节，就一定能够确保全党全军全国各族人民团结一致向前进。

第二，坚持人民至上。党的根基在人民、血脉在人民、力量在人民，人民是党执政兴国的最大底气。民心是最大的政治，正义是最强的力量。党的最大政治优势是密切联系群众，党执政后的最大危险是脱离群众。党代表中国最广大人民根本利益，没有任何自己特殊的利益，从来不代表任何利益集团、任何权势团体、任何特权阶层的利益，这是党立于不败之地的根本所在。只要我们始终坚持全心全意为人民服务的根本宗旨，坚持党的群众路线，始终牢记江山就是人民、人民就是江山，坚持一切为了人民、一切依靠人民，坚持为人民执政、靠人民执政，坚持发展为了人民、发展依靠人民、发展成果由人民共享，坚定不移走全体人民共同富裕道路，就一定能够领导人民夺取中国特色社会主义新的更大胜利，任何想把中国共产党同中国人民分割开来、对立起来的企图就永远不会得逞。

第三，坚持理论创新。马克思主义是立党立国、兴党兴国的根本指导思想。马克思主义理论不是教条而是行动指南，必须随着实践发展而发展，必须中国化才能落地生根、本土化才能深入人心。党之所以能够领导人民在一次次求索、一次次挫折、一次次开拓中完成中国其他各种政治力量不可能完成的艰巨任务，根本在于坚持解放思想、实事求是、与时俱进、求真务实，坚持把马克思主义基本原理同中国具体实际相结合、同中华优秀传统文化相结合，坚持实践是检验真理的唯一标准，坚持一切从实际出发，及时回答时代之问、人民之问，不断推进马克思主义中国化时代化。当代中国的伟大社会变革，不是简单延续我国历史文化的母版，不是简单套用马克思主义经典作家设想的模板，不是其他国家社会主义实践的再版，也不是国外现代化发展的翻版。只要我们勇于结合新的实践不断推进理论创新、善于用新的理论指导新的实践，就一定能够让马克思主义在中国大地上展现出更强大、更有说服力的真理力量。

第四，坚持独立自主。独立自主是中华民族精神之魂，是我们立党立国的重要原则。走自己的路，是党百年奋斗得出的历史结论。党历来坚持独立自主开拓前进道路，坚持把国家和民族发展放在自己力量的基点上，坚持中国的事情必须由中国人民自己作主张、自己来处理。人类历史上没有一个民族、一个国家可以通过依赖外部力量、照搬外国模式、跟在他人后面亦步亦趋实现强大和振兴。那样做的结果，不是必然遭遇失败，就是必然成为他人的附庸。只要我们坚持独立自主、自力更生，既虚心学习借鉴国外的有益经验，又坚定民族自尊心和自信心，不信邪、不怕压，就一定能够把中国发展进步的命运始终牢牢掌握在自己手中。

第五，坚持中国道路。方向决定道路，道路决定命运。党在百年奋斗中始终坚持从我国国情出发，探索并形成符合中国实际的正确道路。中国特色社会主义道路是创造人民美好生活、实现中华民族伟大复兴的康庄大道。脚踏中华大地，传承中华文明，走符合中国国情的正确道路，党和人民就具有无比广阔的舞台，具有无比深厚的历史底蕴，具有无比强大的前进定力。只要我们既不走封闭僵化的老路，也不走改旗易帜的邪路，坚定不移走中国特色社会主义道路，就一定能够把我国建设成为富强民主文明和谐美丽的社会主义现代化强国。

第六，坚持胸怀天下。大道之行，天下为公。党始终以世界眼光关注人类前途命运，从人类发展大潮流、世界变化大格局、中国发展大历史正确认识和处理同外部世界的关系，坚持开放、不搞封闭，坚持互利共赢、不搞零和博弈，坚持主持公道、伸张正义，站在历史正确的一边，站在人类进步的一边。只要我们坚持和平发展道路，既通过维护世界和平发展自己，又通过自身发展维护世界和平，同世界上一切进步力量携手前进，不依附别人,不掠夺别人,永远不称霸,就一定能够不断为人类文明进步贡献智慧和力量,同世界各国人民一道,推动历史车轮向着光明的前途前进。

第七,坚持开拓创新。创新是一个国家、一个民族发展进步的不竭动力。越是伟大的事业,越充满艰难险阻,越需要艰苦奋斗,越需要开拓创新。党领导人民披荆斩棘、上下求索、奋力开拓、锐意进取,不断推进理论创新、实践创新、制度创新、文化创新以及其他各方面创新,敢为天下先,走出了前人没有走出的路,任何艰难险阻都没能阻挡住党和人民前进的步伐。只要我们顺应时代潮流,回应人民要求,勇于推进改革,准确识变、科学应变、主动求变,永不僵化、永不停滞,就一定能够创造出更多令人刮目相看的人间奇迹。

第八,坚持敢于斗争。敢于斗争、敢于胜利,是党和人民不可战胜的强大精神力量。党和人民取得的一切成就,不是天上掉下来的,不是别人恩赐的,而是通过不断斗争取得的。党在内忧外患中诞生、在历经磨难中成长、在攻坚克难中壮大,为了人民、国家、民族,为了理想信念,无论敌人如何强大、道路如何艰险、挑战如何严峻,党总是绝不畏惧、绝不退缩,不怕牺牲、百折不挠。只要我们把握新的伟大斗争的历史特点,抓住和用好历史机遇,下好先手棋、打好主动仗,发扬斗争精神,增强斗争本领,凝聚起全党全国人民的意志和力量,就一定能够战胜一切可以预见和难以预见的风险挑战。

第九,坚持统一战线。团结就是力量。建立最广泛的统一战线,是党克敌制胜的重要法宝,也是党执政兴国的重要法宝。党始终坚持大团结大联合,团结一切可以团结的力量,调动一切可以调动的积极因素,促进政党关系、民族关系、宗教关系、阶层关系、海内外同胞关系和谐,最大限度凝聚起共同奋斗的力量。只要我们不断巩固和发展各民族大团结、全国人民大团结、全体中华儿女大团结,铸牢中华民族共同体意识,形成海内外全体中华儿女心往一处想、劲往一处使的生动局面,就一定能够汇聚起实现中华民族伟大复兴的磅礴伟力。

第十,坚持自我革命。勇于自我革命是中国共产党区别于其他政党的显著标志。自我革命精神是党永葆青春活力的强大支撑。先进的马克思主义政党不是天生的,而是在不断自我革命中淬炼而成的。党历经百年沧桑更加充满活力,其奥秘就在于始终坚持真理、修正错误。党的伟大不在于不犯错误,而在于从不讳疾忌医,积极开展批评和自我批评,敢于直面问题,勇于自我革命。只要我们不断清除一切损害党的先进性和纯洁性的因素,不断清除一切侵蚀党的健康肌体的病毒,就一定能够确保党不变质、不变色、不变味，确保党在新时代坚持和发展中国特色社会主义的历史进程中始终成为坚强领导核心。

这十条历史经验是系统完整、相互贯通的有机整体，揭示了党和人民事业不断成功的根本保证，揭示了党始终立于不败之地的力量源泉，揭示了党始终掌握历史主动的根本原因，揭示了党永葆先进性和纯洁性、始终走在时代前列的根本途径。这十条历史经验是经过长期实践积累的宝贵经验，是党和人民共同创造的精神财富，必须倍加珍惜、长期坚持，并在新时代实践中不断丰富和发展。

（三）准确把握党的百年奋斗重大成就和历史经验

中国共产党历来高度重视总结历史经验。早在延安时期，毛泽东就指出："如果不把党的历史搞清楚，不把党在历史上所走的路搞清楚，便不能把事情办得更好。"[①] 在争取抗日战争最后胜利的关头，1945 年，党的六届七中全会通过了《关于若干历史问题的决议》，对建党以后特别是党的六届四中全会至遵义会议前这一段党的历史及其经验教训进行了总结，对若干重大历史问题作出了结论，使全党特别是党的高级干部对中国革命基本问题的认识达到了一致，增强了全党的团结，为党的七大胜利召开做了充分准备，有力促进了中国革命事业发展。进入改革开放新时期，邓小平指出："历史上成功的经验是宝贵财富，错误的经验、失败的经验也是宝贵财富。这样来制定方针政策，就能统一全党思想，达到新的团结。这样的基础是最可靠的。"[②] 1981 年，党的十一届六中全会通过《中国共产党中央委员会关于建国以来党的若干历史问题的决议》，回顾新中国成立以前党的历史，总结了社会主义革命和建设的历史经验，对一些重大事件和重要人物作出了评价，特别是正确评价了毛泽东同志和毛泽东思想，分清了是非，纠正了"左"右两方面的错误观点，统一了全党思想，对推动党团结一致向前看、更好推进改革开放和社会主义现代化建设产生了重大影响。在中国共产党成立 100 周年之际，站在新的历史起点上，回顾过去，展望未来，全面总结党的百年奋斗重大成就和历史经验特别是改革开放 40 多年来的重大成就和历史经验，既有客观需要，也具备主观条件。

---

① 《毛泽东文集》第二卷，人民出版社 1993 年版，第 399 页。
② 《邓小平文选》第三卷，人民出版社 1993 年版，第 234—235 页。

党的百年奋斗历程波澜壮阔，时间跨度长，涉及范围广。研究党的百年奋斗历程，总的是要按照总结历史、把握规律、坚定信心、走向未来的要求，把党走过的光辉历程总结好，把党团结带领人民取得的辉煌成就总结好，把党推进革命、建设、改革的宝贵经验总结好，把党的十八大以来党和国家事业砥砺奋进的理论和实践总结好。具体来说，就是要深入研究党领导人民进行革命、建设、改革的百年历程，全面总结党从胜利走向胜利的伟大历史进程、为国家和民族建立的伟大历史功绩；深入研究党坚持把马克思主义基本原理同中国具体实际相结合、同中华优秀传统文化相结合，不断推进马克思主义中国化的百年历程，深化对新时代党的创新理论的理解和掌握；深入研究党不断维护党的团结、维护党中央权威和集中统一领导的百年历程，深刻领悟加强党的政治建设这个马克思主义政党的鲜明特征和政治优势；深入研究党为中国人民谋幸福、为中华民族谋复兴的百年历程，深刻认识党同人民生死相依、休戚与共的血肉联系，更好为人民谋幸福、依靠人民创造历史伟业；深入研究党加强自身建设、推进自我革命的百年历程，增强全面从严治党永远在路上的坚定和执着，确保党在新时代坚持和发展中国特色社会主义的历史进程中始终成为坚强领导核心；深入研究历史发展规律和大势，始终掌握新时代新征程党和国家事业发展的历史主动，增强锚定既定奋斗目标、意气风发走向未来的勇气和力量。

总结党的百年奋斗重大成就和历史经验，要坚持辩证唯物主义和历史唯物主义的世界观方法论，用具体历史的、客观全面的、联系发展的观点来看待党的历史。要坚持正确党史观、树立大历史观，准确把握党的历史发展的主题主线、主流本质，正确对待党在前进道路上经历的失误和曲折，从成功中吸取经验，从失误中吸取教训，不断开辟走向胜利的道路。要旗帜鲜明反对历史虚无主义，加强思想引导和理论辨析，澄清对党史上一些重大历史问题的模糊认识和片面理解，更好正本清源。

准确理解《中共中央关于党的百年奋斗重大成就和历史经验的决议》精神，要着重把握好以下几点。

第一，聚焦总结党的百年奋斗重大成就和历史经验。在制定《中共中央关于党的百年奋斗重大成就和历史经验的决议》之前，党中央已先后制定了两个历史决议。从建党到改革开放之初，党的历史上的重大是非问题，这两个历史决议基本都解决了，其基本论述和结论至今仍然适用。改革开放以来，尽管党的工作中也出现过一些问题，但总体上讲党和国家事业发展是顺利的，前进方向是正确的，取得的成就是举世瞩目的。基于此，《中共中央关于党的百年奋斗重大成就和历史经验的决议》把着力点放在总结党的百年奋斗重大成就和历史经验上,以推动全党增长智慧、增进团结、增加信心、增强斗志。

第二,突出中国特色社会主义新时代这个重点。对党在新民主主义革命时期、社会主义革命和建设时期、党的十一届三中全会到党的十一届六中全会期间的历史,《关于若干历史问题的决议》和《中国共产党中央委员会关于建国以来党的若干历史问题的决议》已经作过系统总结。对改革开放和社会主义现代化建设新时期的成就和经验,党的十一届三中全会召开20周年、30周年时党中央都进行了认真总结,习近平在庆祝改革开放40周年大会上发表讲话,也作了系统总结。在此基础上,《中共中央关于党的百年奋斗重大成就和历史经验的决议》突出中国特色社会主义新时代,重点总结新时代党和国家事业取得的历史性成就、发生的历史性变革和积累的新鲜经验,有利于引导全党进一步坚定信心,聚焦我们正在做的事情,以更加昂扬的姿态迈进新征程、建功新时代。

第三,对重大事件、重要会议、重要人物的评价注重同党中央已有结论相衔接。关于党的十八大之前党的历史上的重大事件、重要会议、重要人物,《关于若干历史问题的决议》《中国共产党中央委员会关于建国以来党的若干历史问题的决议》以及党的一系列重要文献都有过大量论述,都郑重作过结论。《中共中央关于党的百年奋斗重大成就和历史经验的决议》坚持这些基本论述和结论。党的十八大以来,习近平在庆祝中国共产党成立95周年大会、庆祝中国人民解放军建军90周年大会、庆祝中华人民共和国成立70周年大会特别是庆祝中国共产党成立100周年大会等重要会议上,对党的历史都作过总结和论述,体现了以习近平同志为核心的党中央对党的百年奋斗的新认识。《中共中央关于党的百年奋斗重大成就和历史经验的决议》体现了这些新认识。

六、如何理解中国式现代化是中国共产党领导的社会主义现代化?

实现现代化是近代以来中国人民矢志奋斗的梦想。鸦片战争后,由于外国列强入侵和封建统治腐败,我国错失了工业革命的机遇,大幅落后于时代,中华民族遭受了前所未有的苦难。为了实现现代化,中华民族许多有识之士进行了长期奋斗,作出了难能可贵的努力,但由于没有先进政治力量的领导和科学理论的指导,最终都以失败告终。探索中国现代化道路的重任,历史地落在了中国共产党身上。中国共产党领导人民寻求国家富强、民族振兴、人民幸福，找到了中国式现代化这一强国建设、民族复兴的康庄大道。

（一）中国式现代化是中国共产党和中国人民长期实践探索的成果

新民主主义革命时期，党团结带领人民，浴血奋战、百折不挠，经过北伐战争、土地革命战争、抗日战争、解放战争，推翻帝国主义、封建主义、官僚资本主义三座大山，建立了人民当家作主的中华人民共和国，实现了民族独立、人民解放，为实现现代化创造了根本社会条件。

社会主义革命和建设时期，党团结带领人民进行社会主义革命，消灭在中国延续几千年的封建制度，确立社会主义基本制度，实现了中华民族有史以来最为广泛而深刻的社会变革，为现代化建设奠定根本政治前提和制度基础。当时，我国一穷二白，连日用的煤油、火柴、铁钉都称为洋油、洋火、洋钉。为尽快改变这种落后状况，党进行了艰辛探索，提出努力把我国建设成为一个具有现代农业、现代工业、现代国防和现代科学技术的社会主义强国。经过实施几个五年计划，我国建立起独立的比较完整的工业体系和国民经济体系，特别是取得了"两弹一星"等国防尖端科技突破，党在社会主义革命和建设中取得的独创性理论成果和巨大成就，为现代化建设提供了宝贵经验、理论准备、物质基础。

改革开放和社会主义现代化建设新时期，党作出把党和国家工作中心转移到经济建设上来、实行改革开放的历史性决策，开启了中国式现代化的新长征。如何缩小我国同西方发达国家在经济科技发展水平上的巨大差距，如何赶上时代、加快实现现代化？党一开始就保持着清醒的头脑，并没有像一些发展中国家那样亦步亦趋地跟在西方国家后面简单模仿，而是强调从中国实际出发，走自己的现代化道路。为加快推进社会主义现代化，党坚持党的基本路线不动摇，大力推进实践基础上的理论创新、制度创新、文化创新以及其他各方面创新，实行社会主义市场经济体制，实现了从生产力相对落后的状况到经济总量跃居世界第二的历史性突破，实现了人民生活从温饱不足到总体小康、奔向全面小康的历史性跨越，为中国式现代化提供了充满新的活力的体制保证和快速发展的物质条件。

中国特色社会主义新时代，党团结带领人民在已有基础上继续前进，坚持问题导向，围绕解决现代化建设中存在的突出矛盾和问题，全面深化改革，不断实现理论和实践上的创新突破，成功推进和拓展了中国式现代化。在认识上不断深化，创立了习近平新时代中国特色社会主义思想，实现了马克思主义中国化时代化新的飞跃，为中国式现代化提供了根本遵循。党进一步深化对中国式现代化的内涵和本质的认识，概括形成中国式现代化的中国特色、本质要求和重大原则，初步构建中国式现代化的理论体系，使中国式现代化更加清晰、更加科学、更加可感可行。在战略上不断完善，作出到本世纪中叶把我国建成富强民主文明和谐美丽的社会主义现代化强国"两步走"的战略安排，明确"五位一体"总体布局和"四个全面"战略布局，深入实施科教兴国战略、人才强国战略、乡村振兴战略等一系列重大战略，为中国式现代化提供坚实战略支撑。在实践上不断丰富，推进一系列变革性实践、实现一系列突破性进展、取得一系列标志性成果，特别是消除了绝对贫困问题，全面建成小康社会，推动党和国家事业取得历史性成就、发生历史性变革，为中国式现代化提供了更为完善的制度保证、更为坚实的物质基础、更为主动的精神力量。

中国式现代化是中国共产党和中国人民长期实践探索的成果，是一项伟大而艰巨的事业。为了这一事业，无数先辈筚路蓝缕、披荆斩棘，进行了艰苦卓绝的奋斗。惟其艰巨，所以伟大；惟其艰巨，更显荣光。新中国成立特别是改革开放以来，我们用几十年时间走完西方发达国家几百年走过的工业化历程，创造了经济快速发展和社会长期稳定的奇迹。实践证明，中国式现代化走得通、行得稳，是强国建设、民族复兴的唯一正确道路。

（二）党的领导直接关系中国式现代化的性质、目标、动力、力量

党的领导决定中国式现代化的根本性质。旗帜决定方向，方向决定道路，道路决定命运。举什么旗、走什么路，是一个国家发展的根本性问题。中国共产党的性质宗旨、初心使命、信仰信念、政策主张决定了中国式现代化是社会主义现代化，而不是别的什么现代化。中国共产党始终高举中国特色社会主义伟大旗帜，既坚持科学社会主义基本原则，又不断赋予其鲜明的中国特色和时代内涵，坚定不移地走中国特色社会主义道路，确保中国式现代化在正确的轨道上顺利推进。中国共产党不断推进实践基础上的理论创新，为中国式现代化提供科学理论指引；不断推进国家治理体系和治理能力现代化，为中国式现代化提供坚强制度保证；不断推进中华优秀传统文化创造性转化、创新性发展，为中国式现代化提供强大精神力量。

党的领导确保中国式现代化锚定奋斗目标行稳致远。中国共产党始终坚守初心使命，矢志为中国人民谋幸福、为中华民族谋复兴，坚持把远大理想和阶段性目标统一起来，一旦确定目标，就咬定青山不放松，一张蓝图绘到底，从根本上超越了一些国家政党纷争不断、政策朝令夕改的弊端。推进中国式现代化是一场历史接力赛。特别是改革开放以来，中国追求现代化的奋斗目标一以贯之、循序渐进，随着实践发展而不断丰富完善。党的二十大擘画了全面建成社会主义现代化强国、以中国式现代化全面推进中华民族伟大复兴的宏伟蓝图。这种锚定奋斗目标一代接着一代干的精神，深刻体现了中国共产党的战略定力和制度优势。

党的领导激发建设中国式现代化的强劲动力。改革开放是党和人民事业大踏步赶上时代的重要法宝。改革开放以后，中国共产党以伟大历史主动精神不断变革生产关系和生产力之间、上层建筑和经济基础之间不相适应的方面，不断推进各领域体制改革，形成和发展符合当代中国国情、充满生机活力的体制机制，让一切劳动、知识、技术、管理和资本的活力竞相迸发，让一切创造社会财富的源泉充分涌流。党的十八大以来，党以巨大的政治勇气全面深化改革，突出问题导向，敢于突进深水区，敢于啃硬骨头，敢于涉险滩，敢于面对新矛盾新挑战，冲破思想观念束缚，突破利益固化藩篱，坚决破除各方面体制机制弊端，改革由局部探索、破冰突围到系统集成、全面深化，许多领域实现历史性变革、系统性重塑、整体性重构，为中国式现代化注入不竭动力源泉。

党的领导凝聚建设中国式现代化的磅礴力量。一盘散沙没有希望，团结统一才有力量。在中国这样一个人口众多、国情复杂的大国，要把各方面力量团结起来进行现代化建设，首先要有一个团结统一的党。中国共产党从一个几十人的小党逐步发展为拥有9900多万名党员、在14亿多人口大国长期执政的百年大党，始终高度重视依靠共同的理想信念、严密的组织体系、全党的高度自觉、严明的纪律规矩来实现党的团结统一。中国式现代化是亿万人民自己的事业，人民是中国式现代化的主体。中国共产党根基在人民、血脉在人民、力量在人民，没有任何自己特殊的利益，不代表任何利益集团、任何权势团体、任何特权阶层的利益，始终代表最广大人民的根本利益。中国共产党以中国式现代化的美好愿景激励人、鼓舞人、感召人，有效促进政党关系、民族关系、宗教关系、海内外同胞关系和谐，促进海内外中华儿女团结奋斗，凝聚起全面建设社会主义现代化国家的磅礴伟力。

（三）在党的领导下把中国式现代化不断推向前进

以中国式现代化全面推进强国建设、民族复兴伟业，是全党全国各族人民在新时代新征程的中心任务。中国式现代化是一项前无古人的开创性事业，也是一个复杂的系统工程，必须深刻领会和把握中国式现代化的重大原则，即坚持和加强党的全面领导、坚持中国特色社会主义道路、坚持以人民为中心的发展思想、坚持深化改革开放、坚持发扬斗争精神，正确处理好顶层设计与实践探索、战略与策略、守正与创新、效率与公平、活力与秩序、自立自强与对外开放等一系列重大关系，把中国式现代化宏伟事业不断推向前进。

要坚持和加强党的全面领导。党的领导直接关系中国式现代化的根本方向、前途命运、最终成败，只有毫不动摇坚持党的领导，中国式现代化才能前景光明、繁荣兴盛；否则就会偏离航向、丧失灵魂，甚至犯颠覆性错误。习近平指出："党的领导是全面的、系统的、整体的，必须全面、系统、整体加以落实。"[①] 要健全总揽全局、协调各方的党的领导制度体系，完善党中央重大决策部署落实机制，确保全党在政治立场、政治方向、政治原则、政治道路上同党中央保持高度一致，确保党的团结统一；完善党中央决策议事协调机构，加强党中央对重大工作的集中统一领导；加强党的政治建设，严明政治纪律和政治规矩，落实各级党委（党组）主体责任，提高各级党组织和党员干部政治判断力、政治领悟力、政治执行力；坚持科学执政、民主执政、依法执政，贯彻民主集中制，创新和改进领导方式，提高党把方向、谋大局、定政策、促改革能力，调动各方面积极性；增强党内政治生活政治性、时代性、原则性、战斗性，用好批评和自我批评武器，持续净化党内政治生态。

要充分激发全体人民的历史主动精神。中国式现代化是全体中国人民的事业，必须紧紧依靠人民，汇聚蕴藏在人民中的无穷智慧和力量，才能不断创造新的历史伟业。要坚持人民主体地位，充分尊重人民所表达的意愿、所创造的经验、所拥有的权利、所发挥的作用，让现代化建设成果更多更公平惠及全体人民；健全人民当家作主的制度体系，发展全过程人民民主，保证人民始终是国家的主人、社会的主人、自己命运的主人；完善维护社会公平正义的制度机制，让每一位辛勤劳动、艰苦奋斗、创新创造者都有梦想成真、人生出彩的机会；着力保障和改善民生，使人民获得感、幸福感、安全感更加充实、更有保

[①] 《习近平著作选读》第一卷，人民出版社2023年版，第53页。

障、更可持续，推动全体人民共同富裕取得更为明显的实质性进展；走好新时代群众路线，使中国式现代化拥有最可靠、最深厚、最持久的力量源泉。

要不断开辟马克思主义中国化时代化新境界。中国式现代化为党的理论创新开辟了广阔前景，提出了新的更加艰巨繁重的任务。要坚持把马克思主义基本原理同中国具体实际相结合、同中华优秀传统文化相结合，深入探索中国式现代化建设规律，不断回答实践遇到的崭新课题，以理论创新引领实践创新，谱写马克思主义中国化时代化新篇章；及时总结人民群众创造的新鲜经验，使党的理论真正成为人民所喜爱、所认同、所拥有的理论；深刻洞察人类发展进步潮流，积极回应各国人民普遍关切，为解决人类面临的共同问题贡献中国智慧；学习和借鉴人类社会一切优秀文明成果，不断丰富党的理论创新的思想文化资源。

要进一步全面深化改革。中国式现代化是在改革开放中不断推进的，也必将在改革开放中开辟广阔前景。要聚焦构建高水平社会主义市场经济体制，充分发挥市场在资源配置中的决定性作用，更好发挥政府作用，坚持和完善社会主义基本经济制度，推进高水平科技自立自强，推进高水平对外开放，建成现代化经济体系，加快构建新发展格局，推动高质量发展；聚焦发展全过程人民民主，坚持党的领导、人民当家作主、依法治国有机统一，推动人民当家作主制度更加健全、协商民主广泛多层制度化发展、中国特色社会主义法治体系更加完善，社会主义法治国家建设达到更高水平；聚焦建设社会主义文化强国，坚持马克思主义在意识形态领域指导地位的根本制度，健全文化事业、文化产业发展体制机制，推动文化繁荣，丰富人民精神文化生活，提升国家文化软实力和中华文化影响力；聚焦提高人民生活品质，完善收入分配和就业制度，健全社会保障体系，增强基本公共服务均衡性和可及性，推动人的全面发展、全体人民共同富裕取得更为明显的实质性进展；聚焦建设美丽中国，加快经济社会发展全面绿色转型，健全生态环境治理体系，推进生态优先、节约集约、绿色低碳发展，促进人与自然和谐共生；聚焦建设更高水平平安中国，健全国家安全体系，强化一体化国家战略体系，增强维护国家安全能力，创新社会治理体制机制和手段，有效构建新安全格局；聚焦提高党的领导水平和长期执政能力，创新和改进领导方式和执政方式，深化党的建设制度改革，健全全面从严治党体系。

要坚持和完善"一国两制"，推进祖国统一。中国式现代化需要全体中华儿女和衷共济、共襄盛举。要全面准确、坚定不移贯彻"一国两制"、"港人治港"、"澳人治澳"、高度自治的方针，坚持依法治港治澳，坚持和完善"一国两制"制度体系，落实中央全面管治权，落实"爱国者治港""爱国者治澳"原则，坚持中央全面管治权和保障特别行政区高度自治权相统一。支持香港、澳门发展经济、改善民生、破解经济社会发展中的深层次矛盾和问题，更好融入国家发展大局。实现祖国完全统一是大势所趋、大义所在、民心所向，祖国必须统一，也必然统一。要坚持贯彻新时代党解决台湾问题的总体方略，坚持一个中国原则和"九二共识"，深化两岸各领域融合发展，推动两岸关系和平发展。中国人民有坚定的意志、充分的信心、足够的能力，坚决防止任何人以任何方式把台湾从中国分裂出去。

要推动构建人类命运共同体。中国式现代化是走和平发展道路的现代化，既造福中国人民，又促进世界各国现代化。我们将坚定站在历史正确的一边、站在人类文明进步的一边，高举和平、发展、合作、共赢旗帜，弘扬全人类共同价值，推动落实全球发展倡议、全球安全倡议、全球文明倡议，推动构建持久和平、普遍安全、共同繁荣、开放包容、清洁美丽的世界；坚定维护国际关系基本准则，维护国际公平正义，始终根据事情本身的是非曲直决定自己的立场和政策，尊重各国主权和领土完整，反对一切形式的霸权主义和强权政治；坚持经济全球化正确方向，坚定奉行互利共赢的开放战略，共同培育全球发展新动能，推动建设开放型世界经济，反对保护主义；高质量共建"一带一路"，同各国加强政策沟通、设施联通、贸易畅通、资金融通、民心相通，为国际经济合作打造新平台；积极参与全球治理体系改革和建设，践行共商共建共享的全球治理观，坚持真正的多边主义，促进国际关系民主化，推动全球治理变革朝着更加公正合理的方向发展。

要深入推进全面从严治党。中国式现代化是中国共产党领导的社会主义现代化，只有时刻保持解决大党独有难题的清醒和坚定，把党建设得更加坚强有力，才能确保中国式现代化劈波斩浪、行稳致远。要落实新时代党的建设总要求，使党坚守初心使命，走在时代前列，始终保持蓬勃生机和旺盛活力；顺应中国式现代化事业发展新要求，着力造就忠诚干净担当的高素质专业化干部队伍，教育引导广大党员、干部及时更新思想观念，补齐素质短板，提高履职能力，各级党组织要积极营造有利于干事创业的良好环境；坚持以严的基调正风肃纪，让广大党员干部尤其是基层干部把更多精力集中到推动发展、服务群众上；坚持一体推进不敢腐、不能腐、不想腐，坚决打赢反腐败斗争攻坚战持久战，确保我们党永远不变质、不变色、不变味。

以中国式现代化全面推进强国建设、民族复兴伟业，是当代中国共产党人的庄严历史责任。新征程上，我们要不忘初心、牢记使命，坚定历史自信、把握历史主动，更加紧密地团结在以习近平同志为核心的党中央周围，只争朝夕、顽强奋斗，沿着中国特色社会主义道路，为以中国式现代化全面推进强国建设、民族复兴伟业而奋勇前进！

一、"学习思考"解答思路

1. 联系我国社会主要矛盾的新变化，如何正确理解中国特色社会主义进入新时代的内涵和意义？

（1）从社会主要矛盾的变化把握近代以来中国社会的变迁。

（2）运用历史唯物主义观点阐述党的十八大以来社会主要矛盾的新变化为中国特色社会主义进入新时代提供了基本依据。

2. 联系实际，谈谈党的十八大以来，党和国家事业发生了怎样的历史性变革，其意义是什么。

（1）从坚持党的全面领导、全面从严治党、经济建设、全面深化改革开放、政治建设、全面依法治国、文化建设、社会建设、生态文明建设、国防和军队建设、维护国家安全、坚持"一国两制"和推进祖国统一、外交工作十三个方面论述历史性变革。

（2）从新时代在党史、新中国史、改革开放史、社会主义发展史、中华民族发展史中的重要地位，论述历史性变革的意义。

3. 习近平在庆祝中国共产党成立100周年大会上的讲话中指出，在中华大地上全面建成了小康社会是中华民族的伟大光荣、中国人民的伟大光荣、中国共产党的伟大光荣。联系历史与现实，谈谈全面建成小康社会的历史意义。

（1）从中国共产党对小康社会的探索，回顾第一个百年奋斗目标的实现过程。

（2）从经济、政治、文化、社会、生态文明等方面，论述实现第一个百年奋斗目标所取得的主要成就。

（3）从国内和国际两个维度，论述实现第一个百年奋斗目标的重要意义。

4. 党的二十大强调，"两个确立"对新时代党和国家事业发展、对推进中华民族伟大复兴历史进程具有决定性意义。联系历史和现实，谈谈如何理解"两个确立"的决定性意义？

（1）从"两个确立"的形成过程，论述"两个确立"反映了全党全军全国各族人民的共同心愿。

（2）从新时代党和国家事业取得历史性成就、发生历史性变革的根本原因，论述"两个确立"对新时代党和国家事业发展具有决定性意义。

（3）从新时代新征程面临的形势任务和风险挑战，论述"两个确立"对推进中华民族伟大复兴历史进程具有决定性意义。

（4）联系历史和现实，准确把握"两个确立"和"两个维护"的内在统一关系。

二、延伸阅读

1.《〈中共中央关于党的百年奋斗重大成就和历史经验的决议〉辅导读本》，人民出版社 2021 年版。

2. 中共中央宣传部:《中国共产党的历史使命与行动价值》，人民出版社 2021 年版。

3. 中华人民共和国国务院新闻办公室:《中国的全面小康》，人民出版社 2021 年版。

4. 中共中央宣传部理论局:《中国式现代化面对面——理论热点面对面》，学习出版社、人民出版社 2023 年版。

5.《共建"一带一路"：构建人类命运共同体的重大实践》，人民出版社 2023 年版。

6.《深刻领悟"两个确立"的决定性意义》，人民出版社、党建读物出版社 2024 年版。

三、音视频资料

1.《亚投行之路》上、下集，五洲传播中心制作，2016 年播出。

2.《人民的小康》第 1—4 集，中共中央宣传部指导、中央广播电视总台制作，2021

年播出。

3.《"一带一路"上的中国名片》第1—8集,中央广播电视总台制作,2023年播出。

4.《人类文明新形态——中国式现代化》第1—5集,中央广播电视总台制作,2023年播出。

后记

为扎实推进习近平新时代中国特色社会主义思想进教材、进课堂、进头脑，提高高校思想政治理论课教育教学水平，中宣部会同教育部在高校思政课教材基础上组织编写了配套辅导用书。本书在编写过程中，得到了马克思主义理论研究和建设工程咨询委员会的指导，得到了中央有关部门和有关专家学者的支持，同时，广泛听取了高校思政课教师和大学生的意见建议。

本书2018年版由课题组首席专家李捷主持编写，仝华、王炳林协助主持。主要成员李朝阳、纪亚光、龚云、高中伟、王继平、王宪明、宋进、李梁、唐正芒、张新平、陈金龙、黄延敏、周良书参加了编写和统稿工作。后期参与统稿工作的有：王飞、赵亮、赵诺。参加各章初稿撰写的还有：金梦、俞小和、刘丽敏、赵亮、陈育红、刘志靖、黄琴、舒文、胡庆祝、李蕉、王飞、吴原元、丰箫、林自强、李永春、张海燕、杨才林、杨东、李思聪、王雪超、姬丽萍、盛林、丁云、冯雅新、赵付科、冯兵、何毅、陈韵、朱新屋、李颖、刘继华、韦明、崔明、王海军、杨泰龙。马克思主义理论研究和建设工程办公室组织实施了审改定稿工作。马敏、王建朗、沈传亮、安建设、林春逸、刘洪森、章舜粤审读书稿并提出了具体修改意见。杨晓娟、曹培庚、高上尚参加了教学资源的搜集和整理工作。

2024年，为贯彻落实党的十九届六中全会、党的二十大、党的二十届三中全会等会议精神，课题组依据最新版高校思政课教材对辅导用书进行了修订。首席专家欧阳淞主持修订，张树军、王宪明、周祖文、曾庆桃、仝华、李朝阳、丁俊萍、高晓林、赵淑梅、李蕉、周家彬、张洪松、刘洪森、王雪超、金民卿、龚云参加了修订。马克思主义理论研究和建设工程办公室组织实施了审改定稿工作。

本书中使用图片主要来自新华社、视觉中国、中国新闻社等，一并致谢。

2025年5月

郑重声明

高等教育出版社依法对本书享有专有出版权。任何未经许可的复制、销售行为均违反《中华人民共和国著作权法》，其行为人将承担相应的民事责任和行政责任；构成犯罪的，将被依法追究刑事责任。为了维护市场秩序，保护读者的合法权益，避免读者误用盗版书造成不良后果，我社将配合行政执法部门和司法机关对违法犯罪的单位和个人进行严厉打击。社会各界人士如发现上述侵权行为，希望及时举报，我社将奖励举报有功人员。

反盗版举报电话　（010）58581999　58582371
反盗版举报邮箱　dd@hep.com.cn
通信地址　北京市西城区德外大街4号
　　　　　高等教育出版社知识产权与法律事务部
邮政编码　100120

读者意见反馈

为收集对本书的意见建议，进一步完善教辅编写并做好服务工作，读者可将对本书的意见建议通过如下渠道反馈至我社。

咨询电话　400-810-0598
反馈邮箱　gjdzfwb@pub.hep.cn
通信地址　北京市朝阳区惠新东街4号富盛大厦1座
　　　　　高等教育出版社总编辑办公室
邮政编码　100029

防伪查询说明

用户购书后刮开封底防伪涂层，使用手机微信等软件扫描二维码，会跳转至防伪查询网页，获得所购图书详细信息。

防伪客服电话　（010）58582300